Beate Sander · Stock-Picking mit Nebenwerten

BEATE SANDER

STOCK-PICKING
MIT NEBENWERTEN

Börsenbuchverlag

Gestaltung Cover: Timo Boethelt
Herstellung: Timo Boethelt, Sabrina Slopek
Bildquelle Umschlag: Shutterstock
Druck: CPI books GmbH, Leck, Germany

ISBN 978-3-86470-785-8

Bibliografische Information der Deutschen Nationalbibliothek:
Die Deutsche Nationalbibliothek verzeichnet diese Publikation in der Deutschen Nationalbibliografie; detaillierte bibliografische Daten sind im Internet über <http://dnb.d-nb.de> abrufbar.

BÖRSEN MEDIEN
AKTIENGESELLSCHAFT

Postfach 1449 • 95305 Kulmbach
Tel: +49 9221 9051-0 • Fax: +49 9221 9051-4444
E-Mail: buecher@boersenmedien.de
www.boersenbuchverlag.de
www.facebook.com/plassenbuchverlage
www.instagram.com/plassen_buchverlage

Inhalt

Inhaltsverzeichnis

Vorwort

Warum überhaupt ein Buch über Stock-Picking mit Micro, Small und Mid Caps schreiben, wo sich doch schon seit Ende 2004 die Stimmen mehren, die Zeit für Nebenwerte sei wegen ihrer überragenden Performance 2003 und 2004 nun vorbei und die Zukunft gehöre den mittlerweile sogar etwas niedriger bewerteten Blue Chips? 2005 ging die Rallye mit Nebenwerten in eindrucksvoller Weise weiter. MDAX und SDAX schlossen um zehn Prozent höher als der DAX. Doch das ist nicht alles. Zum einen ist Herdentriebverhalten nicht meine Sache. Zum anderen bin ich davon überzeugt, dass mit dem richtigen Timing und gekonntem Stock-Picking gerade im Nebenwertesektor noch viele verborgene Perlen auf den versierten Börsianer warten, der sie herausfischen kann. Die großen Werte kennt jeder. Ein Heer von Analysten ist damit beschäftigt, sie zu analysieren. Außerhalb von MDAX und TecDAX nimmt die Zahl der Beobachter drastisch ab. Schon im SDAX werden nicht alle Titel regelmäßig analysiert und wenn, dann nur von einem kleinen Expertenkreis.

Nachdem der Bewertungsrückstand der kleinen Titel gegenüber den Standardtiteln tatsächlich aufgeholt ist, bringt es künftig wenig, MDAX, TecDAX und SDAX mit einem Indexzertifikat oder einem Exchange Traded Fund (ETF) abzudecken. Die Tatsache, dass der SDAX seit Anfang 2000 mehr als 60 Prozent dazugewonnen hat, während der DAX seinem damaligen Allzeithoch von mehr als 8.000 Punkten immer noch hinterherhechelt und knapp 30 Prozent davon entfernt ist, beschwört schon seit 2004 Skepsis herauf. Aber die Nebenwertehausse ließ sich davon nicht beirren. Eine Indexorientierung erscheint wegen der mittlerweile recht ambitionierten Bewertung zunehmend riskant. Aber die Einzelauswahl lohnt. Immer noch gibt es sie, die unterbewerteten aussichtsreichen Aktien mit niedrigem KGV und in Relation zum Kurs mit hohem Buchwert und Ergebnis pro Aktie. Zudem ist die Dividendenrendite teilweise richtig üppig. Vor allem aber mangelt es durch die 2005 und 2006 wieder kräftig angesprungenen Neuemissionen nicht an Blutauffrischung, unterstützt von der zeitlich schnelleren Abfolge beim Auf- und Abstieg. Beim SDAX findet dieses Szenario vierteljährlich, beim TecDAX und MDAX immerhin halbjährlich, beim DAX dagegen jährlich statt. Dass im Gegensatz zur bisherigen Regelung im DAX auch ausländische Titel im TecDAX, MDAX und SDAX zugelassen sind, erhöht die Attraktivität. Die besten mittelständischen Unternehmen zeichnet aus, dass sie – vergleichbar mit wendigen manövrierfähigen Schnellbooten – flexibler auf das Marktgeschehen und die sich abzeichnenden Trends reagieren können als die Dickschiffe im DAX, Euro Stoxx 50 und Dow Jones. Mittelständler sind aktiv in Marktnischen mit attraktiveren Margen, bauen hohe Einstiegsbarrieren auf, verfügen über flachere Hierarchien und genügend Alleinstellungsmerkmale, sind weniger abhängig von Währungs- und Ölpreisturbulenzen, exportieren sie doch vorwiegend innerhalb Europas, nach Osteuropa und Ostasien.

Trotz aller Liebe zu Nebenwerten müssen Sie sich bewusst sein: „Breit gestreut – nie bereut!", ist eine der wichtigsten Leitlinien für den Börsenerfolg. Ein „naturreines Heimatliebedepot DAX" läuft diesem Buch zuwider, ein genereller Verzicht auf die großen Titel aber ebenso. Legen Sie in Blue Chips mit einem prozentual höheren Anteil pro Einzelwert an als in die riskanteren Nebenwerte aus den unterschiedlichen Indizes, z. B. 2.000 anstatt 5.000 Euro. Soweit es deutsche Titel sind, ist die Nachrichtenlage zumindest für die Titel im Prime Standard zufriedenstellend, abrufbar über das Internet und renommierte Börsenmagazine. Kaufen Sie jedoch aufgrund einer ambitionierten Guru-Empfehlung ausländische Micro und Small Caps, sind Sie hernach alleingelassen. Bezüglich fortlaufender Informationen herrscht meist Funkstille – insbesondere bei unzähligen kleinen Minentiteln aus Kanada, Mexiko oder Afrika.

Vielleicht haben Sie gelesen, dass nach einem leichten Höhenflug 2005 die Zahl der Aktionäre in Deutschland ab der scharfen

Korrekturphase von Mitte Mai bis Juli 2006 wieder drastisch gesunken ist. Wie das Deutsche Aktieninstitut (DAI) mitteilte, kehrten binnen eines halben Jahres 900.000 Aktionäre in Deutschland der Börse den Rücken. Sie schichteten um in Anleihen oder in das Sparbuch, obgleich das Sparkonto bei den niedrigen Zinssätzen unter Einbezug der Inflationsrate eine schleichende Kapitalvernichtung darstellt. Erfahrungsgemäß kaufen die meisten Bundesbürger Aktien, wenn sie besonders teuer und nicht, wenn die Kurse stark gesunken sind. Statt 10,8 nur noch 9,9 Millionen Aktionäre in Deutschland bestätigen diesen nicht von Vernunft begleiteten Trend.

Nutzen Sie die Chance, die Ihnen die „zittrigen Hände", die bei Angst und Panik ihre Papiere zu Tiefstkursen auf den Markt werfen, nun bieten – eine Art hochwirksamer Börsenmedizin ohne gefährliche Nebenwirkungen! „Kaufen bei Angst – verkaufen bei Hoffnung" ist eines der Erfolgsgeheimnisse für Mutige. Warum? Sie können mit einer schlechten Aktie, geordert zum ungünstigsten Zeitpunkt, schlimmstenfalls 100 Prozent verlieren, sofern Sie entgegen aller Vernunft Ihren Verlust nicht beizeiten begrenzen.

Umgekehrt gibt es keine Grenze nach oben, die Ihren Gewinn deckelt. Es gibt Aktien, die in wenigen Jahren einige Hundert, ja Tausend Prozent zugelegt haben. Schauen Sie sich die aktuellen Kurse im Vergleich zu den Emissionspreisen bei den seit 2003/2004 börsennotierten Solarstromaktien an! Hegen und pflegen Sie Ihre Lieblinge aus dem Nebenwertesektor und verkaufen Sie nicht übervorsichtig, sobald der Gewinn die 10-Prozent-Marke überschreitet. Kaufen Sie Ihre Aktien mit dem Ziel, sie für immer im Depot zu halten – auch wenn die Praxis bei enttäuschender Entwicklung mitunter ein anderes Vorgehen erfordert. Begnügen Sie sich bei Kursraketen mit einem Teilverkauf. So haben Sie neues Anlagekapital verfügbar, bleiben im Boot und geraten mit diesem Titel nie mehr in die Verlustzone.

Was ich mir für meine Leser wünsche: Entscheidungsfreude, Eigenverantwortlichkeit und konsequenten Verzicht auf „hätte ich bloß ...!“ Hinterher weiß jeder alles besser! Die richtige Entscheidung zielsicher schon im Vorfeld zu treffen gelingt auch den bedeutenden Experten bei der Unberechenbarkeit der Börse eher selten.

Es gibt zu viele unterschiedliche Einflussfaktoren wie Währung, Rohstoffpreise, Inflationsrate, Zinssatz, Konjunkturdaten, politische Lage, Terror, Seuchen, Naturkatastrophen, Unternehmensnachrichten, Verbrauchervertrauen, Börsenklima und Börsenpsychologie.

Schauen Sie nach vorn, auf hier, jetzt, heute und morgen! Die Rückschau erlaubt es Ihnen zwar, Fehler zu erkennen und daraus zu lernen. Ein unreflektiertes „hätte ich“ erweist sich dagegen als Bremsklotz auf dem Weg zum nachhaltigen Börsenerfolg.

Ein Investment in Aktien kann weit über die gewünschte Kapitalvermehrung hinausgehen. Aktiv an der Börse mitzumischen bringt möglicherweise noch viel mehr: Abwechslung, Spannung, Nervenkitzel, Kenntnis wirtschaftlicher Zusammenhänge, Erweiterung des geistigen Horizonts, Training für die Hirnzellen, Kontakte und Kommunikation mit Gleichgesinnten, Börse als ausfüllendes Hobby, Teilnahme am „Theater Hauptversammlung“, erste Schritte zu einer neuen beruflichen Karriere. Wenn Sie dabei auch noch reich werden, umso besser!

Die besten Börsenprofis erwirtschaften über einen Zeitraum von zehn Jahren eine Performance bis zu 1.000 Prozent. Das sind durchschnittliche jährliche Erträge von über 20 bis 30 Prozent. Geben Sie sich mit der Hälfte zufrieden und freuen Sie sich, wenn Sie über viele Jahre hinweg eine zweistellige Zuwachsrate erzielen. Stock-Picking ebnet Ihnen den Weg zu einem erfolgreichen Engagement mit dem Fokus auf Nebenwerte. Den Markt auszuhebeln und die besten Profis der Welt schlagen zu wollen sollte Ihr Anlageziel nicht sein.

Ich will nicht versäumen, mich bei Sebastian Grebe für die nette, einfühlende Art zu bedanken, mit der er dieses Buch von Beginn an begleitet und betreut hat. Fachkompetenz und Empathie sind für jeden Sachbuchautor unschätzbare Motivationsverstärker auf dem mitunter steinigen Weg zum Ziel, ein gutes Buch zu schreiben, das der Privatanleger versteht, das Lesefreude vermittelt, nutzbringend ist und dabei hilft, das angepeilte Anlageziel ohne die ganz großen Fehler zu erreichen. Ebenso möchte ich mich bei der Lektorin Henrike Doerr für die engagierte und verständnisvolle Zusammenarbeit bedanken.

Viel Erfolg beim Stock-Picking mit Nebenwerten wünscht Ihnen

Beate Sander

Im Herbst 2006

Kapitel 1

Einführung

Seit dem Jahr 2005 mehren sich die warnenden Stimmen, Nebenwerte nicht mehr über-, sondern unterzugewichten. Der DAX habe seit seinem Tief im März 2003 bei rund 2.200 Punkten noch ein gewaltiges Aufholpotenzial. Die DAX-Unternehmen hätten ihre Hausaufgaben gemacht, sich auf das Kerngeschäft konzentriert, schrieben satte Gewinne und seien selbst bei einem Punktestand von derzeit 6.200 mit einem KGV von 13 für 2007 fair, ja sogar niedrig bewertet. MDAX und SDAX eilten dagegen von einem Allzeithoch zum nächsten, hätten längst den früheren Rückstand ausgeglichen und seien heute höher bewertet als die deutschen Unternehmen mit dem Ritterschlag. Gegenwärtig, Ende Oktober 2006, notiert der Leitindex bei 6.200, der MDAX bei 8.650, das SDAX bei 5.060 und der TecDAX, Nachfolger vom Nemax 50, bei 680 Punkten. Der mit der 2. Bundesliga vergleichbare MDAX, der Index für 50 in- und ausländische Mittelständler aus dem Industriebereich, notiert dort, wo der DAX mit den 30 größten deutschen Unternehmen gern stünde. Er knackte die 8.000er-Marke vor dem Crashszenario ab dem Jahr 2000, muss nun aber noch fast 30 Prozent zulegen. Ist an dieser Warnung etwas dran? Sind die Zeiten der Nebenwerte bereits vorbei, bevor dieses Buch für Privatanleger überhaupt erscheint?

Mir fällt durch Zufall ein altes Börsenmagazin von Ende Juli 1999 in die Hände. Damals notierte der DAX bei 5.230, der MDAX bei 4.110, der SDAX bei 2.950 und der Nemax 50 bei 4.240 Punkten. Mich packt die Neugierde und ich suche mir die Zahlen der wichtigsten deutschen Indizes von 1999 bis 2006 zusammen, um das Verhältnis von DAX & Co über einen Zeitraum von mehreren Jahren darzustellen und eine Antwort auf die Frage nach niedriger, fairer oder überhöhter Bewertung zu finden. Wer schoss wann nach oben und wann nach unten? Warum geschah dies alles und welche Erkenntnisse und Thesen sind daraus für die Zukunft abzuleiten?

Fazit: In den 90er-Jahren wurden die Nebenwerte zumindest von den meisten Privatanlegern kaum beachtet. Alles konzentrierte sich auf den DAX, das sogenannte „Heimatliebedepot". Der deutsche Leitindex stieg in der Spitze Anfang 2000 bis auf über 8.000

Kursentwicklung deutscher Indizes von 1999 bis 2006

DAX	1999	2000	2001	2002	2003	2004	2005	2006
Schlusskurs	6.958	6.434	5.160	2.893	3.965	4.256	5.408	6.596
Jahreshoch		8.136	6.795	5.467	3.996	4.272	6.218	6.629
Jahrestief		6.110	3.539	2.519	2.189	3.619	4.158	5.243
MDAX	1999	2000	2001	2002	2003	2004	2005	2006
Schlusskurs	4.103	4.675	4.326	3.025	4.469	5.376	7.312	9.404
Nemax 50/ TecDAX	1999	2000	2001	2002	2003	2004	2005	2006
Schlusskurs	5.090	2.869	1.150	359	568	520	596	748
SDAX	1999	2000	2001	2002	2003	2004	2005	2006
Schlusskurs	2.889	3.073	2.365	1.709	2.586	3.144	4.249	5.567

Punkte, um dann binnen drei Jahren drei Viertel seines Wertes einzubüßen. Die Kursentwicklungen bei MDAX und SDAX verliefen in der Hausse verhaltener. Entsprechend geringer fiel der Kursabsturz aus. Der Buchverlust betrug keine 75 Prozent wie beim DAX oder gar 98 Prozent (!) wie beim Nemax 50, sondern von 1999 bis 2002 beim MDAX lediglich ein Viertel. Damit ließ es sich eher leben. Der SDAX verlor immerhin 40 Prozent – schon schwerer zu verkraften. Trostlos verlief die Entwicklung beim Nemax 50. Das Desaster führte vor seinem 6. Geburtstag zur Beerdigung und einer Nachfolgeregelung im Zuge der Neusegmentierung der Deutschen Börse AG. Der TecDAX hatte lange an seiner tragischen Vergangenheit zu leiden. Allmählich kehrt das Anlegervertrauen

Geschätztes KGV für Indizes 2006/2007

DAX	13,9/12,9
MDAX	17,9/16,5
TecDAX	34,1/26,6
SDAX	17,7/15,4

Nebenwerte mit KGV 2006/2007 bis zu 10*

KST Beteiligungs AG	5/5
VEM Aktienbank AG	8/8
Arques (SDAX)	7/6
Klöckner & Co. (SDAX)	7/8
Dt. Beteiligungs AG (SDAX)	9/7
HCI Capital (SDAX)	9/8
DEPFA Bank (MDAX)	9/8
Hannover Rück (MDAX)	9/9
Computerlinks	10/9
Leoni (MDAX)	10/9
Lloyd Fonds	10/9
Vivacon (SDAX)	11/9

*Quelle: *Der Aktionär* Nr. 43/2006

zurück – angeheizt durch die Solarstromwelle, wird doch der TecDAX heute von den Aktien der regenerativen Energien dominiert.

Wer sich die Schlusskurse von 1999 anschaut, sieht den DAX mit fast 7.000 Punkten deutlich vor dem Nemax 50 mit gut 5.000 Punkten, den MDAX bei über 4.000 Punkten und den SDAX abgeschlagen bei knapp 3.000 Punkten. Sechs Jahre später, 2005, präsentiert sich ein völlig anderes Bild. Der MDAX notiert mit 7.300 Punkten um fast 2.000 Punkte über dem DAX, der es auf 5.400 Punkte bringt. Der SDAX liegt nur noch 1.000 Zähler unter dem Leitindex und der TecDAX dümpelt abgeschlagen bei 600 Punkten – immer noch von seiner Vergangenheit belastet.

Von einer Unterbewertung der Nebenwerte, soweit diese aus der sogenannten „old industrie“, den klassischen Industriebranchen, stammen, kann also keine Rede mehr sein. Die Nebenwerte fristen kein Mauerblümchendasein mehr. Und nachdem die Hausse selbst, bedingt durch das Anlegerverhalten, eine weitere Hausse erzeugt, blieb die für 2005/2006 von einigen Experten erwartete Trendumkehr bisher aus. Also vielleicht ein Grund, sich jetzt aus dem Nebenwertesektor zu verabschieden und massiv in DAX-Titel zu investieren, statt das erst dann zu tun, wenn es alle machen? Besteht das Geheimnis des Börsenerfolgs nicht im antizyklischen Handeln, im „Kauf bei Angst – Verkauf bei Hoffnung“? Das Kurs-Gewinn-Verhältnis, ein wichtiger Maßstab für die Bewertung von Aktien, lädt vielleicht beim Vergleich der Indizes dazu ein. Aber es gibt dennoch gute Gründe, auf Nebenwerte zu setzen, vorausgesetzt, es geschieht mittels Stock-Picking, umgangssprachlich auch „Rosinen picken“ oder „Perlen suchen“ bezeichnet. Wie die Auflistung aus dem Magazin *Der Aktionär* zeigt, gibt es vor allem Small-Cap-Werte mit einem extrem niedrigen KGV.

Niedrig bewertete DAX-Titel mit einem KGV bis 10 für 2007 sind Allianz, BASF, BMW, Commerzbank, DaimlerChrysler, Deutsche Bank, Deutsche Post, Münchener Rück und ThyssenKrupp unter Zugrundelegung der Kurse von Mitte Oktober 2006.

Die Perlensuche sollte sich jedoch nicht auf MDAX, SDAX und TecDAX begrenzen. Diese Werte werden bereits von vielen Analysten, Fondsmanagern und Privatanlegern aufmerksam beobachtet. Im Prime Standard mit den strengsten Auflagen, im General Standard mit milderen Zulassungsbedingungen, im GEX für familiengeführte, eigentümerdominierte Unternehmen,

Spitzenreiter bei der Dividendenrendite*

DAX

Deutsche Telekom	5,6 %
TUI	4,5 %

MDAX

Norddeutsche Affinerie	4,9 %

SDAX

HCI Capital	9,3 %
MPC	5,9 %
Grammer	4,5 %

Small und Micro Caps

GCI Management	9,9 %
Lloyd Fonds	7,9 %
U. C. A	7,6 %
Ahlers Vz.	7,3 %
Ahlers St.	7,2 %
Sino	7,0 %
Bavaria Industriekapital	6,3 %
Köhler & Krenzer	5,8 %
Geratherm Medical	5,5 %
Hyrican	5,3 %
Allianz Lebensvers.	5,1 %
Vattenfall Europe	5,0 %
Rücker	5,0 %

*(ab 4,5 bzw. 5 Prozent; Kurs 17. Oktober 2006; ohne Bonus, Penny Stocks oder Negativergebnis pro Aktie)

im Freiverkehr und im neuen Entry Standard mit Minimalauflagen, eingerichtet für Start-ups und kleinere Börsenneulinge, die Börsenkosten sparen wollen, gibt es sie noch, die Highflyer von morgen. Was spricht denn überhaupt für ein Stock-Picking? Warum empfiehlt es sich für kompetente Privatanleger, nicht auf einen schon ansehnlich bewerteten Index, sondern auf attraktive Einzeltitel zu setzen?

Wendige Schnellboote statt Dickschiffe

DAX-Titel und andere Blue Chips z. B. aus dem Euro Stoxx 50 oder dem Dow Jones sind vergleichbar mit etwas schwerfälligen und damit weniger manövrierfähigen Dickschiffen. Da sie als Global Player weltweit die Märkte durchdringen, sind sie von internationalen Spannungen, Währungsturbulenzen und hohen Rohstoffpreisen, insbesondere Erdöl, deutlich abhängiger als Nebenwerte. Die Titel aus dem MDAX, TecDAX und SDAX, aus GEX, Freiverkehr und Entry Standard sind Nischenplayer. Soweit sie exportieren, geschieht dies bevorzugt in der EU-Zone, in Osteuropa und in Ostasien. Nebenwerte, soweit es sich um margenstarke Unternehmen handelt, sind vergleichbar mit wendigen, manövrierfähigen, schnell auf Markttrends reagierenden Schnellbooten. Hier haben sie den Dickschiffen, sofern erstklassig gemanagt, doch einiges voraus.

„Aktien kleiner und mittlerer Gesellschaften eignen sich als Depotbeimischung zur Streuung des Risikos mehr als die der großen Werte, der sogenannten Blue Chips."

Das Ergebnis einer Studie von Professor Martin Weber, Universität Mannheim, 2005

Dividenden-Spitzenreiter

Nicht zu übersehen ist auch die Dividende. In den Indizes für Blue Chips, wie DAX und Euro Stoxx, ist die Gewinnausschüttung zwar im Schnitt etwas höher als beim MDAX und SDAX und viel attraktiver als beim Dividendenschlusslicht TecDAX. Bei zielstrebigem Stock-Picking sieht die Sache völlig anders aus. Die Dividendenhits befinden sich unter den Nebenwerten. Bei einigen Titeln liegt die Dividendenrendite, wie die Auflistung auf Seite 13 zeigt, sogar deutlich über fünf Prozent.

„Kaufen Sie Aktien so, wie Sie ein Haus kaufen würden: Verstehen Sie sie und identifizieren Sie sich damit, sodass Sie selbst dann zufrieden wären, diese Aktien zu besitzen, wenn es keinen Markt dafür gäbe."

– Warren Buffett

Und dies gilt nicht nur, wenn ein einmaliger Bonus ausbezahlt wird oder eine hohe Dividende die „Lockvogelfunktion" übernimmt. Die vorstehende Übersicht umfasst keine Aktien mit hoher Dividende, die das triste Dasein als Penny Stock fristen, ein extrem hohes KGV und ein negatives Ergebnis pro Aktie aufweisen oder wenn es sich um eine Einmalzahlung (Bonus) handelt. Dieser Filter macht bereits deutlich: Die Ausschüttung darf nicht das einzige Entscheidungskriterium sein.

Stellen Sie sich also unter Zuhilfenahme einer Kennzahlendatei folgende Fragen: Wird die Dividende kontinuierlich erhöht? Ist das KGV im Branchenvergleich angemessen? Ist der Titel nicht wegen schlechter fundamentaler Kennzahlen auf ein Penny-Stock-Niveau abgesackt? Liegt der Buchwert in der Nähe des aktuellen Kurses, im Idealfall gleich hoch oder sogar darüber? Steigt das Ergebnis pro Aktie von Jahr zu Jahr? Handelt es sich nicht nur um eine einmalige Bonuszahlung? Bezieht sich diese in der Hauptversammlung 2006 beschlossene Ausschüttung auf das Jahr 2005 oder ist sie Schnee von gestern? Und selbst wenn Sie nicht zu den Anhängern der Technischen Analyse zählen, werfen Sie einen

Dividendenrendite 2006/2007

DAX	2,61 %/2,78 %
SDAX	2,01 %/2,18 %
MDAX	1,81 %/1,95 %
TecDAX	0,38 %/0,43 %

Formel: $\frac{\text{Dividende x 100}}{\text{Kurs}}$

Blick auf einen Langzeitchart mit seinen Unterstützungs- und Widerstandslinien.

Solarstrom-, Nanotechnologie-, Biotech- und Hightechtitel sind vor allem auf Wachstum ausgerichtet. Die Dividende ist meist bescheiden oder es wird zumindest in den ersten Jahren nach dem IPO kein Gewinn an die Aktionäre ausgeschüttet. Während beim SDAX trotz des imposanten Kursanstiegs in den letzten Jahren die durchschnittliche Dividendenrendite bei über zwei Prozent liegt, schafft der TecDAX nicht einmal ein halbes Prozent.

Kapitel 2

Was sind überhaupt Nebenwerte?

Generell zählen all jene Aktien zu den Nebenwerten, die in den Indizes unterhalb der Blue Chips angesiedelt sind. In Deutschland gilt dies für den MDAX, TecDAX, SDAX und den GEX für familiengeführte, eigentümerdominierte Unternehmen. Ebenso trifft dies zu für den erst im Herbst 2005 von der Deutschen Börse AG kreierten neuen Index Entry Standard für Start-ups und kleinere mittelständische Unternehmen, die bei der Börsennotierung Geld sparen und sich nicht den harten Zulassungsauflagen stellen wollen. Aber auch alle sonstigen im Prime Standard, General Standard oder Freiverkehr gelisteten Aktien sind Nebenwerte. Abhängig von ihrer Marktkapitalisierung, auch Börsenwert genannt, werden sie nochmals unterteilt in Mid, Small und Micro Caps. Je geringer die zu erfüllenden Zulassungsauflagen und die Marktkapitalisierung sind, umso weniger werden solche Aktien von Fondsmanagern und Analysten der Großbanken beachtet. Folglich sind verlässliche Nachrichten rar. Bestenfalls berichtet darüber die Regionalpresse oder ein darauf spezialisierter Börsenbrief.

Unternehmen mit einer Marktkapitalisierung von weniger als 50 Millionen Euro sind wegen geringer Liquidität für die großen Emittenten uninteressant. Eher sehen Börsenmagazine und Börsenbriefe für Nebenwerte hier ein dankbares Betätigungsfeld, um sich auf Schatzsuche zu begeben bzw. nach verborgenen Perlen zu fischen.

Small Caps – Spielball der Spekulanten

Vorsicht! Je kleiner der Titel, desto größer sind auch die Kursschwankungen, Volatilität genannt. Vergleichbar mit einer Achterbahn geht es bisweilen extrem heftig nach oben oder unten. Vor allem bei unbekannten Unternehmen tummeln sich etliche Spekulanten, die solche Aktien zum Spielball ihrer Kursmanipulationen

De Beira Goldfields Leserbrief in *Der Aktionär* (Nr. 30/2006)

„Ich habe mir die Aktien von De Beira Goldfields gekauft und bis heute große Verluste eingefahren. Wie sehen Sie die Zukunft des Unternehmens?"

„... De Beira wurde ganz bewusst nicht im AKTIONÄR besprochen. Unsere Rohstoffexperten stehen dieser Gesellschaft sehr negativ gegenüber. Das Papier wird zudem in einschlägigen Zockerbriefen gepusht. Von dieser Vorgehensweise distanzieren wir uns."

machen und je nach Interessenlage mit positiven oder negativen Nachrichten die Kurse nach oben oder unten treiben und sich zur Unterstützung eifrig der Gerüchteküche bedienen. So ist es selbst für seriöse Print- und Online-Produkte schwierig, sich von Marktschreiern und selbst ernannten Gurus abzugrenzen, zumal häufig auch Leerverkäufer am Werk sind.

Börsenhaie haben nicht das Wohl ihrer Anleger im Auge, sondern nur den eigenen Profit. Auf Kosten vertrauensseliger, weniger fachkundiger Investoren wirtschaften sie nur in die eigene Tasche. Wie hätte es sonst im Frühsommer 2006 geschehen können, dass ohne verlässliche Nachrichten der Kurs von De Beira Goldfields (US2402571051) binnen weniger Wochen von zwei Euro auf etwa 19 Euro hochschnellte und nach einem 1:1-Split ungebremst in den Keller stürzte bis auf das Tief von 0,85 Euro? Ende Oktober 2006 pendelte sich der Kurs von De Beira Goldfields bei 1,65 Euro ein. Renommierte Börsen- und Wirtschaftsmagazine machen solche Spielchen nicht mit. Zocker mit Gespür für gutes Timing konnten mit diesem Titel zwar durchaus Geld verdienen; die meisten Anleger aber befanden sich auf der Verliererseite – besonders gefährlich bei hohem Einsatz.

Nicht minder riskant war die Anlage in Feedback (A0DRW9), 52-Wochen-Hoch/Tief 35,00/0,98 Euro. Die angebotene Kapitalerhöhung zu einem Bezugspreis von lediglich einem Euro trieb den

De Beira Goldfields
Zwei weitere Leserbriefe

„Ich bedanke mich für den informativen und warnenden Artikel. Wenn er auch in meinem Fall zu spät kommt ... Was ist De Beira wert ...?“

„... Die Gesellschaft wird von uns nicht gecovert. Prinzipiell ist es so, dass bei dem Unternehmen in erster Linie Fantasie gehandelt wird. Ob die Firma die Erwartungen einiger Börsenbriefschreiber jemals erfüllen kann, ist völlig offen.“

Börse Online, Juli 2006

Kurs zunächst in unvorstellbare Höhen. Danach folgte der bittere Absturz. Momentan notiert Feedback bei 1,03 Euro. Als lukrativ für nervenstarke Zocker mit bestem Timing gestaltete sich auch ein Investment in Bintec (516 100). Die beantragte Aufhebung der Insolvenz trieb den Kurs schubweise von 0,06 bis auf 0,74 Euro mit einem Rücksetzer auf 0,40 Euro. Wer zum günstigsten Zeitpunkt einstieg, konnte mit diesem Titel schnell richtig viel Geld verdienen. Wer gierig und euphorisch auf den bereits rasant fahrenden Spekulationszug aufsprang, verlor binnen weniger Tage möglicherweise die Hälfte seines Einsatzes.

Klassifizierung vergleichbar mit der Fußballbundesliga

Um Nebenwerte größenmäßig einzuteilen, bietet sich der Vergleich mit der Fußballbundesliga an. Die erfolgreichsten Vereine der 1. Bundesliga, zu denen nach Bayern München insbesondere Werder Bremen, Schalke 04 und mit Abstrichen Herta BSC, der HSV, Bayer Leverkusen und gelegentlich auch der VfB Stuttgart zählen, spielen in den europäischen Wettbewerben mit. Wir vergleichen den DAX mit der 1. Fußballbundesliga, den Euro Stoxx 50 mit der Champions League. Der MDAX und der TecDAX stehen für die 2. Bundesliga, der SDAX für die Regionalliga. Den Entry Standard im Freiverkehr/Open Market reihen wir in die Oberliga ein.

Seriöse Informationen sind das A und O

Nebenwerte gibt es nicht nur in Europa und den USA. An allen Börsen der Welt werden Nebenwerte gelistet. Das Problem für den Privatanleger ist bei ausländischen Investments in Small und Mid Caps allerdings der Informationsmangel.

Es ist schon in Deutschland schwierig genug, an verlässliche Informationen unterhalb von MDAX, SDAX und TecDAX zu gelangen. Es sei denn, der Titel wird in ein Börsenmagazin oder einen Börsenbrief aufgenommen und wird im Musterdepot bzw. in der Dispositionsliste platziert. In diesem Fall ist im Rahmen des angebotenen Mitgliederservices vor allem dann mit Nachrichten zu rechnen, wenn sich die fundamentalen und charttechnischen Daten entscheidend ändern, Stoppkurse nachzuziehen sind bzw. eine aktuelle Kauf- oder Verkaufsempfehlung ansteht. Ansonsten aber ist sich der Anleger weitgehend selbst überlassen. Dies gilt in besonderem Maße für die Aktien der zahllosen kleinen Gold-, Silber-, Uran-, Erdöl- und Naturgas-Explorationsunternehmen in Südamerika und Afrika.

Vorsicht vor „Lockvögeln" und selbst ernannten Börsengurus

So chancenreich Investments in Zukunftsmärkte sind, ohne verlässliche Informationen aus unterschiedlichsten Quellen geht es nicht. Für eine erfolgreiche Strategie reicht es nicht aus, gelegentlich im Internet den aktuellen Kurs zu ermitteln. Dieses Fachbuch ist deshalb auf die deutschen Nebenwerte ausgerichtet.

Seriöse Anlegermagazine liefern aktuelle Informationen über interessante Nebenwerte aus aller Welt. Gleiches gilt für vertrauenswürdige Börsenbriefe, nicht aber für Marktschreier und selbst ernannte Gurus, die den Anlegern über Werbeangebote in den Fußleisten der Fernseh-Bildtafeln und Seminaranzeigen grenzenlosen Reichtum in Aussicht stellen, dabei aber skrupellos genug sind, Interessenten mit extrem hohen Minutengebühren abzuzocken.

Wer großspurig binnen eines Jahres aus 10.000 Euro 100.000 Euro zu machen vorgibt, müsste selbst längst vielfacher Millionär oder Milliardär sein. Er dürfte dann nicht mehr darauf angewiesen sein, Telefonate unnötig in die Länge zu ziehen und pro Minute fast zwei Euro abzukassieren.

Nutzen Sie den Frühbucherrabatt und sichern Sie sich drei Geschenke im Gesamtwert von über 500 Euro:

Geschenk 1	Geschenk 2	Geschenk 3
Wert: 258 €	Wert: 140 €	Wert: 150 €

Sie sind bei der aktuellen 10.000-Euro-Anlage dabei, die jetzt bei 30.000 Euro notiert und im Dezember bei 100.000 Euro stehen soll.

Lesen Sie oben einen Originalauszug aus einem Seminarangebot, in dem es keine einzige konkrete Information zur Art der Geschenke und zu den mit der Seminaranmeldung verbundenen Kosten gibt und das Anlageziel durch das Wörtchen „soll" nicht einklagbar ist. Ebenso fehlt der Hinweis, auf welchen Dezember (dieses oder nächstes Jahr oder irgendwann?) das Kursziel bezogen ist.

Die Hauptversammlung als Informationsquelle nutzen

Es gibt gar nicht so wenige Aktionäre, die von den börsennotierten Unternehmen ihres Wohnumfeldes nur jeweils eine Handvoll Aktien kaufen, um das Recht wahrzunehmen, die Hauptversammlung zu besuchen. Oft trifft diese Gruppe von Anteilseignern – zahlenmäßig verstärkt durch beantragte Gastkarten – erst ein, wenn die Bewirtung beginnt. In der Folgezeit sind diese „Abstauber-Aktionäre" vorrangig damit beschäftigt, in mitgebrachte Taschen und Schüsseln die Naturdividende abzufüllen. Es kümmert sie nicht, dass jene Anteilseigner mit guter Kinderstube, die es verdient haben, nach dem Abstimmungsprozedere ihre hungrigen Mägen zu füllen, gelegentlich nichts mehr von den Speisen und Getränken abbekommen.

Viel gefährlicher aber sind die „räuberischen Aktionäre", die oft nur eine einzige Aktie beziehen, um irgendeine Handhabe zu einer Klage aufzuspüren und bei dem von ihnen angestrebten Vergleich Geld zu verdienen. Oder sie versuchen, mit Hunderten von Fragen den Ablauf der Hauptversammlung zu stören und deren Ende zeitlich zu verzögern. Anschließend wird versucht, ein Schweigegeld für die nächste Hauptversammlung auszuhandeln.

Möglicherweise splittet das eine oder andere Unternehmen, dessen Aktienkurs bereits auf über 100 Euro hochgeschnellt ist, vor allem deshalb seine Papiere nicht, um einem solchen Missbrauch zu begegnen. Sich nur wegen Speisen und Getränken eine Aktie ins Depot zu legen, rechnet sich nicht, wenn das Papier mehr als 100 Euro kostet. Dabei bietet die einmal jährlich stattfindende Hauptversammlung eine ausgezeichnete Gelegenheit, vom Vorstand selbst zu erfahren und hautnah mitzuerleben, wie

Kein Aktiensplit bei Nebenwerten wegen Premium-Anspruch und Einschränkung von Missbrauch?

MDAX/SDAX	
Puma	291 Euro
Rational	156 Euro
Fresenius Vz.	145 Euro
Wincor Nixdorf	115 Euro
AMD Generali	107 Euro
Krones	106 Euro
HeidelbergCement	103 Euro
Sonstige Nebenwerte	
Porsche	866 Euro
Allianz Lebensvers.	631 Euro
Audi	429 Euro
Erlus	350 Euro
KSB Vz.	290 Euro
KSB St.	278 Euro
Simona	270 Euro
DVB Bank	201 Euro
Bijou Brigitte	167 Euro
Fresenius St.	139 Euro
Ergo Versicherung	137 Euro
Strabag	122 Euro
Axel Springer	119 Euro

Kurstafeln Mitte Okt. 2006

es dem Unternehmen geht. Weiteren Einblick bietet der Geschäftsbericht, der Erfahrungsaustausch mit anderen Aktionären, die Wortmeldungen, die Teilnahme an der Diskussionsrunde, meist eröffnet mit den Redebeiträgen von Aktionärsschützern und engagierten Einzelaktionären. Trotzdem ist häufig kaum die Hälfte des Kapitals vertreten, sodass über Anreize wie die Bezahlung einer Bonus-Dividende nachgedacht wird. Pro Anteilschein gibt es ein Stimmrecht. Vorzugsaktien bleiben als „kastrierte“ Aktien bei allen wichtigen Entscheidungen außen vor.

Wer Nebenwerteaktien hält, sollte bei der Auswahl seiner Aktien mit darauf schauen, wo die Hauptversammlung stattfindet und ob sie von der Entfernung her mit dem Auto oder öffentlichen Verkehrsmitteln erreichbar ist. Die Fahrtkosten sind steuerlich absetzbar. Die Unternehmen stellen auf Wunsch Teilnahmebescheinigungen aus.

Kapitel 3

3. Für wen sind Nebenwerte geeignet? Die richtige Strategie beginnt mit der Risikoeinstufung.

Nach dem dreijährigen Crash, der – wie die Tabelle im Einführungskapitel zeigt – den DAX vom Allzeithoch von über 8.000 bis auf etwa 2.200 Punkte abstürzen ließ, sind zahlreiche Kapitalanleger viel zu spät ein- und ausgestiegen. Wer zu Höchstkursen orderte und erst in der Bodenbildungsphase auf dem Tiefpunkt der eigenen Hoffnungslosigkeit alle Aktien auf den Markt warf, wollte danach nichts mehr von den Dividendenpapieren wissen. „Nie wieder Aktien!", versprach der leidgeprüfte Anteilseigner sich selbst und seinen Angehörigen. Er blieb der Börse fern, solange der DAX bei 3.000 und 4.000 Punkten notierte, und ließ so die besten Börsenzeiten ungenutzt verstreichen. Statt nun auf Garantiezertifikate, Garantiefonds, Bundesschatzbriefe oder das Sparbuch zu vertrauen, wäre zumindest ein Großteil der Verluste aufholbar gewesen.

Erst als der DAX die 5.000er-Marke überschritten hatte und verstärkt bei 5.500 bis 6.000 Punkten kehrten reumütige Aktionäre und damit auch Gier und Euphorie an den Markt zurück. Der Mensch scheint aus der Geschichte wenig zu lernen und wiederholt früher gemachte Fehler in Richtung: „Gier frisst Hirn und Panik tötet den Verstand." Fortan wurde nicht nur fleißiger in Aktienfonds und DAX-Titel investiert, sondern bevorzugt auch in Nebenwerte. Diese hatten – ausgeklammert das Desaster im Neuen Markt – ja weitaus weniger verloren. Der MDAX und der SDAX machten

„... Auch bei Nebenwerten gibt es lukrative Möglichkeiten. Allerdings wird bei Small und Mid Caps die Einzeltitelanalyse immer mehr zum entscheidenden Erfolgsfaktor. Der Gesamtmarkt ist nicht günstig bewertet, wohl aber so mancher Einzeltitel. Es gilt, diese Perlen zu finden."

– Christoph Niesel, Fondsmanager Union Investment

2005 mit immer neuen Allzeithochs auf sich aufmerksam und schürten die Fantasie auf Reichtum ohne berufliche Arbeit.

„Meide die gefährlichen Vier: Euphorie, Panik, Angst und Gier!"

„Gier frisst Hirn und Panik tötet den Verstand."

Was lag jetzt näher, als in die 2. und 3. Liga zu investieren, zumal Börsenbriefe analog zu den Day-Trader-Zentren um die Jahrtausendwende wie Pilze aus dem Boden schossen und sagenhafte Gewinne versprachen? Also lieber spät als gar nicht, trotz der Warnung des russischen Staatsmanns Gorbatschow: „Wer zu spät kommt, den bestraft das Leben"? Ein solches Verhalten kann gut gehen. Aber die besten Chancen winken bei mutigem antizyklischen Handeln: „Kaufen bei Angst – verkaufen bei Hoffnung!"

Nebenwerte weniger geeignet für extrem risikoscheue Anleger

Damit die Aktienanlage nicht nur bei Schönwetterlage taugt, sondern auch in stürmischen, regnerischen Zeiten den Grundstein für Vermögensaufbau, Altersvorsorge und Wohlstand bilden kann, muss die Persönlichkeitsstruktur des Anlegers dazu passen. Das Aktieninvestment soll auch Spaß machen, zumindest aber vom Nervenkostüm her verkraftbar sein. Wer schon bei einem zeitweiligen 10- oder 20-prozentigen Buchverlust nicht mehr ruhig schlafen kann, sich unruhig, von Ängsten und Selbstvorwürfen gepeinigt, im Bett herumwälzt, für den sind Nebenwerte wegen der höheren Volatilität wohl kaum das richtige Investment. Micro, Small und Mid Caps eröffnen große Chancen, sind aber großteils mit einem gesteigerten Risiko verbunden. Die Zauberformel „minimales Risiko bei extrem hohen Chancen" gab und gibt es nicht.

Mit einem glücklichen Händchen, bei Mut und Kompetenz sind binnen Wochen oder in wenigen Monaten insbesondere bei einer

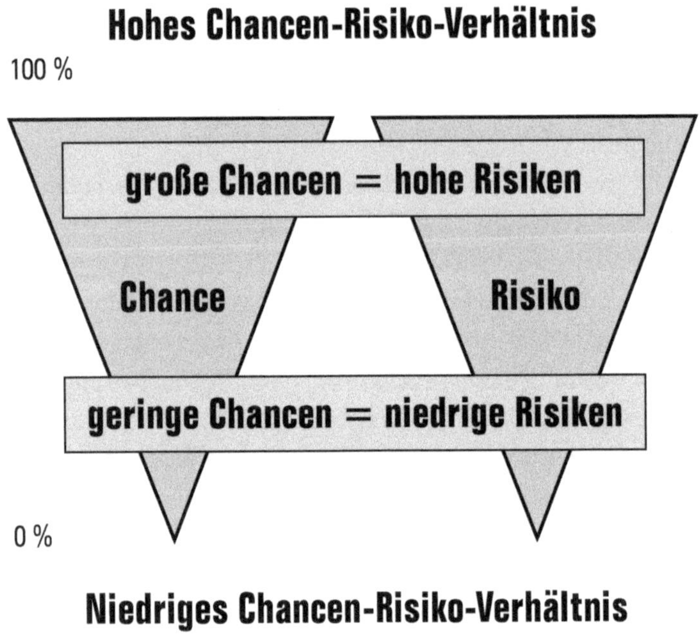

überzeugenden „Turnaround-Story" oder sensationellen Erfindungen und Entdeckungen bevorzugt in der Biotech- und Nanotechnologiebranche mitunter dreistellige, ja sogar vierstellige Kursgewinne möglich. Umgekehrt droht bei hoffnungsvollem, bravem Aussitzen und Verzicht auf Stoppkurs-Absicherung ein Totalverlust, wenn sich Visionen zerschlagen und aufgeblähte Spekulationsblasen platzen. Als Einsteiger erproben Sie am besten mit einem kleinen Investment, was Sie materiell und psychisch aushalten. Freilich wollen Sie vorrangig mit Aktien Geld verdienen, aber ein solches Investment kann noch viel mehr bedeuten, mag dies auch mancher Börsianer nicht uneingeschränkt zugeben:

Spaß, Spannung, Nervenkitzel, Abwechslung, Kommunikation mit Gleichgesinnten, Verständnis für wirtschaftliche Zusammenhänge, Erweiterung des Horizonts, Erfolgserlebnisse und Steigerung des Selbstwertgefühls, erstklassiges Gedächtnistraining. Seien Sie sich also über Ihre Beweggründe und Zielvorstellungen im Klaren. Verdrängen Sie nicht aus irgendwelchen Gründen Ihre hauptsächlichen Anlagemotive. Sie müssen darüber nicht groß reden, können dies alles für sich behalten. Sie sollten dagegen nie mit Ihrer tollen Strategie, Ihren hohen Gewinnen oder Ihrer Cleverness prahlen. Sie sind nicht mehr glaubwürdig, wenn der Mercedes, BMW oder Porsche plötzlich weg ist und Sie vorgeben, zum Schutz der Umwelt jetzt nur noch zu radeln. Das Risikobewusstsein bestimmt Ihre Marschroute. Aber es gibt noch weitere Kriterien für die Einschätzung, ob Aktien für Sie die richtige Anlageform sind und Sie mithilfe guten Timings und Stock-Picking bevorzugt in Nebenwerte investieren sollten.

Weitere Entscheidungskriterien für eine Anlage in Nebenwerte:

Anlageziele
(Vermögensaufbau, Altersvorsorge)
Anlagehorizont
(kurz-, mittel-, langfristig)
Vermögensdecke
und verfügbares Kapital
Lebensalter
Lebensplanung
z. B. Familien- und Unternehmensgründung
Familiäre Situation
Steuerliche Aspekte
Diversifikation (Streuung), Berücksichtigung der demografischen Situation

Die Formel „100 - Lebensalter = Aktienanteil" taugt nicht viel

Häufig wird dem Privatanleger als grobe Orientierungshilfe für den prozentualen Depotanteil von Aktien die Formel „100 - Alter = Aktienanteil" empfohlen. Eine solche Richtschnur taugt im Lebensalltag allerdings wenig, lässt sie doch wichtige Lebenssituationen und Entscheidungskriterien völlig außer Acht. Es gibt viele

„Das Geld, das man besitzt, ist das Instrument der Freiheit. Das Geld, dem man nachjagt, ist das Instrument der Knechtschaft."

– Jean-Jacques Rousseau

junge Leute, die zwar gern Aktien hätten, dieses Anlageinstrument aber verständlicherweise nur begrenzt oder gar nicht nutzen. Da gibt es den Partner, mit dem der Vermögensaufbau abzustimmen ist. Da stehen auf den unteren Sprossen der Einkommens- und Karriereleiter hohe Ausgaben an wegen Familiengründung, Autokauf, Wohnungseinrichtung, Erwerb einer Eigentumswohnung oder Hausbau. Risikoreiche Vermögensanlagen, zu denen bei kurzem und mittlerem Anlagezeitraum Aktien zählen, sind dann kaum zu verantworten. Aktien schlagen bei langfristigem Anlagehorizont zwar alle anderen Investmentformen. Aber wer will und kann sich in jungen Jahren schon so lange festlegen? Dies ist noch am ehesten mit einem Aktienfonds- oder Indexzertifikat-Sparplan geringeren Volumens möglich. Ein Aktienanteil von 70 oder 80 Prozent bleibt also bei den meisten jungen Erwachsenen ein schöner Wunschtraum. In mittleren Jahren, wenn es mit der Karriere klappt und ordentlich verdient wird, sieht die Sache ganz anders aus. Gesellt sich ein gewisses Risikobewusstsein dazu, ist ein prozentual hoher Aktienanteil genau richtig – und zu diesem Anlageprofil passen insbesondere Nebenwerte. Bei guter Marktkenntnis, stabilem Nervenkostüm, Zeit und Lust für die Beobachtung des Börsengeschehens bietet sich idealerweise das Stock-Picking mit Nebenwerten an.

Im Lebensherbst, der Phase des Berufsausstiegs, können dagegen Aktien besonders interessant sein. Wer für den Ruhestand aufgrund beruflichen Erfolgs und einer vernünftigen Finanzplanung ordentlich vorgesorgt hat, in seiner Eigentumswohnung oder seinem Eigenheim lebt, den gewohnten Lebensstandard weiterführen und nicht nur Vermögen verzehren, sondern weiter ausbauen will und kann, kommt an Aktien kaum vorbei. Er hat genug Zeit, sich

Blick in die Depots 2005
Zahl der Fondsbesitzer und Aktionäre in Deutschland: 10,9 Millionen

Nur Aktienfonds	6,1 Mio.
Nur Einzelaktien	2,7 Mio.
Aktienfonds und Einzelaktien	2,1 Mio.

intensiver mit dem Börsengeschehen zu befassen, die Märkte genau zu beobachten. Die Aktienanlage wird nun zum langfristig ertragreichen Hobby, das Abwechslung, Zeitvertreib, soziale Kontakte mit Gleichgesinnten, Spannung, Spaß und auch gewissen Nervenkitzel bietet. Dabei spielt der Hauptversammlungsbesuch bei räumlich nahen Unternehmen wegen Information, Unterhaltung und Bewirtung eine nicht zu unterschätzende Rolle. Die Teilnehmerlisten meiner Börsenseminare an der Ulmer Volkshochschule bestätigen meine Einschätzung. Die meisten Hörer sind 35 bis 65 Jahre alt. Eine wichtige Voraussetzung für ein erfolgreiches Stock-Picking mit Nebenwerten ist, sich mit dem Internet anzufreunden. Höchste Zeit, online zu gehen, wenn dies bislang versäumt und das Erlernen dieser Technik wegen der Berührungsängste verdrängt wurde. Im Rahmen meiner Börsenberatung und bei Auftritten auf Hauptversammlungen erlebe ich freudig, dass 70- bis 90-Jährige aktiv in Aktien investieren, anregende Gespräche führen und selbst in diesem Alter Zugang zum PC mit Internetanschluss finden.

Online gehen in jedem Lebensalter zwischen 10 und 100 Jahren

Wer Aktien kaufen oder verkaufen will, kann dies wie früher allgemein üblich bei seinem Bankberater erledigen. Außer dem Vorteil persönlicher Beratung und Kontaktnahme gibt es allerdings zahlreiche Nachteile: Sie müssen Ihre Bank aufsuchen, sich an die Öffnungszeiten halten und wesentlich höhere Gebühren für die Transaktionen bezahlen, als wenn Sie eigenständig über das Internet oder telefonisch ordern. Verzichten Sie dabei auf einen Internetanschluss, können Sie die aktuellen Kurse nur über Ihr Handy oder über die Bildtafeln und Laufbänder verschiedener Fernsehsender abrufen. Für ein Stock-Picking mit den großteils schwankungsfreudigen Nebenwerten sind aktuelle Kurse aber wichtig, um den optimalen Zeitpunkt für die Kauf- oder Verkaufsorder zu finden. Freilich verhilft Ihnen das Internet auch nicht dazu, eine Transaktion zum allergünstigsten Zeitpunkt vorzunehmen. Das perfekte Timing gelingt selbst Profis selten. Seien Sie zufrieden, in der Nähe der günstigsten Kurse zu ordern. Wer von sich behauptet, dies stets zu können, hält sich nicht so genau an die Wahrheit. Erfreulich ist, dass die Zahl der über 50-jährigen „Silversurfer" jährlich in Deutschland um rund eine Million wächst.

Kapitel 4

4. Einfluss der Bevölkerungsentwicklung auf die Anlagestrategie

Deutschland altert. Die Bevölkerungspyramide ist schon lange keine mehr. Der Name weckt falsche Vorstellungen, erinnert aber daran, wie es einmal war. Die Grafik gleicht eher einem Pilz oder einem Laubbaum mit dichter Krone und unten spärlichem Laubwerk. So etwa sieht der Albtraum eines jeden Demografen aus. Die Bevölkerungsentwicklung mit stark ansteigender Lebenserwartung bei gleichzeitig extrem niedriger Geburtenrate eröffnet wachsende und sinkende Chancen auch im Nebenwertesektor bei einem sich ändernden Konsumverhalten. Dabei geht es nicht nur um die Altersvorsorge und das Gesundheitswesen, das höhere Renteneintrittsalter und eine Neuorientierung auf dem Arbeitsmarkt. Halten wir uns vor Augen, dass ein Mädchen, das 2004 geboren wurde, damit rechnen kann, 88 bis 90 Jahre alt zu werden. Und ein Junge, der 2004 zur Welt kam, dürfte im Schnitt 82 bis 85 Jahre leben. Demgegenüber steht, dass eine Frau nur noch 1,3 Kinder bekommt. Zwei Kinder müssten es schon sein, damit die Bevölkerung stabil bleibt. Bei den Akademikerinnen wird nicht einmal mehr jede zweite Mutter. Im Hinblick auf richtige Anlageentscheidungen gilt es, die Folgen des Bevölkerungswandels einzubeziehen, vorausgesetzt, es wird längerfristig geplant und nicht der schnelle Ein- und Ausstieg bevorzugt.

Auch für die wendigen Schnellboote im Nebenwertesektor gibt es im Angebots- und Nachfragemarkt für Konsumgüter und Dienstleistungen neue Herausforderungen. Die Demografie erzeugt große Sieger und Verlierer. Dies zu wissen ist wichtig, um sich die richtigen Aktien, zu denen auch weiterhin Rohstofftitel zählen dürften, ins Depot zu legen. Wen vielleicht Skrupel plagen, durch Investments in Pharma- und Medizintechnikfirmen am Leid schwer erkrankter oder behinderter Menschen Geld zu verdienen, kann sein Gewissen

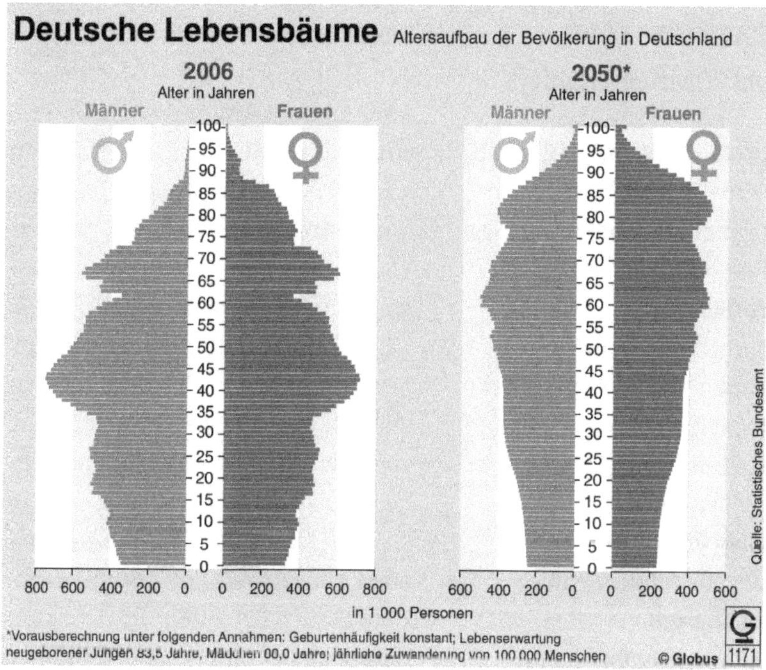

beruhigen: Jeder Anleger stärkt die Finanzkraft der Unternehmen und ermöglicht so eine schlagkräftige und heilende Forschung.

Heute wird schon jede zehnte Japanerin 100 Jahre alt. Viele Senioren von heute, als „junge, neue Alte“ bezeichnet, sind kaum mehr vergleichbar mit früheren Altersgenossen. Sie erfreuen sich guter Gesundheit, sind körperlich und geistig fit, wollen ihr angespartes Vermögen nicht in erster Linie an ihre Kinder und Enkel vererben, sondern das Leben genießen, zumindest einen Großteil ihres Kapitals verzehren, bei Reichtum vielleicht auch mithilfe von Aktien weiter vermehren.

Die gesunden, wohlhabenden Senioren sind unternehmungslustig und lebensbejahend. Sie machen mehrmals im Jahr Reisen, treiben Sport, renovieren ihre Immobilie, legen Wert auf ein vorteilhaftes, gepflegtes Äußeres, Körperpflege, abwechslungsreiche Ernährung,

Die Nutznießer des demografischen Wandels

Pharmaindustrie und Biotechnologie (Ein 90-Jähriger schluckt viermal mehr Arzneimittel als ein 40-Jähriger.)
Medizintechnik
(Zahnprothetik, Rollstühle, künstliche Hüft-, Kniegelenke, Bandscheiben usw., Seh- und Hörhilfen usw.)
Altenheimbetreiber, betreutes Wohnen, ambulante Pflegedienste, private Kliniken
Gesundheit, Wohlbefinden, Wellness, Touristik, Gastronomie (Frühstücksangebote, Essen auf Rädern usw.), leicht zuzubereitende, gesunde Nahrungsmittel, Roboterindustrie (Hilfen im Lebensalltag, z. B. Hausarbeit), Haus- und Wohnungsrenovierung (altengerechte Ausgestaltung), Tierhandel mit Tierzubehör, Bekleidung und Körperpflege, Printmedien (Magazine, Bücher), eine auf wohlhabende Senioren abgestimmte Unterhaltungs- und Konsumgüterindustrie

Wohlstand in ihren eigenen vier Wänden. Sofern Seh- und Hörvermögen wie Reaktionsfähigkeit dies zulassen, wird weiter Auto gefahren. Wenn schon Pflegebedürftigkeit, dann am besten betreutes Wohnen in einer komfortablen Seniorenresidenz. Wovon die „neuen Alten" nichts halten, sind Seniorenteller, Seniorenreisen, Seniorensport. Die Produkte müssen speziell auf sie zugeschnitten sein, aber taktvoll, ohne sie der Lächerlichkeit preiszugeben und sie darauf zu stoßen, alt zu sein. Zum einen besteht Altersarmut, von der insbesondere Frauen betroffen sind, zum anderen gibt es viele ältere Menschen, denen es deutlich besser geht als den meisten jungen Familien. Das Einkommen der Ruheständlerhaushalte liegt leicht über dem Durchschnitt. Was haben diese Ausführungen mit Nebenwerten zu tun? Es gilt zu berücksichtigen, dass die Altersgruppe über 60 prozentual immer weiter wächst und dass sich vor allem viele mittelständische Unternehmen auf diese Bevölkerungsentwicklung einstellen müssen, um nicht zu scheitern. Investoren mit längerfristigem Anlagehorizont sollten deshalb auf die Sieger der demografischen Entwicklung setzen. Die international ausgerichteten Konzerne haben weniger unter der Demografie in den westlichen Industrieländern zu leiden, können sie doch die in Euroland zu erwartenden Absatzeinbrüche durch das Bevölkerungswachstum in den Schwellenländern weitgehend ausgleichen.

Zu den großen Siegern dürften Pharma-, Biotech- und Medizintechnikunternehmen, Alten- und Pflegeheimbetreiber sowie private Kliniken zählen. Der Gesundheitssektor wächst weltweit etwa um ein Prozent schneller als die Gesamtwirtschaft. Gesundheit ist vielen Menschen das höchste Gut. Das Erste, für das mehr Geld ausgegeben wird, ist die eigene Gesundheit und das Wohlergehen der nächsten Angehörigen.

Je älter der Mensch wird, umso mehr steigen im Schnitt die Gesundheitsausgaben für ambulante und stationäre Behandlung, Prothetik und Arzneimittel. Kinder und Jugendliche verursachen im Schnitt alljährlich etwa 1.000 Euro Krankheitskosten, erwerbstätige Erwachsene rund 2.000 Euro, 65- bis 85-jährige Senioren ungefähr 6.000 Euro, Hochbetagte sogar 12.000 Euro im Jahr mit steigender Tendenz. Die Lebenserwartung erhöht sich weiter. Kostenintensive Transplantationsverfahren, teure Medikamente vor allem für die Krebsbehandlung und für Demenzerkrankungen, Implantate, Hörgeräteakustik, künstliche Gelenke, Notfall- und Ultraschallgeräte, Kernspintomografen usw. fordern ihren finanziellen Tribut.

Die Freizeitindustrie, Reise- und Wellnessanbieter, Fitnessstudios und Sportartikelhersteller (Tennis, Golfen, Schwimmen, Radfahren, Nordic Walking, Rückenschule) dürften ebenso profitieren wie die Gastronomie mit preiswertem Frühstück und Mittagstisch. Hinzu kommen eine ganze Industrie rund um den Haustierbedarf und zahlreiche Handwerksbetriebe, die darauf spezialisiert sind, Wohnungen und Häuser zu renovieren und altengerecht umzubauen. Selbst die Autoindustrie muss keine Einbußen hinnehmen, wenn erfolgreich an wirksamen Unfallverhütungsprogrammen, leistungsfähigen

Einparkhilfen und verbesserten, kostengünstigen Navigationssystemen gearbeitet wird.

Innovationen für die Bewältigung des Lebensalltags sind gefragt, um z. B. Sehschwäche und abnehmende Beweglichkeit auszugleichen. Verpackungen, Dosen und Flaschen sollten leichter zu öffnen sein. Aber auch Handys und Computer mit größeren Tasten sowie Printmedien in vernünftiger Schriftgröße gehören dazu. Wer sind die Verlierer an den Märkten wegen einer durch die niedrige Geburtenrate schrumpfenden und alternden Bevölkerung bei gleichzeitig sinkender Kaufkraft und explodierenden Gesundheitskosten? Dies dürften die Zigaretten- und die Alkohol-, die Spielzeug- und die Vergnügungsindustrie, die auf jüngere Leute zugeschnittene Modebranche sowie die Elektrogeräte- und Möbelhersteller sein. Die meisten älteren Menschen kaufen solche Einrichtungsgegenstände wie Möbel, eine neue Einbauküche oder Badeinrichtung nicht mehr, weil sie damit bereits ausgestattet sind. Dies gilt ebenso für die von den Senioren besonders geschätzten Fernsehgeräte, die selbst in keinem Altenwohn- und Altenpflegeheimzimmer fehlen. Raucher und Trinker zählen wegen der gesund-

Verlierer des demografischen Wandels

Weniger Wohnungsneubauten

Weniger Möbel und andere Einrichtungsgegenstände

Umsatzeinbußen in der Zigaretten-, Alkohol-, Spielzeug- und Vergnügungsindustrie

Fondsähnliche Biotech- und Medizintechnik-Aktien

BB Biotech (TecDAX)

Kurs 17. Oktober 2006	52,00 €
52-Wochen-Hoch	57,50 €
52-Wochen-Tief	43,50 €
2006	+1 %

BB Medtech (Prime Standard)

Kurs 17. Oktober 2006	38,00 €
52-Wochen-Hoch	42,27 €
52-Wochen-Tief	34,90 €
2006	+2 %

Breite Streuung im Beteiligungsportfolio zur Risikominimierung

heitlichen Schädigungen nicht zu den Menschen, die sehr alt werden. Auch von daher zählt die Genussmittelindustrie eher zu den Verlierern der Demografie.

Rund um das Internet mit den wachsenden Online-Bezahldiensten ist festzuhalten, dass die heutigen 70- bis 90-Jährigen das Internet bislang nur wenig nutzen. Aber die nachrückenden Seniorengruppen mögen Computer und Internet kaum mehr missen, zumal Fernsehen, Computer und Internet zusehends miteinander zusammenwachsen bzw. verschmelzen.

Wer eigenständig mit Aktien handelt, kommt um Online-Informationen kaum herum – schon gar nicht in dem schwankungsfreudigen, oft mit interessanten Nachrichten versehenen Nebenwertesektor.

Ermutigende Worte

Gäbe es keine Fehleinschätzungen und unterschiedlichen Erwartungen, bestünde keine Börse. Je nach Situation würden sämtliche Aktionäre kaufen bzw. verkaufen. Es käme kein Handel zustande.

Kapitel 5

5. Die wichtigsten deutschen Nebenwerte-Indizes

Bei zahlreichen konservativ eingestellten Privatanlegern dreht sich nach wie vor alles um das „Heimatliebedepot DAX". Sie, lieber Leser, zählen nicht zu dieser Gruppe, sonst würden Sie dieses Buch wohl gar nicht lesen. Sie haben vermutlich schon in den letzten Jahren die großen Chancen bei Nebenwerten genutzt und erhoffen sich mit einem gekonnten Stock-Picking und dem richtigen Timing auch für die Zukunft attraktive Gewinnchancen. Trotzdem ist es falsch, künftig ausschließlich auf Mid, Small und Micro Caps zu setzen. Eine bestmögliche Diversifikation ist das A und O für den Anlageerfolg und die damit verbundene Risikominimierung. Bei aller Vorliebe für die Nebenwerte dürfen Sie die großen Blue Chips aus dem In- und Ausland nicht vernachlässigen.

Das folgende Schaubild zeigt Ihnen, wie sich die DAX-Familie zusammensetzt. Seit Ende März 2003 gelten für den deutschen Aktien-

markt neue Spielregeln. Sie wurden aufgestellt von der selbst im DAX notierten Deutschen Börse AG. Nur diejenigen Unternehmen, die sämtliche strengen Zulassungsauflagen im Prime Standard erfüllen, können in einem dieser vier Indizes vertreten sein.

5.1 Der MDAX – klassisch ausgerichtet und stark

Zum Jahresschluss 2002 stand der MDAX bei 3.000 Punkten. Im Mai 2006 übersprang er die 9.000er-Marke und die runde 10.000er-Marke lag in Reichweite. Dann kam alles anders, keine mäßige Konsolidierung, sondern eine handfeste Korrekturphase, die einige Monate anhielt und den MDAX zeitweilig bis nahe 7.000 Punkte in den Keller trieb. Die einzelnen Werte erwischte es unterschiedlich stark. Bei manchen Titeln vollzog sich ein crashartiges Szenario. Andere Aktien zeigten eine beachtliche Relative Stärke und verloren so gut wie nichts, sei es, dass Übernahmefantasien anstanden, sei es, dass die Quartalszahlen besser als von Analysten erwartet ausfielen. Das für 2007 mit 14 angezeigte KGV ist etwas höher als beim DAX, deutet noch nicht auf eine Überbewertung hin, verlangt jedoch ein gezieltes Stock-Picking. Also kein Indexzertifikat auf den MDAX ordern, sondern nach margenstarken Einzeltiteln Ausschau halten und den Blick auf die Dividende richten!

Früher kehrten die meisten Börsianer dem MDAX eher gelangweilt und uninteressiert den Rücken zu. Seit der Neusegmentierung im Frühjahr 2003 durch die Deutsche Börse AG hat sich dieses Bild entscheidend gewandelt. Sicherlich hat die Reduzierung von früher 70 auf nur noch 50 Titel klassischer Branchen dazu beigetragen. Aber noch wichtiger erscheint, dass auch ausländische Unternehmen Zutritt zum MDAX haben. Nachdem der Auf- und Abstieg im halbjährigen Abstand erfolgt, mangelt es nicht an Blutauffrischung durch große Neuemissionen in den letzten Jahren wie Deutsche Postbank, Lanxess (Bayer-Abspaltung), MTU Aero Engines, Premiere,

MDAX 2000–2007

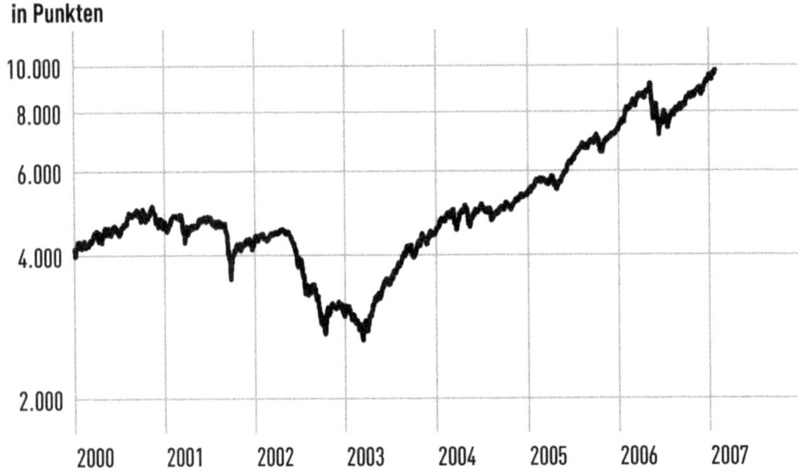

Hohe Dividende 2007

Norddeutsche Affinerie	5,7 %
Hannover Rück	4,1 %
AWD Holding	4,1 %
Dt. Euroshop	3,7 %
ProSieben Vz.	3,7 %
Hugo Boss Vz.	3,2 %
EADS	3,2 %

Der Aktionär Nr. 43/06

Wincor Nixdorf und zuletzt Praktiker, Wacker Chemie und Patrizia Immobilien.

Manch ein Börsianer wird sich vielleicht nun fragen: Wo bleibt Porsche? Warum ist dieses Unternehmen weder im MDAX noch im DAX vertreten? Eine einfache Antwort: Porsche weigert sich, Quartalsberichte abzuliefern und erfüllt damit nicht die Zulassungsauflagen für den Prime Standard. Nicht zu verachten ist bei einigen MDAX-Titeln die hohe Dividende zwischen drei und fünf Prozent. Weiteres Kurspotenzial eröffnet ein niedriges KGV gepaart mit einem relativ hohen Buchwert in Kursnähe und einem steigenden Ergebnis pro Aktie. Ohne die MDAX-Rallye wäre die Dividendenrendite bei den jetzigen Kursen viel höher. Einige MDAX-Titel sind zudem im GEX gelistet, dem Börsenbarometer für deutsche familiengeführte, eigentümerdominierte Unternehmen. Dazu zählen AWD, Fielmann, Fresenius Vz. und Krones. Der GEX erzielte 2005 noch eine höhere Rendite als der MDAX: 38 Prozent Kursgewinn gegenüber 36 Prozent. Auch der aus zehn Titeln gebildete Index DAXplus Export Strategy berücksichtigt als Spiegelbild der Erfolgsgeschichte Exportweltmeister fünf MDAX-Aktien, nämlich Celesio, EADS, Heidelberger Druckmaschinen, Merck und SGL Carbon.

Niedriges KGV 06/07

Depfa Bank	9/8
Hannover Rück	9/9
Leoni	10/9
Norddeutsche Affinerie	11/11
Salzgitter	11/11
Südzucker	13/13
Lanxess	14/12
MTU Aero Engines	14/12
Heidelberger Druck	14/13

Südzucker und Dt. Euroshop Buchwert relativ nahe am aktuellen Kurs

Der Aktionär Nr. 43/06

Übernahmefantasie treibt die Kurse potenzieller Kandidaten hoch

Was die Kurse bei einigen großen wie mittleren und kleineren Titeln hochschnellen lässt, ist die Übernahmespekulation. Sie treibt vor allem dann Blüten, wenn der Streubesitz hoch ist, es also an einem Großaktionär fehlt, der eine freundliche oder feindliche Übernahme ausbremsen könnte. Im Allgemeinen reagiert die Börse wegen der damit verbundenen Kosten mit Kursverlusten beim Bieterunternehmer.

Übernahmeangebot für Techem: Kurs schnellt von 40 auf 50 Euro hoch

Gespannt verfolgten seit Mitte Oktober 2006 die Anleger die Entwicklung von Techem, dem Spezialisten für Energiemessung. Die australische Macquarie Bank gab ein Übernahmeangebot ab. Obgleich die Offerte bei 44 Euro lag, stieg der Kurs zeitweilig bis zu 25 Prozent, angenährt von der Hoffnung auf Nachbesserung.

MDAX-Liste mit Unternehmensprofilen (Kurse 24. Okt. 2006)					
Unternehmen	Branche	ISIN/WKN	52-Wochen Hoch/Tief in €	KGV 06/07	Dividenden-rendite
Aareal Bank	Banken/Finanzdienstleistungen	DE000 540 811 6	41,4/24,7	17/13	1,3 %
AMB Generali	Banken/Finanzdienstleistungen	DE000 840 002 9	113,3/72,1	17/15	2,1 %
AWD Holding	Banken/Finanzdienstleistungen	DE000 508 590 6	32,4/20,0	24/17	4,3 %
Beiersdorf	Konsumgüter	DE000 520 000 0	43,7/29,2	25/17	1,5 %
Bilfinger Berger	Bauindustrie	DE000 590 900 6	55,4/34,8	16/15	2,5 %
Celesio	Handel/Distribution	DE000 CLS 100 1	43,2/32,5	16/15	1,8 %
DEPFA Bank	Banken/Finanzdienstleistungen	IE007 255 999 4 765 818	16,0/11,5	9/8	2,8 %
Dt. Euroshop	Immobilien	DE000 748 020 4	58,4/42,8	18/18	3,8 %
Deutz	Automobil/Flugzeugbau	DE000 630 500 6	8,60/3,50	22/14	0,0 %
Douglas Holding	Konsumgüter	DE000 609 900 5	41,2/31,1	21/19	2,8 %
EADS	Automobil/Flugzeugbau	NL000 023 519 0 938 914	35,4/16,8	14/13	3,3 %
Fielmann	Handel/Distribution	DE000 577 220 6	43,4/26,8	25/22	2,4 %
Fraport	Verkehr/Logistik	DE000 577 330 3	67,1/38,3	27/26	1,9 %
Fresenius Vz.	Holding/Beteiligungen	DE000 578 563 8	150,3/94,4	20/17	1,3 %
GEA Group	Spezial-/Maschinenbau	DE000 660 200 6	16,4/8,7	20/15	1,4 %
Hannover Rück	Versicherung	DE000 840 221 5	32,4/25,7	8/8	5,5 %
HeidelbergCement	Bauindustrie	DE000 604 700 4	104,8/61,9	15/13	1,5 %
Heidelberger Druck	Spezial-/Maschinenbau	DE000 731 400 7	41,9/25,2	14/13	2,7 %
Hochtief	Bauindustrie	DE000 607 000 6	59,5/30,7	43/36	1,7 %
Hugo Boss Vz.	Bekleidung/Textil	DE000 524 553 4	37,9/26,6	20/18	3,2 %
HypoVereinsbank	Banken/Finanzdienstleistungen	DE000 802 200 5	36,6/22,4	15/13	1,1 %
IKB	Banken/Finanzdienstleistungen	DE000 806 330 6	33,3/22,6	15/13	3,0 %
IVG Immobilien	Banken/Finanzdienstleistungen	DE000 620 570 1	29,7/15,6	29/26	1,5 %
IWKA	Holding/Beteiligungen	DE000 620 440 7	24,9/14,0	23/12	1,2 %
K + S	Chemische Industrie	DE000 716 200 0	78,9/48,7	16/15	2,8 %
KarstadtQuelle	Konsumgüter	DE000 627 500 1	25,6/9,0	158/34	0,0 %
Krones	Spezial-/Maschinenbau	DE000 633 500 3	112,3/71,9	14/13	1,5 %

Unternehmen	Branche	ISIN/WKN	52-Wochen Hoch/Tief in €	KGV 06/07	Dividenden-rendite
Lanxess	Chemische Industrie	DE000 547 040 5	36,5/21,9	14/12	1,2 %
Leoni	Automobil/Flugzeugbau	DE000 540 888 4	34,5/22,6	10/9	2,7 %
Merck	Pharma	DE000 659 990 5	90,7/62,6	15/18	1,3 %
MLP	Banken/Finanzdienstleistungen	DE000 656 990 8	22,9/13,2	27/21	2,6 %
MTU Aero Engines	Automobil/Flugzeugbau	DE000 A0D 9PT 0	31,8/20,3	15/13	3,0 %
Norddt. Affinerie	Eisen/Stahl	DE000 676 650 4	27,3/16,5	11/12	5,4 %
Patrizia Immob.	Immobilien	DE000 PAT 1AG 3	26,6/18,0	23/15	1,3 %
Pfleiderer	Bauindustrie	DE000 676 474 9	27,3/13,7	18/14	1,2 %
Praktiker	Handel/Distribution	DE000 A0F 6MD 5	26,9/14,5	18/17	2,0 %
Premiere	Medien	DE000 PRE M11 1	26,6/7,4	- /33	0,0 %
ProSiebenSat1	Medien	DE000 777 117 2	23,3/14,2	20/18	3,7 %
Puma	Bekleidung/Textil	DE000 696 960 3	338,2/203	14/16	0,9 %
Rheinmetall	Spezial-/Maschinenbau	DE000 703 000 9	68,0/47,0	16/12	1,7 %
Rhön-Klinikum	Kliniken/Plegeeinrichtungen	DE000 704 230 1	40,5/27,9	19/18	1,4 %
Salzgitter	Eisen/Stahl	DE000 620 200 5	82,9/32,0	11/11	1,3 %
Schwarz Pharma	Pharma	DE000 722 190 5	92,5/44,1	297/167	0,3 %
SGL Carbon	Chemische Industrie	DE000 723 530 1	20,7/11,4	24/14	0,0 %
STADA	Pharma	DE000 725 180 3	41,3/26,4	23/17	1,3 %
Südzucker	Nahrungs- und Genussmittel	DE000 729 700 4	22,4/16,3	13/13	2,8 %
Techem	Versorgung	DE000 547 160 1	47,8/31,2	19/17	1,6 %
Vossloh	Spezial-/Maschinenbau	DE000 766 710 7	51,6/34,9	20/13	2,6 %
Wacker Chemie	Chemische Industrie	DE000 WCH 888 1	127,5/74,0	18/15	1,9 %
Wincor Nixdorf	Technologie	DE000 A0C AYB 2	122,3/69,7	21/19	2,3 %

Quelle: Datenbanken *Der Aktionär* Nr. 44/2006, 24. Oktober 2006

Der Kurs der Zielfirma geht meist steil nach oben, liegt doch das Kaufangebot im deutlich zweistelligen Bereich. *Der Aktionär* hatte in Ausgabe 32/06 fünf MDAX-Werte im Visier: Bilfinger & Berger, Dt. Postbank, Hochtief, Puma und Schwarz Pharma. Im Oktober 2006 kam Techem neu ins Spiel.

TecDAX **2000–2007**

5.2 Der TecDAX – belastende Hypothek vom Neuen Markt

Bis zum Frühjahr 2000 war die Welt für den Neuen Markt noch heil. Drei Jahre lang, vom Start am 10. März 1997 mit 505 Punkten bis zum dritten Geburtstag mit einer Kursexplosion auf 8.560 Punkte beim Nemax-All-Share, funktionierte die Gelddruckmaschine Neuer Markt. Sie versprach schnellen Reichtum ohne Arbeit. Gier und Euphorie dominierten das Marktgeschehen. Vereinzelte warnende Stimmen wurden geflissentlich überhört. Da türmte sich gleich einem Tornado eine riesige Spekulationsblase auf. Aber es wurde unbedacht weiterspekuliert. Kein Preis schien zu hoch. Das Ende übertraf selbst die schlimmsten Befürchtungen der Pessi-

Zurückhaltung

Auch dreieinhalb Jahre nach Beendigung des großen Börsencrashs von Frühjahr 2000 bis Mitte März 2003 sind nur 47 Prozent der Männer und 31 Prozent der Frauen bereit, das Ersparte mit einer gewissen Risikofreude anzulegen. Jüngere Leute wagen mehr als ältere, wenn es um bessere Renditen geht, z. B. TecDAX statt Sparbuch.

misten. Vom Allzeithoch des Nemax 50 bei 9.650 Punkten Mitte März 2000 blieben im Oktober 2002 noch kümmerliche 300 Punkte übrig, ein Kursverlust von annähernd 98 Prozent.

So hatte es nach der „Beerdigung" des Neuen Marktes sein im Zuge der Neusegmentierung im März 2003 mit nur noch 30 Hightechtiteln gestarteter Nachfolger, der TecDAX, verständlicherweise schwer, Fuß zu fassen. Eine zu schwere Bürde waren anfangs das Misstrauen und die Vorbehalte der Anleger gegen alles, was mit der „New Economy", mit Hightech, Biotech und Internet zu tun hatte. Erst Anfang 2006 wandelte sich das Bild. Der TecDAX legte bis zur scharfen Korrektur an den Börsen ab Mitte Mai 2006 einen fulminanten Kursaufschwung um 26 Prozent auf ein Allzeithoch von 769 Punkten

TecDAX-Liste mit Unternehmensprofilen (Kurse 24. Okt. 2006)

Unternehmen mit Auf- und	Branche	ISIN/WKN	52-Wochen Hoch/Tief	KGV 06/07	Dividenden-rendite
ADVA Optical	Netzwerkinfrastruktur	DE000 510 300 6	10,44/7,97	15/12	0,0 %
Aixtron	Technologie, Halbleiterkomponenten	DE000 506 620 3	4,13/2,38	neg./45	0,0 %
AT&S	Technologie	AT000 096 998 5 922 230	22,56/13,73	12/10	1,4 %
BB Biotech	Biotechnologie, Holding mit fünf bis zehn Kernbeteiligungen	CH000 144 158 0 888 509	57,50/44,05	k. A.	3,0 %
Bechtle	IT-Dienstleister, Handelssoftware	DE000 515 870 3	22,30/13,87	12/11	2,8 %
Conergy	Umwelt	DE000 604 002 5	65,69/24,67	25/17	0,7 %
Drägerwerk	Medizintechnik	DE000 555 063 6	58,55/43,73	16/14	1,2 %
Epcos	Technologie	DE000 512 800 3	13,18/9,90	33/18	0,0 %
Ersol Solar Energy	Umwelt	DE000 662 753 2	71,79/37,90	29/23	0,0 %
Evotec	Biotechnologie	DE000 566 480 9	4,88/2,34	negativ	0,0 %

Unternehmen	Branche	ISIN/WKN	52-Wochen Hoch/Tief in €	KGV 06/07	Dividenden-rendite
Freenet	Internet	DE000 579 200 6	25,71/15,25	26/21	1,8 %
GPC Biotech	Biotechnologie, Genom-Technologie	DE000 585 150 5	16,80/9,05	negativ	0,0 %
IDS Scheer	IT-Dienstleister	DE000 625 700 9	18,78/14,03	22/18	1,2 %
Jenoptik	Technologie, Photonics, Laser	DE000 622 910 7	8,35/6,22	24/19	0,0 %
Kontron	Technologie, elektronische Bordsysteme	DE000 605 395 2	10,95/5,99	26/20	1,0 %
Mobilcom	Telekommunikation	DE000 662 240 0	23,20/14,28	20/16	1,9 %
Morphosys	Biotechnologie, Antikörperentwicklung	DE000 663 200 3	56,00/34,20	53/44	0,0 %
Nordex	Umwelt	DE000 A0D 655 4	23,15/3,55	86/26	0,0 %
Pfeiffer Vacuum	Spezial-/Maschinenbau	DE000 691 660 4	58,00/40,60	17/16	2,7 %
Q-Cells	Umwelt Photovoltaiktechnologie	DE000 555 866 2	49,45/19,37	30/24	0,0 %
Qiagen	Biotechnologie Genanalyse	NL000 024 000 0 901 626	13,14/8,82	28/23	0,0 %
QSC	Telekommunikation	DE000 513 700 4	5,58/3,60	274/25	0,0 %
Rofin-Sinar	Technologie Elektronik und Chipsparte	US775 043 102 2 902 757	50,49/27,60	19/17	0,0 %
Singulus Technolog.	Spezial-/Maschinenbau DVD und CD	DE000 723 890 9	18,56/9,27	31/14	0,0 %
Software AG	Software	DE000 330 400 2	50,84/34,73	20/17	1,8 %
Solarworld	Umwelt	DE000 510 840 1	70,85/23,98	29/22	0,9 %
Solon	Umwelt	DE000 747 119 5	48,70/22,15	17/13	0,0 %
Tele Atlas	Verkehr, Logistik	NL000 023 394 8 927 101	27,55/10,80	36/22	0,0 %
United Internet	Internet	DE000 508 903 1	14,73/6,44	29/22	0,7 %
Wirecard	Technologie	DE000 747 206 0	5,97/2,50	27/17	0,0 %

Quelle: Datenbanken *Der Aktionär* Nr. 44/2006, 24. Oktober 2006

hin. Als Antreiber agierten die zwischenzeitlich aufgestiegenen fünf Solarstromtitel SolarWorld, Conergy, ErSol, Q-Cells, Solon und das Windkraftunternehmen Nordex. Es tut dem TecDAX sichtlich gut, dass die Indexanpassung nicht jährlich wie beim DAX, sondern halbjährlich stattfindet. Ebenso positiv wird registriert, dass dort lediglich 30 Titel vertreten sind – großteils aus dem früheren Nemax 50. Vorteilhaft ist, dass auch ausländische Hightech-, Internet-, Biotech- und Nanotechnologietitel sowie Aktien regenerativer Energien dort Aufnahme finden. Wegen der teilweise stolzen Bewertung, der unterschiedlichen Qualität und der abweichenden Wachstums- und Gewinnaussichten empfiehlt es sich beim MDAX, TecDAX und SDAX kaum noch, ein Indexzertifikat oder einen Exchange Traded Fund (ETF) auf das gesamte Börsenbarometer zu ordern. Chancenreicher sind das richtige Timing und gezieltes Stock-Picking.

Dazu gehört Mut. Das bedeutet, bei Kursschwäche nicht zu jammern und zu wehklagen, sondern beherzt zuzugreifen. Eine solche Gelegenheit besteht beispielsweise, wenn der Marktführer patzt und die übrigen Titel der Branche in Sündenbockmanier mit abgestraft werden oder die Korrektur übertrieben stark ausfällt.

TecDAX – keine oder niedrige Dividende, aber meist hohes KGV

Die im TecDAX gelisteten Unternehmen zählen zur sogenannten New Economy. In den ersten Jahren nach der Gründung geht es vor allem um Wachstum im operativen Geschäft wie auch durch Übernahmen und Fusionen. Soweit es sich um Biotech- und Nanotechnologiefirmen handelt, erfolgt ein Börsengang vorrangig mit dem Ziel, sich Kapital für die eminent wichtige, aber kostspielige Forschung und Entwicklung zu verschaffen. Für ein Biotechunternehmen ist es zu riskant, nur ein oder zwei Arzneimittel in der Pipeline zu haben. Von den präklinischen Studien bis zur Zulassung vergehen meist über zehn Jahre. In der klinischen Phase I scheitern im Schnitt 38 Prozent aller Präparate, in der Phase II sogar 63 Prozent und in der entscheidenden klinischen Phase III mit 45 Prozent immer noch fast jedes zweite Medikament. BB Biotech, fondsähnlich strukturiert, reduziert das Risiko durch fünf bis zehn Kernbeteiligungen.

Es ist also kaum denkbar, im Biotech- und Hightechsektor mit ähnlich niedrigen Kursgewinnverhältnissen aufzuwarten wie in der „Old Economy". Bei einem dreistelligen bzw. negativen KGV ist jedoch große Vorsicht angezeigt. Eine üppige Dividendenrendite dürfen Sie im TecDAX nicht erwarten. Wo noch keine Gewinne erzielt werden oder diese dürftig ausfallen, gibt es nichts an die Aktionäre zu verteilen. Also werden TecDAX-Aktien wegen der Aussicht auf attraktive Kursgewinne oder wegen Übernahmefantasien gekauft. Die Chance ist groß – ebenso das Risiko. Sie sollten pro Titel den Einsatz auf ein bis zwei Prozent Ihres Gesamtdepotwertes begrenzen.

5.3 Der SDAX – klein, aber fein

Zum Jahresschluss 2002 schloss der SDAX bei 1.700 Punkten. 2003 notierte er zum Jahresende bei knapp 2.600 Punkten, nachdem sein Tief im Frühjahr 2003 noch um rund 1.000 Punkte niedriger lag – bei kümmerlichen 1.622 Punkten. Seit dem dreijährigen Crash-Szenario aber hat sich der Kurs beim kleinsten deutschen Index zeitweilig mehr als verdreifacht – binnen drei Jahren bis zum Allzeithoch auf 5.470 Punkte im Mai 2006. Der SDAX mit seinen 50 in- und ausländischen mittelständischen Unternehmen aus klassischen Branchen stieg 2003 als erfolgreichster deutscher Index um 51 Prozent, 2004 um 20 Prozent und bis zum Jahresschluss 2005 um stolze 37 Prozent. Der SDAX legte trotz der scharfen Korrektur 2006 seit Mitte Mai bis einschließlich Juli bis Ende Oktober 2006 immerhin noch um 19 Prozent zu. Was macht den Small-Cap-Index so erfolgreich? Warum wurde er während der großen Börsenhausse Ende der 90er-Jahre jahrelang vernachlässigt und rückte erst mit der Kurserholung ab

SDAX

2000–2007

2003 in den Fokus zahlreicher institutioneller und privater Anleger? Imponierend ist der folgende Vergleich, auch wenn er sich in Sachen Bewertung vielleicht bald als Bumerang erweisen könnte: Der SDAX gewann seit 2000 etwa 60 Prozent. Der DAX ist noch weit von seinem damaligen Höchststand von über 8.000 Punkten entfernt und notiert bei 6.300 Punkten um etwa 25 Prozent niedriger.

Banken-Anlagetipps nicht grenzenlos vertrauen!

„Wer eine Münze wirft und danach handelt, verdient im Zweifel mehr. Banken und Analysten fehlt es an Mut oder Vorstellungskraft, starke Kursbewegungen vorherzusagen."

Holger Benke, Geschäftsführer der Hertie-Stiftung im Gespräch mit der *Wirtschaftswoche*, Aug. 2006

Dafür gibt es etliche Gründe. Zwar pflegen viele Privatanleger nach wie vor das sogenannte „Heimatliebe-depot DAX". Aber mit zunehmender Markt- und Börsenkenntnis steigt das Interesse an der Suche nach verborgenen Perlen. Mit einem Indexzertifikat gelingt dies wegen der höheren Bewertung nicht mehr, umso eher aber mit geschicktem Stock-Picking – gestützt durch die Aufnahme interessanter Neuemissionen aus klassischen

SDAX-Blutauffrischung durch Auf-/Abstieg im Jahr 2006

Nr.	Abstieg aus SDAX	Anmerkung	Aufstieg in SDAX	Anmerkung
1	AIG Int. Real Estate		Air Berlin	Neuemission
2	AVA		Arques Industries	
3	Baader Bank		Cash.life	
4	Beate Uhse		C.A.T. Oil	Neuemission
5	BHW Holding		Colonia Real Estate	
6	Böwe Systec		Curanum	
7	ce Cosumer		Demag Cranes	Neuemission
8	Deutz	Aufstieg MDAX	Deutsche Wohnen	
9	D. Logistics		DIC Asset	
10	DIS	Übernahme	D+S Europe	
11	Dürr		EM.TV	
12	Fluxx		Grammer	
13	Hawesko		HCI Capital	Neuemission
14	Hornbach-Holding		Interhyp	Neuemission
15	Klöckner Werke		Klöckner & Co.	Neuemission
16	Matchnet		KWS Saat	
17	Phoenix		Loewe	
18	Pfleiderer	Aufstieg MDAX	Medion	Abstieg MDAX
19	Schlott Gruppe		MPC	Abstieg MDAX
20	TAG Tegernsee		Patrizia Immobilien	Neuemission
21	Teleplan		Thiel Logistik	Abstieg MDAX
22	Villeroy & Boch		Vivacon	Abstieg MDAX
23	Zapf Creation		Thielert	

Aufnahmekriterien: Die Aktie zählt bei Börsenwert und Börsenumsatz zu den ersten 110 Unternehmen (ohne DAX). Die Indexanpassung erfolgt vierteljährlich.

Branchen. Die im Frühjahr 2003 erfolgte Neusegmentierung trägt Früchte. Der SDAX enthält nur noch 50 Titel und ist nicht auf deutsche Aktien aus klassischen Branchen begrenzt. Durch den vierteljährlichen Auf- und Abstieg ist für Blutauffrischung gesorgt und größere erfolgreiche Neuemissionen im Prime Standard finden hier schon kurz nach dem Börsengang einen Platz und damit mehr Beachtung unter institutionellen und privaten Anlegern. Vergleichen wir die SDAX-Kurstafel zum Jahresanfang 2005 mit derjenigen vom Oktober 2006, so ergeben sich Veränderungen, die Sie aus der vorstehenden Liste 59 ersehen können.

Der häufige Auf- und Abstieg tut dem SDAX gut

Ein steigender Börsenwert und hohe Umsätze sind Merkmale einer positiven Entwicklung und zunehmender Beachtung. Wer auf ein Indexzertifikat setzt, stellt sicher, dass Auf- und Abstieg fortlaufend angepasst werden. Da aber Bewertung und Dividendenrendite

SDAX-Liste mit Unternehmensprofilen (Kurse Ende Oktober 2006)

Unternehmen	Branche	ISIN/WKN	52-Wochen Hoch/Tief	KGV 06/07	Dividendenrendite
Air Berlin	Verkehr/Logistik	GB00B 128C026 AB1 000	13,90/9,10	21/12	–
Arques Industries	Holding Beteiligungen	DE000 515 600 4	16,10/8,91	7/6	0,25 €/2,3 %
Balda	Technologie	DE000 521 510 7	12,31/5,01	14/10	0,15 €/2,5 %
Bauer	Bauindustrie	DE000 516 810 8	23,76/16,45	16/13	0,50 €/2,1 %
BayWa	Handel Distribution	DE000 519 406 2	26,75/15,24	21/19	0,30 €/1,2 %
C.A.T. Oil	Öl-/Gasexploration	AT000 0A00Y78 A0J KWU	21,95/13,04	27/15	–
Cash.live	Banken Finanzdienstleistungen	DE000 500 910 4	37,50/22,00	20/15	–

Unternehmen	Branche	ISIN/WKN	52-Wochen Hoch/Tief	KGV 06/07	Dividenden-rendite
Centrotec	Chemische Industrie	DE000 540 750 6	35,80/21,35	15/11	–
CeWeColor	Technologie	DE000 540 390 1	46,00/26,10	25/23	0,80 €/2,4 %
Colonia Real Estate	Immobilien	DE000 633 800 7	49,88/8,40	18/9	–
Comdirect Bank	Banken/Finanzdienstleistungen	DE000 542 800 7	10,80/6,40	23/20	0,34 €/3,9 % + Bonus 1 €
CTS Eventin	Dienstleistungen	DE000 547 030 6	28,58/18,22	23/21	0,50 €/1,8 %
Curanum	Kliniken, Pflegeeinrichtungen	DE000 524 070 9	8,90/5,06	17/16	0,10 €/1,4 %
D+S-Europe	Dienstleistungen	DE000 533 680 4	7,60/4,53	16/12	–
DAB Bank	Banken, Finanzdienstleistungen	DE000 507 230 0	9,11/5,85	25/20	0,22 €/3,0 %
Demag Cranes	Spezial-/Maschinenbau	DE000 DCAG01 0	29,51/21,65	26/13	0,70 €/2,5 %
Dt. Beteiligungs-AG	Holding/Beteiligungen	DE000 550 810 5	18,82/13,10	9/7	0,66 €/3,8 %
Deutsche Wohnen	Immobilien	DE000 628 330 2	58,80/43,40	43/38	1,75 €/3,6 %
DIC Asset	Gewerbe- und Büroimmobilien	DE000 509 840 4	32,20/10,04	20/12	0,75 €/2,8 %
Dyckerhoff Vz.	Bauindustrie	DE000 559 103 6	35,20/23,33	14/12	0,25 €/0,8 %
Elexis	Spezial-/Maschinenbau	DE000 508 500 5	25,49/15,45	12/10	0,45 €/2,5 %
ElringKlinger	Automobil, Flugzeugbau	DE000 785 602 3	45,87/28,04	15/14	1,00 €/2,5 %
EM.TV	Medien	DE000 914 720 7	6,65/2,72	67/30	–
Escada	Bekleidung/Textil	DE000 569 210 7	29,75/17,92	24/19	–
Fuchs Petrolub Vz.	Chemische Industrie	DE000 579 043 0	50,32/28,86	15/14	0,72 €/1,5 %
Gerry Weber	Bekleidung/Textil	DE000 330 410 1	20,50/13,02	14/12	0,45 €/2,8 %
GfK	Dienstleistungen	DE000 587 530 6	38,50/25,84	18/15	0,35 €/1,0 %
Gildemeister	Spezial-/Maschinenbau	DE000 587 800 3	8,60/5,56	16/12	0,20 €/2,5 %
Grammer	Automobil, Flugzeugbau	DE000 589 540 3	23,20/16,12	11/10	1,00 €/4,4 %
GrenkeLeasing	Handel, Distribution	DE000 586 590 1	63,71/38,60	17/14	0,60 €/1,5 %

Unternehmen	Branche	ISIN/WKN	52-Wochen Hoch/Tief	KGV 06/07	Dividenden-rendite
H&R Wasag	Chemische Industrie, rohölbasierte Produkte	DE000 775 700 7	50,21/13,27	14/19	0,60 €/1,4 %
HCI Capital	Banken/Finanzdienstleistungen	DE000 A0D 9Y9 7	21,19/11,95	9/9	1,30 €/8,5 %
Highlight Communications	Medien	CH000 653 919 8 920 299	6,75/4,62	18/14	0,08 €/1,3 %
Indus Holding	Holding/Beteiligungen	DE000 620 010 8	34,30/24,50	15/12	1,20 €/4,2 %
Interhyp	Banken/Finanzdienstleistungen	DE000 512 170 1	116,5/47,63	35/24	–
Jungheinrich	Verkehr/Logistik	DE000 621 993 4	30,00/18,10	13/11	0,53 €/2,1 %
Klöckner & Co	Spezial-/Maschinenbau	DE000 KC0 100 0	25,60/13,87	7/8	0,75 €/3,1 %
Koenig & Bauer	Spezial-/Maschinenbau	DE000 719 350 0	30,95/21,26	11/10	0,50 €/2,0 %
KWS Saat	Umwelt	DE000 707 400 7	87,40/63,00	18/16	1,30 €/1,8 %
Loewe	Elektroindustrie	DE000 649 410 7	20,55/10,35	27/14	–
Masterflex	Chemische Industrie auf Polymer-Basis	DE000 549 293 8	33,93/20,40	11/10	0,80 €/3,9 %
Medion	Handel/Distribution	DE000 660 500 9	13,11/7,15	negativ	–
MPC Capital	Banken, Finanzdienstleistungen	DE000 518 760 3	78,90/46,67	15/14	5,0 €/7,1 %
MVV Energie	Mannheimer Stadtwerke, Versorgung	DE000 A0H52F 5	25,40/17,40	19/16	0,80 €/3,4 %
Rational	Spezial-/Maschinenbau	DE000 701 080 3	169,2/82,20	35/29	3,50 €/2,2 %
Sixt Stämme	Verkehr/Logistik	DE000 723 132 6	48,41/20,00	13/12	0,85 €/2,2 %
Takkt	Handel, Distribution	DE000 744 600 7	14,50/8,80	14/13	0,22 €/1,9 %
Thiel Logistik	Verkehr/Logistik	LU010 619 831 9 931705	3,96/2,70	25/17	–
Thielert	Automobil/Flugzeugbau	DE000 605 207 9	28,00/13,30	31/19	–
Vivacon	Immobilien	DE000 765 723 1	49,48/13,62	10/9	–

Aufnahmekriterien: Zugehörigkeit zum Prime Standard. Die Aktie zählt bei Börsenwert und Börsenumsatz zu den ersten 110 AGs (ohne DAX). Auf- und Abstieg erfolgen vierteljährlich.

stark voneinander abweichen, spricht für kompetente Privatanleger, die genug Zeit haben, den Markt genau zu beobachten, alles für gekonntes Stock-Picking. Die Auflistung erleichtert die Orientierung.

5.4 Der GEX – Marktsegment für familiengeführte AGs

Es ist schon interessant, wie unterschiedlich Unternehmen heutzutage reagieren. Auf der einen Seite gibt es die Start-ups, kleinere wie auch größere Mittelständler. Sie träumen seit Jahren davon, bei günstigem Marktumfeld einen erfolgreichen Börsenstart hinzulegen, um die Kassen zu füllen und einen Prestige- und Imageschub zu erlangen. Auf der anderen Seite, wenn auch relativ selten, beobachten wir, dass der eine oder andere familiengeführte, eigentümerdominierte Konzern nichts Besseres zu tun hat, als ein IPO tunlichst zu vermeiden. Man will sich in sein verschlossenes Entscheidungs- und Beziehungsgeflecht nur ungern hineinreden lassen – schon gar nicht von Analysten, Hedgefondsmanagern und Finanzinvestoren.

GEX: Performance-Spitzenreiter 2005

GEX	38 %
SDAX	37 %
MDAX	37 %
DAXplus Export	36 %
DAX	28 %
TecDAX	16 %

So bezahlte 2006 die Gründerfamilie von Bertelsmann 4,5 Milliarden Euro für den 25-prozentigen Anteil des belgischen Investors Albert Frére. Dieser hatte zuvor damit gedroht, das Paket an die Börse zu bringen. Jetzt liegt das Gütersloher Unternehmen wieder zu 100 Prozent in den Händen der Familie und der Bertelsmann-Stiftung. Grundsätzlich bürgen starke Familien für Wachstum. Von daher gesehen ist der GEX, das Marktsegment für familiengeführte AGs aus dem Prime Standard, für Anleger hochinteressant. Großteils sind es Nebenwerte, notiert im MDAX, TecDAX und SDAX, darunter einige Aufstiegsaspiranten in der Warteschlange.

2005 präsentierte die Deutsche Börse AG den GEX, ein neues Börsenbarometer für eigentümerdominierte deutsche Unternehmen. Es gibt zahlreiche Untersuchungen, die bestätigen, dass sich die Aktienkurse von Familienunternehmen deutlich besser an der Börse entwickeln als die Blue Chips in den großen Auswahlindizes. Zurückgerechnet hat der GEX für mittelständische deutsche eigentümerdominierte Familienunternehmen seit 2002 sowohl den DAX als auch den TecDAX geschlagen. 2005 steigerten familiengeführte Unternehmen im Schnitt ihren Umsatz deutlich stärker als die 30 Gesellschaften im deutschen Leitindex DAX. Der GEX nimmt nur Gesellschaften aus dem Prime Standard auf und ergänzt sinnvoll die Indizes DAX, MDAX, TecDAX und SDAX. Dabei gelten folgende Zulassungsauflagen:

Zielsetzungen von Familienunternehmen

- Minimierung des Risikos
- Transparente Kapitalanlage
- Kontinuierliches Einkommen
- Sicherung des Vermögens
- Betätigungsfelder für Familienangehörige
- Hohes öffentliches Ansehen
- Erhalt für die nächste Generation
- Verminderter Einfluss von außen durch Entscheidungs- und Beziehungsgeflecht
- Erst das Unternehmen, dann die Familie!

- Die Unternehmen sind eigentümerdominiert. Vorstände, Aufsichtsräte oder deren Familien besitzen zwischen 25 und 75 Prozent der Stimmrechte.
- Börsennotierte deutsche Unternehmen sind im Prime Standard der Frankfurter Wertpapierbörse notiert und erfüllen damit die strengen Auflagen.
- Der Börsengang liegt höchstens zehn Jahre zurück.

Hightech-, Biotech-, Nanotechnologie-, Internet- und Medienunternehmen sind ebenso zulässig wie klassische industrielle Branchen.

Die Rolle der Familienmitglieder

Geschäftsführung

Industriegüter	82 %
Konsumgüter	93 %
Dienstleistung	50 %
Handel	100 %

Erste Führungsebene

Industriegüter	28 %
Konsumgüter	14 %
Dienstleistung	17 %
Handel	25 %

Quelle: *Handelsblatt* Nr. 120/2006

Mehr als 100 deutsche Firmen unterschiedlichster Branchen, Sektoren und Größe erfüllen diese Zulassungsvorgaben. Dabei kann ein einzelnes Unternehmen mit höchstens zehn Prozent im GEX gewichtet sein. Bei der Berechnung der Marktkapitalisierung (Börsenwert) lehnt sich der GEX an die übrigen deutschen Indizes an.

Familiengeführte Unternehmen wirtschaften im Schnitt besser als Firmen, die von angestellten Managern geführt werden. Geht es um das Familienwohl und das eigene Geld, wird nicht so riskant agiert. Von 1990 bis 2004 schlugen Privatfirmen den DAX um sieben Prozent. Im Jahr 2004 steigerten die 50 größten europäischen Familiengesellschaften ihren Umsatz um elf Prozent, der Euro Stoxx 50 lediglich um 4,5 Prozent.

- **Die Stärken:** Die Nachfolger wachsen schon als Kinder mit dem Betrieb auf. Sie kennen den Markt genau und identifizieren sich meist mit ihrer Firma. Sie treffen weniger riskante Entscheidungen, geht es doch um das eigene Geld und das Familienwohl.
- **Die Schwächen:** Mitunter lässt der Veränderungs- und Reformwille nach. Geschäftliche Probleme werden zu spät erkannt und angegangen. Zu große Vorsicht bei Investments und der mögliche Starrsinn patriarchalischer Unternehmenslenker haben nachteilige Folgen, wenn damit der Wandel an den Märkten verpasst wird. Gar nicht so selten gibt es akute Nachfolgerprobleme und nicht jedes Familienmitglied verfügt über die erforderlichen Führungsqualitäten und

die Fachkompetenz. So erklärt Fritz B. Simon, Professor an der Universität Witten-Herdecke: „Eine Familie ist immer auch ein Risiko."

- **Die Angriffspunkte:** Über 100 Unternehmen erschweren den Überblick, lassen umfassende Recherchen seitens der Analysten nicht zu, sind in einem Index zu viel. Es ist zu wünschen, dass der GEX künftig auf 50 bis maximal 80 Firmen verringert wird. Die größte Schwäche aber ist, dass alle Mitglieder, die mehr als zehn Jahre börsennotiert sind, nicht aufgenommen werden bzw. aus dem GEX herausfallen. Dieser Kardinalfehler schreit geradezu nach einer baldigen Korrektur.

5.4.1 GEX-Kurslisten mit Unternehmensprofilen

Die folgenden Listen sollen ein erfolgreiches Stock-Picking erleichtern. Gerade beim GEX ist Information und Selektion unverzichtbar. Ein GEX-Indexzertifikat begrenzt die Performance durch die unterschiedliche Qualität der dort notierten Firmen.

GEX: Deutsche familiengeführte Firmen (Stand: Ende Oktober 2006)

Unternehmen	Branche	WKN	Kurs 27. Okt. 2006 in € (52-Wochen Hoch/Tief)	KGV 2007	Dividendenrendite
A.S. Création Tapeten	Handel/Distribution	507 990	37,50 (39,1/25,6)	13,6	3,3 %
AAP Implantate	Implantate, Biomaterialien	506 660	2,85 (3,0/1,7)	18,9	–
AC-Service	IT-Services	511 000	6,05 (7,8/4,8)	11,5	–
Aleo Solar	Umwelt	A0J M63	8,15 (13,5/6,5)	9,9	
Alphaform	Prototypen Hightech	548 795	2,25 (2,7/2,1)	17,2	–
Analytik Jena	Medizinische Analyse	521 350	6,43 (9,1/5,0)	14,1	–
Arbomedia	Vermarkter Werbezeiten	548 930	5,46 (8,3/3,4)	10,3	–
Arques Industries	Holding/Beteiligungen	515 600	10,70 (16,0/8,9)	4,7	1,8 %
Atoss Software	IT-Dienstleister	510 440	8,36 (18,8/6,7)	19,3	1,4 %
AWD Holding	Banken/Finanzdienstleistungen	508 590	28,00 (32,3/20,0)	21,7	3,6 %
Basler	Technologie	510 200	12,80 (15,3/10,0)	14,1	–
Bauer	Bauindustrie	516 810	24,75 (24,8/16,5)	14,7	2,1 %
Beate Uhse	Handel/Distribution	755 140	4,28 (6,9/4,3)	14,1	3,1 %

Unternehmen	Branche	WKN	Kurs 27. Okt. 2006 in € (52-Wochen Hoch/Tief)	KGV 2007	Dividenden-rendite
Bechtle	IT-Dienstleister	515 870	17,27 (22,3/13,9)	12,4	2,9 %
Beta Systems	Software	522 440	3,91 (7,3/3,4)	neg.	–
CCR Logistics	Abfallrücknahme	762 720	6,20 (8,4/5,0)	22,0	0,3 %
Centrotec	Chemische Industrie	540 750	24,30 (35,8/21,4)	12,6	–
Ceotronics	Spezial-/Maschinenbau	540 740	8,10 (11,1/6,0)	17,8	3,7 %
Combots	Internet	CMBT11	9,75 (22,3/13,9)	neg.	–
Conergy	Umwelt	604 002	35,99 (65,6/24,7)	22,5	0,5 %
CTS Eventim	Dienstleistungen	547 030	27,21 (28,6/18,6	22,9	1,8 %
Curanum	Alteneinrichtungen	524 070	7,95 (8,8/4,3)	21,4	1,4 %
Curasan	Pharma	549 453	1,90 (3,3/2,1)	neg.	–
D. Logistics	Verkehr/Logistik	510 150	1,81 (2,2/1,5)	17	–
DocCheck	Dienstleistungen	547 100	4,00 (5,0/3,6)	28	2,0 %
Eckert & Ziegler	Medizintechnik	565 970	12,06 (14,9/9,7)	18	1,6 %
Elmos	Technologie	567 710	7,95 (10,7/6,5)	10,8	–
EMS-New Media	Entertainment DVD/CD	521 280	0,69 (1,83/0,69)	13,8	–
Fielmann	Handel/Distribution	577 220	39,57 (43,4/26,9)	23,6	2,4 %
FMC Vz.	Dialyse, Kliniken	578 583	99,30 (99,5/62,5)	19,0	1,4 %
Funkwerk	Technologie	575 314	14,80 (29,5/13)	19,7	1,4 %
Geratherm Med.	Medizintechnik	549 562	5,70 (7,1/5,3)	16,6	5,7 %
Gerry Weber	Bekleidung/Textil	330 410	15,95 (20,5/13,0)	14,4	2,8 %
GFT Technologies	IT-Dienstleister	580 060	2,36 (4,1/2,1)	16,3	–
GoYellow Med.	Internet	691 190	1,90 (8,50/1,2)	neg.	–
GrenkeLeasing	Handel/Distribution	586 590	33,26 (65,5/33,3)	12	1,8 %
Hawesko	Handel/Distribution	604 270	19,91 (23,0/16,1)	15,8	3,5 %
HCI Capital	Banken/Finanzdienstleistungen	A0D9Y9	14,95 (21,2/12,0)	10,2	8,5 %
Heiler Software	Software	542 990	2,40 (3,1/1,5)	24,5	–
Henkel St.	Konsumgüter	604 840	94,68 (98,4/65,7)	15,0	1,4 %
Höft & Wessel	Ticketautomaten	601 100	3,90 (7,5/3,1)	15,3	–
IBS Excellence	Software	622 840	3,47 (4,2/2,3)	13,5	–
IDS Scheer	IT-Dienstleister	625 700	14,35 (16,8/14,0)	17,9	1,3 %

Unternehmen	Branche	WKN	Kurs 27. Okt. 2006 in € (52-Wochen Hoch/Tief)	KGV 2007	Dividenden-rendite
Init	Technologie	575 980	7,63 (8,7/5,1)	16,9	1,3 %
Interhyp	Banken/Finanzdienstleistungen	512 170	72,50 (117/48,1)	24,5	–
Isra Vision	Individuelle Bildverarbeitung	548 810	20,50 (26,6/17,4)	10,3	–
IVU Traffic	Verkehr/Logistik	744 850	1,26 (2,0/1,16)	24,0	–
Jetter	Automatisierungstechnik	626 400	11,00 (15,19,7)	13,9	–
Krones	Spezial-/Maschinenbau	633 500	100,5 (112/72,0)	15,3	1,4 %
KWS Saat	Umwelt	707 400	70,90 (87,0/63,8)	13,3	1,8 %
Linos	Hersteller optischer Systeme	525 650	17,90 (18,9/9,0)	16,4	–
LPKF Laser	Technologie	645 000	6,20 (7,5/4,4)	12,4	1,8 %
Magix	Software	722 078	10,15 (16,4/6,8)	15,2	–
Marseille-Kliniken	Kliniken/Pflegeeinrichtungen	778 300	15,05 (16,0/12,2)	14,6	2,7 %
Maxdata	Computer	658 130	2,33 (3,3/1,0)	neg.	–
Medion	Elektroindustrie	660 500	8,11 (13,1/7,2)	77	–
Mensch u. Maschine	Software	658 080	5,30 (6,7/4,1)	13,0	–
MPC Capital	Banken/Finanzdienstleistungen	518 760	69,42 (78,9/46,7)	15,5	7,2 %
Mühlbauer	Spezial-/Maschinenbau	662 720	28,14 (40,9/24,8)	16,1	3,2 %
Müller-Lila-Logistik	Verkehr/Logistik	621 468	1,99 (3,1/2,0)	10,3	–
MWB Wertpap.	Banken/Finanzdienstleistungen	665 610	5,48 (8,8/2,9)	13,3	4,9 %
Nemetschek	Software	645 290	21,50 (24,0/12,0)	14,5	3,5 %
OHB Technology	Technologie	593 612	8,38 (10,5/7,0)	15,2	2,4 %
Onvista	Internet	546 160	15,00 (15,8/6,0)	71,2	0,7 %
Paragon	Technologie	555 869	13,20 (17,9/11,0)	16,1	1,5 %
Parsytec	Software	A0J Q4J	5,85 (7,6/5,3)	14,8	3,2 %
Patrizia Immobilien	Immobilien	PAT1AG	20,12 (26,5/18,0)	16,8	0,8 %
PC-Ware	Handel/Distribution	691 090	13,80 (17,4/11,1)	13,2	3,6 %
Plasmaselect	Bauindustrie	547 180	2,37 (6,6/2,9)	7,7	–
Plenum	Dienstleistungen	690 100	1,55 (1,9/1,0)	neg.	–
Procon Multimedia	Medien	512 200	1,43 (2,9/1,3)	23,8	–
PVA TePla	Technologie	746 100	4,83 (5,4/3,3)	31,5	–
Q-Cells	Umwelt	555 866	31,33 (49,5/19,9)	24,4	–

Unternehmen	Branche	WKN	Kurs 27. Okt. 2006 in € (52-Wochen Hoch/Tief)	KGV 2007	Dividenden-rendite
R. Stahl	Technologie	725 772	28,10 (35,0/21,7)	13,3	3,2 %
Rational	Spezial-/Maschinenbau	701 080	164,0 (169/88,2)	30,3	2,2 %
Realtech	Software	700 890	8,05 (8,8/6,2)	23,2	1,3 %
Reinecke + Pohl	Umwelt	525 070	6,25 (26,2/5,8)	12,0	–
Rohwedder	Umwelt	705 770	7,30 (16,3/6,3)	24,3	2,1 %
Rücker	Automobil/Flugzeugbau	704 110	6,03 (8,3/4,7)	12,9	4,8 %
Schmack Biogas	Umwelt	SBGS11	36,95 (44,6/31,3)	22,2	–
Secunet Sec	IT-Sicherheit	727 650	7,05 (14,4/6,0)	13,9	–
SHS Viveon	IT-Dienstleistungen	507 240	1,16 (3,5/1,1)	14,5	–
SinnerSchrader	Dienstleistungen	514 190	1,72 (2,2/1,5)	16,2	–
Softing	Steuerungs-, Komm.-Technik	517 800	2,50 (3,4/2,3)	12,5	–
SoftM	IT-Lösungen Mittelstand	724 910	5,50 (6,3/3,9)	17,3	1,5 %
Software AG	Software	330 400	53,06 (53,1/34,7)	17,4	1,6 %
Solar-Fabrik	Umwelt	661 471	10,69 (13,8/8,7)	12,0	–
Solarworld	Umwelt	510 840	41,46 (70,9/24,3)	23,5	0,4 %
Solon	Umwelt	747 119	26,90 (48,7/22,2)	13,6	–
Splendid Med.	Filme-Vermarktung	727 950	1,49 (2,5/1,1)	12,7	–
Stratec Biomedical	Medizintechnik	728 900	20,49 (21,0/5,9)	29,9	0,5 %
Sunways	Umwelt	733 220	6,40 (24,5/6,0)	18,6	–
Takkt	Handel/Distribution	744 600	12,10 (14,5/8,9)	13,9	1,9 %
Teles	Telekommunikation	745 490	3,67 (7,3/3,1)	neg.	–
Thielert	Automobil/Flugzeugbau	605 207	20,13 (28,0/13,4)	21,9	–
Tomorrow Focus	Internet	549 532	2,19 (3,3/1,9)	21,9	–
UMS United	Med. Versorgungskonzepte	549 365	7,51 (7,5/3,6)	12,1	–
United Internet	Internet	508 903	11,97 (14,7/6,4)	23,2	0,7 %
United Labels	Lizenzspezialist Comicware	548 956	5,21 (8,3/3,7)	23,5	–
USU Software	Software	A0BVU2	3,50 (5,3/3,1)	20,6	1,4 %
World of Medicine	Medizintechnik	663 739	2,45 (3,0/2,1)	neg.	–
Wacker Chemie	Chemische Industrie	WCH888	92,15 (127/74,3)	18,4	1,5 %

5.4.2 Beispiel GEX – wie Stock-Picking aussehen kann

Die Tatsache, dass familiengeführte, eigentümerdominierte Unternehmen im Schnitt besser abschneiden, aber es unter diesen mehr als 100 Titeln nicht nur Highflyer, sondern auch Pleitegeier gibt, macht eine gründliche Auslese erforderlich. Es gibt ausführliche Kurstafeln zum DAX, MDAX, TecDAX und SDAX. Schon wegen der Menge der dort gelisteten Titel sind informative Kurslisten zum GEX kaum aufzutreiben. Ich habe deshalb die Kurzprofile der GEX-Unternehmen mit eingebracht. Schließlich wollen Sie wissen, womit die betreffenden Firmen ihr Geld verdienen. Wer jedoch das triste Dasein als Penny Stock fristet, bleibt unberücksichtigt. Interessant sind wichtige Fundamentaldaten. Es geht um eine attraktive Dividende auch zum Zwecke der Kursabsicherung, eine gute Performance im laufenden Jahr, eine niedrige Bewertung, abzulesen aus

GEX-Aktien mit höchster Dividendenrendite (Kurse: Ende Oktober 2006)

Aktie	WKN	Kurs in € 01.11.06	Kursentwicklung 2006	*Div. 2006 ohne Bonus	**Div.-Rendite
HCI Capital	A0D 9Y9	14,96	-11,43 %	1,30/1,35 €	8,7 %
MPC Capital	518 760	69,00	+4,86 %	4,00/5,00 €	5,8 %
Geratherm Medical	549 562	5,63	+2,36 %	0,32/0,32 €	5,7 %
MWB Wertpapier	665 610	5,75	+73,72 %	0,30/0,30 €	5,2 %
Rücker	704 110	5,77	+6,07 %	0,30/0,30 €	5,2 %
Hawesko	604 270	18,80	+12,78 %	1,00/0,70 €	3,7 %
Ceotronics	540 740	8,19	-5,97 %	0,30/0,30 €	3,7 %
PC-Ware	691 090	13,70	-11,38 %	0,50/0,50 €	3,7 %
AWD	508 590	28,40	+21,11 %	1,00/1,00 €	3,5 %
A. S. Création	507 990	37,00	+30,74 %	1,25/1,25 €	3,4 %
Nemetschek	645 290	21,98	+55,12 %	0,75/0,85 €	3,4 %
Parsytec	A0J Q4J	5,98	+16,80 %	0,20/0,20 €	3,3 %

*Erwartete Dividende für das Jahr 2006, HV 2007. **Geschätzte Dividendenrendite 2006

einem im Branchenvergleich niedrigen KGV und einen im Verhältnis zum aktuellen Kurs hohen Buchwert pro Aktie. Dies nützt aber alles nichts, wenn die AG nicht nachhaltig wirtschaftet, also Umsatz und Gewinn stagnieren oder gar rückläufig sind. Hier bildet das Ergebnis pro Aktie im Mehrjahresvergleich eine brauchbare Orientierungshilfe.

Eine hohe Dividende darf nicht das einzige Entscheidungskriterium bilden, zumal bei einer ungünstigen Geschäftsentwicklung zu befürchten ist, dass die Ausschüttung heruntergefahren oder völlig gestrichen wird. Beispiele dafür gibt es genug, siehe den MDAX-Titel SGL Carbon, die SDAX-Aktie Loewe oder den früher besonders dividendenstarken Small-Cap-Wert Dr. Scheller Cosmetics. Trotz solcher unerfreulichen Einbußen, die glücklicherweise die Ausnahme und nicht die Regel bilden, ist ein Augenmerk auf die Dividende gerechtfertigt. Nicht zu vernachlässigen ist die Tatsache, dass zumindest für 2008 noch das Halbeinkünfteverfahren gilt, also die Hälfte der Ausschüttung steuerfrei bleibt. Das ist bei dem erheblich reduzierten Freibetrag von nur noch 750 Euro für Ledige und 750 Euro für Verheiratete ein zusätzliches Kaufargument. Eine üppige Dividendenrendite sichert den Kurs nach unten ab. Zudem wird die volle Dividende auch dann bezahlt, wenn die Aktie spätestens am Tag der Hauptversammlung gekauft wird. Warum in Anleihen umschichten, wenn die Dividendenrendite höher ist? Die Formel lautet: Dividende multipliziert mit 100 dividiert durch Kurs. Gerade in einer so scharfen Korrekturphase, wie wir sie ab Mitte Mai 2006 einige Monate lang mit großteils erheblichen Kurseinbußen von mehr als 20 Prozent erleben mussten, ist es trostreich, immer noch einige Aktien aufzuspüren, die im laufenden Jahr 2006 bis Anfang November noch ein Plus zwischen 40 und 80 Prozent einbrachten. Solche Aktien beweisen Relative Stärke. Sie reduzieren den Verlust bzw. steigern den Gewinn im Gesamtdepot. Es ist nicht abwegig,

GEX-Aktien mit Spitzenperformance bis November 2006 (Relative Stärke)					
Aktie	WKN	Kurs in € 01.11.06	Kursentwicklung 2006	52-Wo-Hoch/Tief in €	*Ergebnis pro Aktie 06/07
Linos	525 650	17,70 €	+81,54 %	18,94/9,02	1,07/1,09 €
OnVista	546 160	14,36 €	+78,61 %	15,80/5,96	0,18/0,20 €
MWB Wertpapier	665 610	5,75 €	+73,72 %	8,80/3,05	0,42/0,46 €
AAP Implantate	506 660	2,78 €	+57,06 %	3,00/1,71	0,12/0,15 €
SolarWorld	510 840	42,74 €	+51,29 %	70,85/27,0	2,52/2,90 €
Heiler Software	542 990	2,45 €	+57,05 %	3,09/1,48	0,06/0,10 €
Nemetschek	645 290	21,98 €	+55,12 %	24,0/12,0	1,40/1,50 €
United Internet	508 903	11,98 €	+48,64 %	14,73/6,53	0,40/0,53 €
UMS	549 365	7,60 €	+47,86 %	7,70/3,62	0,55/0,60 €
Rational	701 080	165,20 €	+47,14 %	171/89,22	4,45/5,15 €
Bauer	516 810	24,60 €	+41,48 %	25,3/16,5	1,40/1,50 €
Fielmann	577 220	39,85 €	+39,58 %	43,40/27,3	1,50/1,67 €

*Ergebnis pro Aktie für 2006/2007 geschätzt

sein Aktiendepot mit einem Fußballteam zu vergleichen. Auch in einem Spitzenverein wie dem FC Bayern München bringt nicht jeder Spieler pro Bundesligaspiel die erhoffte Leistung. Der eine Akteur läuft zu großartiger Form auf, der andere Kicker enttäuscht, indem er Chancen vergibt, fahrlässig und unüberlegt reagiert. Wichtiger als die Einzelleistung ist ein Sieg der Mannschaft, die eingeplanten drei Punkte beim Schlusspfiff.

Auf das Depot bezogen können sich nicht alle Aktien zu Kursraketen entwickeln. Und in einer Phase der scharfen Korrektur oder gar in einem Crashszenario sind Aktien mit hoher Relativer Stärke die Minderheit. Diese Titel eignen sich für die „Hoch/Tief-Mut-Strategie“. Wird Geld für ein neues Investment benötigt, bietet sich ein Teilverkauf bei hohem Kursanstieg an, insbesondere dann, wenn der Gewinn nach Überschreiten der für 2008 noch gültigen

GEX-Aktien mit der niedrigsten KGV-Bewertung bis November 2006						
Aktie	WKN	Kurs in €	52-Wo-Hoch/Tief in €	*Buchwert in € 2007	KGV	**Div.-Rend. 2006
Arques Industries	515 600	10,56	15,95/8,91	5,75	4,5	2,4 %
PlasmaSelect	547 180	2,46	6,56/2,10	5,04	8,2	–
Müller-Lila-Logistik	621 468	1,86	3,10/1,80	1,36	9,3	–
HCI Capital	A0D 9Y9	14,96	21,19/11,95	3,50	9,9	8,7 %
Aleo Solar	A0J M63	8,09	13,50/6,48	1,47	10,1	–
GrenkeLeasing	586 590	31,00	63,53/30,10	12,41	10,7	1,6 %
Isra Vision Systems	548 810	20,65	26,63/17,36	11,32	10,9	–
Centrotec	540 750	23,05	35,80/21,37	9,39	11,5	–
Elmos Semiconductor	567 710	8,14	10,70/6,45	7,45	11,6	–
Solar-Fabrik	661 471	10,53	13,79/8,66	4,33	11,7	–
Rücker	704 110	5,77	8,29/2,45	3,16	12,0	5,2 %
Bechtle	515 870	17,07	22,30/13,87	4,92	12,4	2,9 %

*Buchwert pro Aktie, **erwartete Dividendenrendite HV 2007 für Geschäftsjahr 2006

einjährigen Spekulationsfrist steuerfrei ist. Mit diesem Kapital ist ein Einstieg oder Zukauf bei jenen Titeln möglich, die übertrieben abgestraft wurden, deren Fundamentaldaten stimmen und die von der Struktur her gut ins Depot passen. Generell ist jedoch festzustellen, dass die im Trend liegenden Siegeraktien künftig eher die Gewinner im Depot sein dürften als die Verlierer, bei denen mitunter vergebens auf eine Erholung gehofft wird.

Um zum Fußball zurückzukehren sind nicht nur Angriffsspieler, sondern ebenso eine sichere Abwehr und ein kreatives Mittelfeld gefragt. Auf Aktien übertragen bedeutet dies, unterschiedliche Branchen und Indizes zu berücksichtigen, auch um das Risiko zu senken und besser auf konjunkturelle Entwicklungen und Markttrends zu reagieren. Steigt der Ölpreis, leiden darunter z. B. Auto- und Fluglinientitel, während die Aktien von Ölkonzernen, Solarstrom-, Windkraft- und Biomasseunternehmen steigen. Selbst bei fundamental überzeugenden Daten sind bei einem angespannten Börsenklima wegen Sippenhaft (der Marktführer hat gepatzt), Gerüchteküche, Hedgefonds-Aktivitäten und einer Kettenreaktion aufgrund von Panikverkäufen und automatisch ausgelösten Stop-Loss-Orders Kurseinbrüche bis zu 50 Prozent und mehr denkbar. Der Mutige greift dann zu der Erfolgsstrategie: „Kaufen bei Angst – verkaufen bei Hoffnung!"

Die US-Anleger-Ikone Warren Buffett ist der bekannteste Verfechter der Bewertungsstrategie. Für den amerikanischen Investor kommen nur Aktien von Unternehmen in Betracht, die niedrig bewertet sind und deren Geschäftsmodell er versteht. Hightech-, Biotech-, Nanotechnologie- und Internetaktien scheiden von vornherein aus. Das Kurs-Gewinn-Verhältnis ist insbesondere im Branchenvergleich aussagekräftig. So haben Auto- und Versicherungsaktien allgemein ein niedriges, Hightech- und Biotechaktien in aller Regel ein relativ hohes KGV. Bei unterbewertet erscheinenden Aktien ist das Kurspotenzial viel größer als bei Titeln von Unternehmen, deren Gewinnentwicklung stockt und die deshalb folgerichtig mit einem überdurchschnittlich hohen KGV oder sogar mit einem Minuszeichen versehen sind.

Im Hinblick auf die Bewertung ist auch ein Blick auf den Buchwert pro Aktie aussagekräftig. Liegt der Buchwert in Kursnähe oder sogar darüber, sind die materiellen Werte eines Unternehmens wie Grundstücke, Gebäude, Fuhrpark, Anlagen und Maschinen gleich hoch oder höher als der Kurs anzeigt. Das Kurs-Gewinn-Verhältnis gilt als die wohl wichtigste Kennzahl der fundamentalen Analyse und wird auch von den meisten Privatanlegern aufmerksam beobachtet. Je niedriger das KGV im Branchenvergleich ist, als umso günstiger bewertet erscheint die Aktie. Die Formel lautet: aktueller Aktienkurs dividiert durch das für 2007 erwartete Ergebnis pro Aktie.

GEX-Firmen als Preisträger 2006 „TOP 5" der *Wirtschaftswoche*

Aktie	WKN	Kurs in €	*Cashflow	*Buchwert in €	KGV 2007	Div. in € 2006/07	**Div.-Rend.
Sparte Dienstleistungen mit großen Herausforderungen und globaler Konkurrenz							
CTS Eventim (1)	547 030	27,15	2,62	2,82	22,6	0,50/0,50	1,8 %
Sparte Finanzen mit steigendem Wettbewerb und sich verändernden Strukturen							
AWD (Rang 2)	508 590	28,40	1,04	1,90	22,0	1,00/1,00	3,5 %
Sparte Handel: äußerst schwieriger, risikoreicher Markt mit sinkenden Margen							
Hawesko (4)	604 270	18,80	2,75	6,94	17,7	0,70/0,70	3,7 %
Sparte Konsumgüter/Mode: klare Positionierung der Marke bei Textilien							
Gerry Weber (5)	330 410	16,00	1,62	4,66	14,3	0,45/0,45	2,8 %
Sparte Technologie: vier von fünf ausgezeichneten Unternehmen zählen zum GEX							
United Internet (1)	508 903	11,98	0,37	1,09	22,6	0,08/0,10	0,7 %
SolarWorld (2)	510 840	42,74	1,56	3,77	23,1	0,19/0,25	0,4 %
Funkwerk (3)	575 314	14,64	1,60	13,67	19,5	0,20/0,25	1,4 %
Bechtle (5)	515 870	17,07	1,36	10,69	12,4	0,50/0,50	2,9 %

*Buchwert/*Cashflow pro Aktie, **Dividendenrendite für Geschäftsjahr 2006

Ein Buchwert pro Aktie in Kursnähe oder sogar darüber sichert zwar ebenfalls wie eine hohe Dividendenrendite den Kurs nach unten ab. Wenn die Vermögenswerte einer AG wie Grundstücke, Gebäude, Fuhrpark, Anlagen und Maschinen den Kurswert sogar übertreffen, deutet dies eher auf eine Unterbewertung hin, es sei denn, die anderen fundamentalen Daten sind schlecht, z. B. ein Kursrutsch aufgrund eines Umsatz- und Gewinneinbruchs, was in einem negativen oder überdurchschnittlich hohen Kurs-Gewinn-Verhältnis angezeigt wird. Ebenso wirkt es nicht unbedingt vertrauenswürdig, wenn ein negativer Cashflow zu vermelden ist, also die Ertrags- und Finanzkraft eines Unternehmens in Schieflage gerät. Es ist also wichtig, sich bei einer Entscheidungsfindung nicht nur auf eine wichtige Kennzahl zu stützen, sondern die Gesamtentwicklung einer

AG im Auge zu behalten. Letztendlich ist auch die Technische Analyse nicht zu vernachlässigen. Liefert der längerfristige Chart Kauf- oder Verkaufssignale? Halten wichtige Unterstützungslinien? Gelingt ein Ausbruch über die obere Widerstandslinie? Was sagen die 80- und die 200-Tagelinie über den generellen Trend dieser Aktie aus?

Ein Beispiel für die Unterbewertung einer SDAX-Aktie im August 2006 wegen einer übertrieben erscheinenden Reaktion nach einer Gewinnwarnung liefert die Druckerei-Aktie Schlott Gruppe. Kurs am 8. August 2006: 22,45 Euro, Buchwert: 22,41 Euro, Cashflow: 11,47 Euro pro Aktie, Ergebnis pro Aktie über die Stationen 0,76 Euro (2003), 2,51 Euro (2004), 2,55 Euro (2005), 2,20 Euro (2006), 2,40 (2007), KGV 2007: 9,4, Dividende: 0,90 Euro (2004), 1,00 Euro (2005/1,00 Euro (2006), Dividendenrendite: 4,5 Prozent. Einschätzung der Aktie Schlott Gruppe: Die Gewinnwarnung zeigt sich im mäßigen Knick beim Ergebnis pro Aktie von 2,55 auf 2,20 Euro im Jahr 2006. Sofern die Dividende nicht gekürzt wird, besteht kein Grund, diesen niedrig bewerteten Titel zu verkaufen.

Mutige Anleger steigen bei solchen Kennzahlen ein. Greifen viele Investoren zu, ändert sich das Bild allerdings schnell. Aus einem unterbewerteten Titel wird analog zum Kursanstieg rasch ein angemessen oder sogar ambitioniert bewerteter Titel. In einem solchen Fall ist rasches Handeln geboten. Interessant in diesem Zusammenhang erscheint die Tatsache, dass die *Wirtschaftswoche* in ihrem großen Bericht vom 5. August 2006 unter dem Titel „Die Besten ihrer Branche“ bei den Dienstleistern die Schlott Gruppe unter die Top 5 einreiht. Solche Einschätzungen in der seriösen Wirtschaftspresse sind geeignet, das selbst gezeichnete Bild über ein bestimmtes Unternehmen abzurunden. Auch so kann Stock-Picking mit Nebenwerten aussehen. Anmerkung: Anfang November 2006 notierte die Schlott-Aktie bereits wieder deutlich über 26 Euro. „Die Besten ihrer Branche“ wurden im August 2006 von der *Wirtschaftswoche* ermittelt. Punkte gab es für Wachstum bei

Umsatz, Mitarbeiterzahl, Eigenkapitalrentabilität und Überrendite. Erfreulich erscheint, dass aus dem GEX acht „Top-5-Sieger" stammen. Bestände nicht die irrwitzig anmutende Regelung, nur solche Unternehmen in den GEX aufzunehmen, die höchstens zehn Jahre börsennotiert sind, und diese Mitglieder wieder auszuschließen, sobald die zehn Jahre überschritten sind, könnte sich der GEX mit noch mehr Siegern rühmen.

5.5 Der Index DAXplus Export Strategy der Deutschen Börse feiert seinen ersten Geburtstag

Das Markenzeichen „Made in Germany" hat nicht ausgedient und gilt in vielen Branchen und Bereichen als anerkanntes Gütesiegel. Der im Herbst 2005 gegründete Strategieindex DAXplus Export Strategy bildet die zehn exportstärksten deutschen Unternehmen aus DAX und MDAX ab. Sollten Sie weiterhin der Exportstärke vertrauen – hier ist Deutschland Weltmeister – können Sie den aus zehn DAX- und MDAX-Titeln bestehenden Export-Index am besten mit einem Indexzertifikat oder Exchange Traded Fund (ETF) umsetzen. Es lohnt sich! Auf Jahressicht bedeutete dies bislang eine Mehrrendite von gut zehn Prozent. Im Gegensatz zu den Ausfuhren lahmte die Inlandsnachfrage jahrelang. Der Binnenmarkt erfuhr erst 2006 einen gewissen Aufwind und profitiert zudem von vorgelagerten Einkäufen infolge der Mehrwertsteuererhöhung um drei Prozent am 1. Januar 2007. Allein im Jahr 2005

DAXplus Export Strategy: Zusammensetzung 2006

Bayer (DAX)	Pharma/Chemie
DaimlerChrysler (DAX)	Automobile
EADS (MDAX)	Industrie/Flugkörper
Fresenius Medical (DAX)	Pharma
Heidelberger Druck (MDAX)	Maschinen
HeidelbergCement (MDAX)	Bauindustrie
Hochtief (MDAX)	Bauwirtschaft
Merck (MDAX)	Pharma
MTU (MDAX)	Industrie/Motoren
SGL Carbon (MDAX)	Spezialchemie

schaffte der deutsche Export eine Wachstumsrate von 7,5 Prozent und erreichte einen Rekordwert von 786 Milliarden Euro.

Sektorverteilung DAXplus Export Strategy 2006

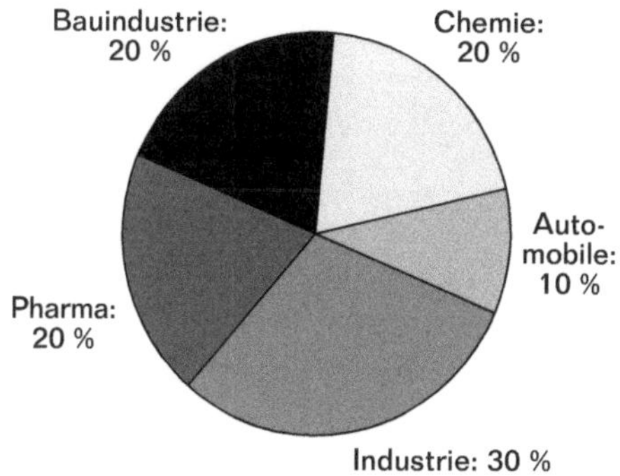

Alle zehn Titel müssen dem DAX und MDAX angehören, um eine hohe Liquidität und Transparenz zu gewährleisten. Der neue Index gewichtet alle Aktien gleich hoch mit zehn Prozent und wird alljährlich im Juni neu zusammengesetzt. Beim Start waren je fünf DAX- und MDAX-Werte vertreten. Jetzt, zum 1. Geburtstag, dominiert der MDAX klar. Es werden jeweils jene zehn Unternehmen aus dem Leitindex DAX und dem MDAX aus klassischen Branchen ausgewählt, die den höchsten Anteil ihrer Umsätze im Ausland erzielen. Dies kann von Jahr zu Jahr schwanken.

5.6 Entry Standard – erste Börsenerfahrungen im Open Market, dem Nachfolger des Freiverkehrs

Als die Deutsche Börse AG am 25. Oktober 2005 den Entry Standard für junge kleinere mittelständische Unternehmen einführte, war das Protestgeschrei zunächst groß. „Spielwiese für Zocker", „Glücksritter wie im Neuen Markt", „Neue Skandale in Sicht", „Gefahr für Privatanleger". So und ähnlich lauteten die Schlagzeilen über dieses kostengünstige, kaum regulierte neue Marktsegment mit einfachen Regeln und schnellem Marktzugang als Teil vom sogenannten Open Market, dem Nachfolger des Freiverkehrs der

Entry Standard – harte Landung nach Höhenflug

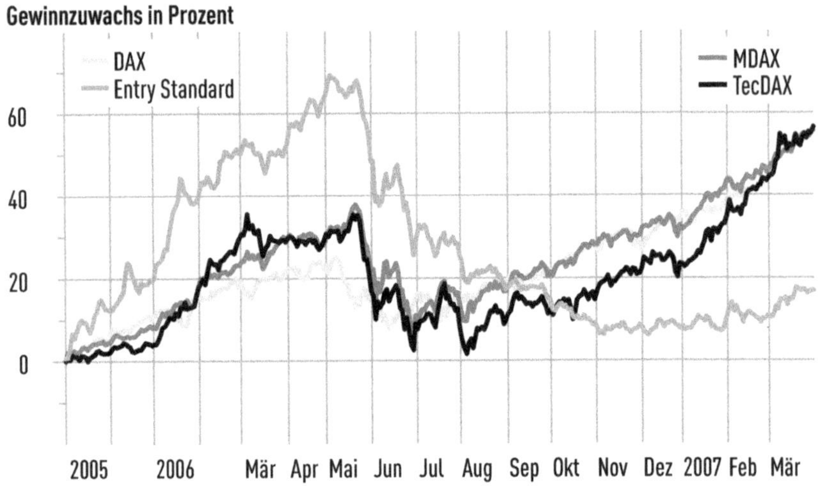

Deutschen Börse. Die befürchteten Skandale blieben bislang aus. Der Entry Standard mit seinen nun schon über 65 Titeln entwickelte sich anfangs prächtig. Er legte in den ersten fünf Monaten 2006 rund 15 Prozent zu – deutlich mehr als DAX und MDAX. Seit der Mitte Mai begonnenen und weiter anhaltenden scharfen Korrekturphase kommt der Entry Standard auch nicht mehr vom Fleck. Im Gegenteil: Mit vielen Werten geht es massiv abwärts. Die anfänglichen Kursgewinne schmelzen wie die Butter in der Sonne. Die Flut der Neuemissionen verringert sich spürbar. Jetzt ist wieder Sicherheit gefragt. Es gibt zu denken, dass nach der Mai/Juni/Juli-Korrektur 900.000 Aktionäre den Markt verlassen haben. Sie schichten ihr Kapital in Anleihen und auf das Sparkonto um. Eine kluge oder unvernünftige Entscheidung? Die Zukunft wird es zeigen.

Die Kursentwicklung 2006 im Entry Standard ist ein Lehrbeispiel für die börsenpsychologischen Komponenten Euphorie und Gier, Treibstoff für Kursgewinne und die daran anknüpfende Angst und Panik mit Absturz der Aktien in das tiefste Kellerloch. Wie die folgende Kurstafel zeigt, haben etliche Werte im Vergleich zum aktuellen Kurs anfänglich ein wahres Kursfeuerwerk entfacht. Wer ein Auge auf die Tiefstkurse binnen 52 Wochen und die aktuellen Kurse wirft, muss miterleben, dass zahlreiche Aktien viel näher am Tief als am Hoch notieren. Es gibt nur relativ wenige Titel, die richtig Freude machen, allem voran Bavaria Industriekapital, aber auch Arteq Technologies und Aragon.

Das bedeutet für all jene Aktionäre, die zu Höchstkursen kauften – sie gibt es, sonst wären die Kurse nicht so nach oben geschnellt – hohe Verluste eingefahren zu haben. Eine frühzeitige Verlustbegrenzung z. B. durch nachgezogene Stop-Loss-Orders verhinderte das Schlimmste. Es stellt sich die Frage, ob es immer klug ist, im Bereich der Bodenbildungsphase einzusteigen. Bei Blue Chips und etablierten Nebenwerten aus dem MDAX, TecDAX und SDAX, die in margenstarken Nischen ein alljährliches Umsatz- und

Auswahl: Entry Standard Kursindex (Stand: Anfang November 2006)

Aktie	WKN	Kurs in € 01.11.06	52-Wo-Hoch/Tief Aktie 06/07	Kursentwickl. 2006	KGV 2007	Dividende
Activa Resources AG	747 137	30,80	75,05/25,60	-11,20 %	38,5	–
Amitelo AG	A0F 5YA	1,12	2,15/0,90	-25,90 %	5,0	–
Aragon	A0B 9N3	16,60	21,60/9,50	+46,80 %	18,0	–
Arteq Technologies	520 958	10,05	10,25/3,80	+101 %	19,0	–
Axxon Wertpapierhandel	630 180	1,60	4,20/1,52	-56,80 %	26,7	–
Bavaria Induststriekapital	260 555	46,00	49,30/26,30	+76,90 %	5,8	2,5 €/5,4 %
Bio-Gate	BGA G99	9,35	40,10/9,00	-55,48 %	11,7	–
Biopetrol Industries	A0H NQ5	9,20	31,54/6,75	+4,66 %	31,0	–
Design Bau AG	620 833	8,64	16,50/8,01	-32,24 %	11,5	–
Digital Identific. Solutions	A0J ELZ	15,20	–/–	-20,80 %	15,4	–
Ecotel Communications	585 434	13,85	17,80/11,74	-18,53 %	14,6	–
EOP Biodiesel	A0D P37	11,22	22,00/8,51	+28,97 %	16,0	–

Aktie	WKN	Kurs in € 01.11.06	52-Wo-Hoch/Tief Aktie 06/07	Kursentwickl. 2006	KGV 2007	Dividende
Franconofurt AG	637 262	12,93	19,90/6,15	+83,1 %	15,2	0,4 €/3,1 %
Frogster Interactive	A0F 47J	15,35	15,86/8,80	+13,7 %	34,1	–
Geneart	A0J J4L	29,45	30,00/26,09	+9,1 %	49,1	–
IFM Immobilien	A0J DU9	9,00	11,00/7,60	-16,5 %	neg.	–
IFA Systems AG	783 078	11,00	23,90/9,50	-47,3 %	13,8	0,5 €/4,6 %
KST Beteiligungs AG	632 200	9,91	23,40/9,60	-19,3 %	7,9	0,2 €/2,0 %
Leonardo Venture	587 876	2,50	2,87/2,07	-2,6 %	10,3	–
MBB Industries	A0E TBQ	9,00	–/–	-11,5 %	9,9	–
Nanofocus	540 066	6,45	18,30/6,33	-45,6 %	80,0	–
Nanostart AG	A0B 9VV	19,43	42,60/15,05	+2,0 %	77,7	–
Neosino Nanotechnologie	A0E QWK	89,60	169,0/70,00	-1,5 %	neg.	–
Plan Optik	A0H GQS	8,29	8,29/4,40	+32,0 %	18,4	–
Roth & Rau	A0J CZ5	32,72	45,10/26,67	-23,0 %	25,2	–
Tecon Technologies	594 154	6,99	11,79/6,53	-21,4 %	11,4	–
ZertifikateJournal	545 955	18,59	24,84/15,61	+18,2 %	8,4	–

Gewinnwachstum erzielen, ist eine solche Strategie vielversprechend.

Aber der Entry Standard ist ein schwach reguliertes Marktsegment mit geringen Zulassungsauflagen, ideal für den Börseneinstieg und als Übungsbecken für ein vielleicht später geplantes Listing im Prime Standard. Einige Mitglieder im Entry Standard haben die Qualität, ganz nach oben zu kommen – aber nicht alle sind markt- und börsenreif. Nachdem die im Open Market gelisteten Firmen kursbeeinflussende Tatsachen nicht ad hoc, sondern lediglich auf ihrer Homepage melden müssen, mangelt der Informationsfluss. Als Privatanleger erfahren Sie wichtige Informationen gar nicht oder verspätet. Es ist also Vorsicht angezeigt. Wer in Wackelkandidaten investiert, sollte dies nur mit einem geringen Betrag, sogenanntem Spielgeld tun. Ein Totalverlust darf die finanzielle Basis nicht ernstlich gefährden. Investieren Sie nur bis zu etwa zehn Prozent im Entry Standard. Informieren Sie sich vor dem Kauf gründlich. Eher Hände weg gilt, wenn altbekannte Gesichter auftauchen, die schon im Neuen Markt Schiffbruch erlitten und jetzt vielleicht mit einem ganz neuen Geschäftsmodell starten. Sie sollten nur nachhaltig profitablen AGs vertrauen. Interessant sind ein im Branchenvergleich niedriges KGV und eine hohe, den Kurs nach unten absichernde Dividendenrendite.

Mittlerweile, bis Ende Oktober 2006, waren im Entry Standard 65 Unternehmen gelistet. Nur ein kleiner Anteil der hier notierten Aktien liegt gegenwärtig über dem Ausgabepreis bzw. der ersten Kursfeststellung nach dem IPO im Plus. Mit geschicktem Kauf- und Verkaufstiming ließen sich allerdings bei einigen Titeln dreistellige Kursgewinne einfahren, zeitweilig bei iQ Power (mehr als 200 Prozent) und Franconofurt

Milde Zulassungsauflagen im Entry Standard

- Jahresabschluss und Zwischenbericht nach HGB oder internationalem Standard
- Veröffentlichung wichtiger Unternehmensnachrichten
- Unternehmenskalender und Kurzporträt
- Einhaltung gesetzlicher Regeln (z. B. Insiderhandel, Marktmissbrauch)
- Ein Unternehmensprospekt zum Börsengang ist zwar erwünscht, aber nicht zwingend vorgechrieben.

M:access als Alternative

Das von der Börse München 2005 gegründete Qualitätssegment für Mittelständler, M:access, ist transparenter, verlangt die Veröffentlichung der Kernaussagen des geprüften Jahresabschlusses, die sofortige Meldung wichtiger Nachrichten, einen Unternehmenskalender auf der Emittenten-Website sowie die Teilnahme an mindestens einer Analysten- und Investorenkonferenz pro Jahr.

Kommentare zum Entry Standard

„Das Problem ist, dass manche Unternehmen im Entry Standard eher nicht an die Börse gehören. Andere dagegen werden es eines Tages in den Prime Standard schaffen.“

„Es ist schon interessant, dass am Entry Standard gescheiterte Stars der New Economy wieder auftauchen.“

Henning Gebhardt, Fondsgesellschaft DWS

„Es besteht grundsätzlich die Gefahr eines Story-getriebenen Marktes – wie zu Zeiten der New Economy. Aber es ist normal, dass sich Glücksritter auf illiquiden Handelsplätzen tummeln.“

Frank Hansen, Fondsgesellschaft Dit

„Die Voraussetzung, dass wir investieren, ist der Prospekt.“

Karl Fickel, Lupus Alpha

(über 100 Prozent). Umgekehrt verloren Eutex und Betonusa mehr als 75 Prozent ihres Wertes.

Wissenswertes über den Entry Standard

Wie die vorstehende Auflistung zeigt, eine Auswahl aus mehr als 60 Titeln, präsentieren die im Entry Standard gelisteten Unternehmen eine bunte Mischung aus Spezialisten für erneuerbare Energien, Biotechnologie, Nanotechnologie, Rohstoff-Exploration, Beteiligungen, Finanzdienstleistung und Hightech. Die Unternehmen, die im Börsensegment Entry Standard gelistet sind, müssen lediglich solche Nachrichten veröffentlichen, die für den weiteren Kursverlauf wichtig sind. Außerdem werden ein Unternehmensporträt, ein testierter Konzern-Jahresabschlussbericht und ein Halbjahresbericht verlangt. Befragte Fondsmanager beurteilen das neue Segment für junge Unternehmen durchweg positiv, sprechen aber gleichzeitig vom „gefährlichen Terrain“ für Privatanleger und weisen auf die hohen Risiken hin. An manchen Tagen schießen die Aktien der wenig liquiden kleineren Unternehmen zweistellig nach oben oder unten, oft genug von Gurus in die gewünschte Richtung getrieben. Oft ist die kurz darauf einsetzende Gegenbewegung ähnlich dramatisch.

Zulassungsvoraussetzungen für die verschiedenen Marktsegmente an der Deutschen Börse seit der Neusegmentierung 2003/05

Indizes

DAX, MDAX, TecDAX, SDAX

Prime Standard

Voraussetzung für die deutschen Indizes: Ad-hoc-Mitteilungen und Quartalsberichte in Deutsch und in Englisch, Analystenkonferenzen

General Standard

Amtlicher Handel/geregelter Markt. Zusätzlich zum Open Market:
Pflicht zu Ad-hoc-Meldungen, Bilanzierung nach internationalem Standard (US-GAAP/IFRS)

Entry Standard (für Micro und Small Caps)

Neuer Index als Ersatz für den Neuen Markt. Eingeführt im Oktober 2005, zusätzlich zum Open Market (Freiverkehr):
Testierter Jahresabschluss nach HGB, Firmenporträt auf der Homepage, sofortige Bekanntgabe kursbewegender Nachrichten auf der Website, Verpflichtung, Halbjahresberichte zu veröffentlichen

Open Market (Freiverkehr)

Zugangsvoraussetzungen: bei öffentlichem Angebot ein von der BaFin genehmigter Emissionsprospekt
Bei Privatplatzierung: ein vom Unternehmen verfasstes Exposé

Teilweise scheinen Börsenbriefe mehr Einfluss auf die Kursentwicklung zu haben als die Emissionshäuser.

Während ein Börsengang am Prime Standard mehrere Millionen Euro kostet, zahlen die Unternehmen im Entry Standard nach Berechnungen der Anwaltskanzlei Osborne Clarke für einen Börsengang mit Prospekt deutlich unter einer Million Euro. Etliche Unternehmen betrachten den Entry Standard als Fahrschule, um die ersten Erfahrungen an den Finanzmärkten zu sammeln bzw. als Übungsbecken mit dem Ziel, später in den Prime Standard zu wechseln. Um Pannen zu vermeiden, coacht die Emissionsbank ihre Kandidaten.

M:access – das neue Marktsegment der Börse München

Seit Juli 2005 bietet auch die Börse München mit ihrem Marktsegment M:access kleineren und mittleren Unternehmen einen transparenten Handelsplatz mit der Effizienz des Freiverkehrs bei vernünftigen Folgeverpflichtungen an. M:access ist ein kostengünstiges, attraktives Einstiegssegment beim „Going Public" wie auch beim „Being Public" für bereits börsennotierte Gesellschaften. Diese Unternehmen wollen ihre Chancen am Kapitalmarkt verbessern durch mehr Publizität, fachkundige Begleitung, geringere Gebühren und erhöhte Aufmerksamkeit bei den Investoren.

5.7 Stock-Picking bei ausländischen Nebenwerten wegen Nachrichtenmangels schwierig

Im März 2006 kostete die Aktie Pacific Ethanol (WKN A0D9R1) mehr als 30 Euro, im April ungefähr 25 Euro, im August nur noch etwas über elf Euro. Gründe für den Kursrutsch waren nicht zu erfahren; denn der deutsche Anleger hört und liest über ausländische Micro, Small und Mid Caps so gut wie nichts. Dies ist das Hauptproblem für ein Stock-Picking bei ausländischen Einzelaktien aus dem Nebenwertesektor. Wer sich nicht einem seriösen Börsenbrief für Nebenwerte anvertraut oder aufmerksam die Empfehlungen führender Börsenmagazine verfolgt, ist allein auf sich gestellt. So kann eine Guru- oder Stammtisch-Empfehlung schlimme Folgen haben. Bevor es der Aktionär überhaupt bemerkt, ist der Kurs vielleicht schon um 50 Prozent gesunken.

Als Alternative bieten sich ausländische Nebenwertefonds mit einem Spitzenrating an. So können Sie als Privatanleger aussichtsreiche Märkte aus anderen Regionen abdecken und sich voll und ganz auf ein Stock-Picking mit deutschen Nebenwerten konzentrieren. Gegen eine solche Strategie ist schon deshalb nichts einzuwenden, weil Sie Ihr Depot nicht mit zu vielen Titeln überfrachten und zudem Transaktionskosten sparen.

Vielleicht wollen Sie chancenreiche ausländische Märkte auch mithilfe eines Börsenbriefes abdecken. Nutzen Sie die meist angebotene Testphase von einem Monat, um sich gründlich über das Produkt zu informieren. Wie gut war die Performance in den letzten Jahren und augenblicklich? Wie hoch war der prozentuale Anteil der Kursraketen gegenüber den Verlustbringern im Depot? Wie aufrichtig und überzeugend sind die Recherchen und Kommentare zu den einzelnen Titeln? Entspricht die durchschnittliche Performance wenigstens der Benchmark, dem Vergleichsindex? Wenn nicht, sind Indexzertifikate wesentlich billiger. Werden Ihre E-Mails verlässlich und zügig beantwortet? Besteht eine echte Chance auf Telefonkontakt? Werden regelmäßig Lesertreffen veranstaltet, um den Chefredakteur persönlich kennenzulernen und die Kommunikation unter den Mitgliedern zu fördern? Wer etwas zu verbergen hat, verhindert tunlichst solche Begegnungen.

Unter den Börsenbriefen gibt es erstklassige Produkte mit hochqualifizierten Experten, die den Markt regelmäßig schlagen, aber ebenso schwarze Schafe, die nur versuchen, Sie abzuzocken. Solche

Gurus kaufen die Aktien illiquider Titel billig ein, treiben den Kurs danach mit geschönten Recherchen und Prognosen extrem nach oben, verkaufen nun selbst alle Papiere zu Höchstpreisen und manipulieren den Kurs damit in die Gegenrichtung. Orientieren Sie sich nicht an den Versprechungen einer aggressiven Werbung. Die Wahrheit an der Börse sieht oft anders aus.

Als Alternative zu all dem bieten sich Indexzertifikate auf bestimmte Branchen an, z. B. regenerative Energien, Rohstoffe, Biotechnologie, Nanotechnologie usw.

Kapitel 6

6. Interessante Märkte für Nebenwerte

Stock-Picking bei Micro, Small und Mid Caps darf sich nicht nur auf die Indizes beziehen. Die richtige Auswahl ist ebenso wichtig vom Zeitpunkt her, um möglichst günstige Einstiegskurse zu erzielen, und absolut unverzichtbar im Hinblick auf die unterschiedlichen Märkte und Branchen. Der Blick ist nicht nur auf die zum Börsengeschehen gehörende Branchenrotation zu richten. Abhängig von Konjunkturzyklus, Zinssätzen, Preisentwicklung bei Rohstoffen, dem Verhältnis Dollar und Euro, der politischen Lage und dem allgemeinen Börsenklima sind zeitweilig vielleicht Pharma und Biotechnologie im Aufwind, dann wiederum Rohstoffe und regenerative Energien, danach möglicherweise Bau, Chemiewerte und Versorger, vielleicht abgelöst von Banken, Versicherungen und Beteiligungsgesellschaften. Anschließend liegt der Fokus eventuell auf Industriewerten wie Autobauern und Zulieferern bzw. starken Exportbranchen, angeführt vom Maschinenbau. Es gilt, die Entwicklung auf den Zukunftsmärkten aufmerksam zu verfolgen und mit Stock-Picking und richtigem Timing darauf zu reagieren. Als Privatanleger werden Sie hier nicht allein gelassen. Wirtschaftspresse, Börsenmagazine und Börsenbriefe zeigen Ihnen, wo es langgeht und wie sich der Trend entwickelt.

6.1 Regenerative Energien trotz Störfaktoren im Aufwind

Was sind erneuerbare Energien? Damit sind alle jene Energiequellen und Energiegewinnungsmethoden gemeint, die nach menschlichem Maßstab als unerschöpflich gelten. Sei es, dass Vorrat vorhanden ist, wie dies für die Sonnen- oder Windenergie zutrifft, oder der Energieträger über einen langen Zeitraum durch fortlaufenden Anbau entsprechender Agrarprodukte gesichert erscheint, wie dies bei Biomasse aus Ethanol (Rohrzucker, Mais, Weizen und Raps) der Fall ist.

Obgleich die regenerativen Energien bislang für die Energieversorgung einen noch unbedeutenden Anteil am weltweiten Verbrauch aufweisen, bietet sich allein schon im Hinblick auf den immer dramatischere Folgen auslösenden Klimawandel – begleitet von Tornados, Orkanen, Flutwellen, Dürre, Hitze und Waldbränden – ein neuer Treibstoff für Ihr Wertpapierdepot an. In Deutschland machen alternative Energien wie Solarstrom, Windkraft, Biomasse, Geothermie und Meeresenergie zwar erst fünf Prozent aus, jedoch mit steigender Tendenz. Für die Stromerzeugung beträgt der Anteil bereits über elf Prozent – und dies mit hohem Wachstumspotenzial. 2004 waren es erst 9,4 Prozent, 2005 schon 10,2 Prozent. Die 62 Milliarden Kilowattstunden Strom aus regenerativer Energie würden theoretisch ausreichen, um die Hälfte aller deutschen Privathaushalte mit Strom zu versorgen. Den größten Beitrag zur Stromerzeugung leisten die Windenergie (26,5 Milliarden Kilowattstunden), die Wasserkraft (21,5 Milliarden) und die Biomasse (10 Milliarden).

Dabei entwickelt sich in Deutschland die Photovoltaikbranche zum großen, weltmarktführenden Player mit neuen Arbeitsplätzen. Die Verteuerung und Verknappung fossiler Energieträger wie Rohöl, Erdgas und Kohle, spekulative Faktoren, das EEG (Erneuerbare Energie Gesetz), der technologische Fortschritt und die große Akzeptanz seitens der Bevölkerung sorgen für Aufwind bzw. strahlende Sonne, mögen Siliziummangel und Preiserhöhungen mitunter auch Schatten werfen. Eine am Umwelt- und Klimaschutz orientierte Energiepolitik setzt künftig noch stärker auf erneuerbare Energien. Mittelfristig wird der Anteil alternativer Energien auf ungefähr 20 Prozent ansteigen. Die Wirtschaft will für Kraftwerke und Energienetze in den nächsten Jahren über 30 Milliarden Euro investieren, um die Abhängigkeit von Energieimporten zu verringern und dem Klimawandel zu begegnen. In regenerative Energien sollen bis zu 40 Milliarden Euro fließen und zusätzlich zwei Milliarden Euro für die Energieforschung bereitstehen. Hinzu kommt der ethische Aspekt. Mit gutem Gewissen in Aktien zu investieren gewinnt bei vielen Privatanlegern zusehends an Bedeutung.

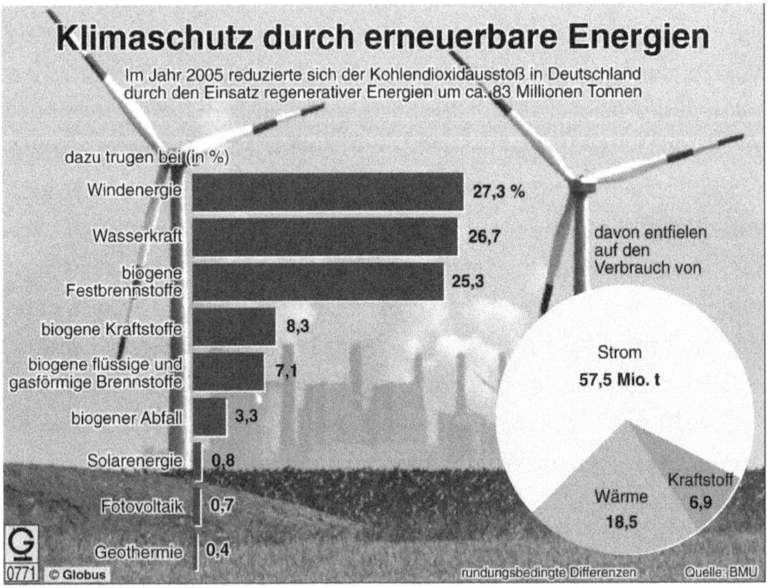

Neue Arbeitsplätze in der Solarstromindustrie durch starken Umsatz- und Gewinnanstieg

Angetrieben wurde die Photovoltaikindustrie 2004 durch das „100.000-Dächer-Programm“, das EEG (Erneuerbare Energien Gesetz) und die dadurch geschaffene Planungssicherheit mithilfe langfristig kalkulierbarer Abnahmepreise. Der Aufwärtstrend kann durch eine ungebremste Flut von Börsengängen, weiteren Preisschub wegen der Siliziumverknappung, eine politische Schlechtwetterlage mit Änderung des EEG (eine Reduzierung der Einspeisevergütung um zehn Prozent statt bislang fünf Prozent ab 2008 ist im Gespräch), Erzeugung anderer alternativer Energien und die Gefahr einer sich bildenden und irgendwann platzenden Spekulationsblase gefährdet werden.

Seit 1998 ist die Produktion von Solarmodulen in deutschen Fabriken um das 35-Fache gestiegen. 200 Megawatt reichen aus, um rechnerisch den kompletten Strombedarf von 100.000 Menschen zu decken. Die Solarstromindustrie schuf allein in Deutschland 30.000 neue Arbeitsplätze und wächst weiter im Inland wie im Ausland. Davon zeugt auch die den Japanern abgerungene Marktführerschaft.

Die hohe Volatilität und heftige Korrekturphasen belasten bereits jetzt den Markt, mögen auch längerfristig die Weichen auf Grün gestellt sein. Empfehlenswert erscheint die folgende Strategie: Einsteigen und mit Augenmaß zukaufen im Bodenbildungsbereich bei abgestürzten Kursen, die fundamental unbegründet sind. Am besten verkaufen bei Erreichen neuer Höchststände.

Die Kurskapriolen der Solarstromaktien im TecDAX, aber auch in der zweiten und dritten Reihe mögen vielleicht an den Internethype am zwischenzeitlich beerdigten Neuen Markt erinnern. Die elektronische Welt drehte sich letztendlich viel gemächlicher als die anfangs allein an Wachstum orientierten exorbitanten

Einschätzung G. Willeke, Fraunhofer Institut für Solare Energiesysteme (ISE)

Der Wissenschaftler setzt weiterhin auf die bewährten kristallinen Siliziumzellen, ohne ausschließen zu wollen, dass eine gänzlich neue Technologie die Erzeugung von Solarstrom revolutionieren könnte. Die momentane Siliziumknappheit, begleitet vom Preisschub, beruht nicht auf Rohstoffmangel. Quarzsand als Ausgangsprodukt gibt es wie Sand am Meer. Silizium ist nach Sauerstoff das zweithäufigste Element, aber das Gewinnungsverfahren ist aufwendig. Der Engpass dürfte ab 2008 überwunden sein.

Der Durchbruch zu Dünnschichtzellen, zwar weniger leistungsstark, dafür aber sehr viel billiger, weil materialsparend, kommt voran. Die Photovoltaikbranche verstärkt ihre Forschungs- und Entwicklungsarbeit in diese Richtung. Setzt sich Kupfer als Ausgangsprodukt durch, dürften hier die Preise steigen, bei Silizium eher stagnieren oder gar sinken.

Kurssteigerungen damals vorwegnahmen. Bei einem solchen Vergleich wird gern übersehen, dass die besten Unternehmen für regenerative Energien nicht nur mit imposantem Umsatzwachstum brillieren, sondern auch stetig ihren Gewinn steigern. Photovoltaikwerte haben deutlich mehr Substanz als die Internetklitschen mit Umsatzvisionen ohne Gewinnpotenzial zu Zeiten der New Economy 1999/2000. So sieht der Chefredakteur von *Öko-Invest*, Max Deml, in den Solarzellenherstellern die „Ölkonzerne der Zukunft". Er empfiehlt für eine mittel- bis längerfristige Kapitalanlage die führenden Titel wegen der glänzenden Perspektiven, warnt aber vor Gier, Euphorie und Herdentriebverhalten. Nicht alle Unternehmen arbeiten erfolgreich. Es zeichnet sich eine Marktbereinigung ab. So hat das eine oder andere Unternehmen versäumt, sich gegen steigende Siliziumpreise ausreichend abzusichern und langfristige Lieferverträge auszuhandeln (z. B. Sunways). Oder die Anlage in Solarfonds seitens der Privatanleger wurde zu optimistisch kalkuliert (S.A.G. Solarstrom).

„Mit einem durchschnittlichen KGV von 25 sind Solarwerte zwar nicht mehr billig, aber das Gewinnwachstum von jährlichen 50 Prozent rechtfertigt diese Bewertung."

„Die deutschen Solarfirmen haben eine starke Wettbewerbsposition, weil ihre Technologien besonders ausgereift sind und Deutschland früher als andere Länder in alternative Energien eingestiegen ist."

„Die Lieferverträge der großen deutschen Anbieter werden wegen der starken Marktposition am ehesten erfüllt, während die kleinen Unternehmen schnell leer ausgehen."

Ralf Walter, COMINVEST

Solche Unterlassungssünden werden mit Kurseinbrüchen abgestraft, schmälern sie doch den Gewinn oder verwandeln bislang schwarze in rote Zahlen. Mitunter stürzen die Kurse dramatisch ab, weil der Marktführer der Branche enttäuscht oder sich eine Übernahmefantasie als „heiße Luft" erweist.

Warum haben Solaraktien so viel Potenzial?

Sonne erzeugt Strom direkt und ist nicht reparaturanfällig. Sonne als Energiequelle schwankt je nach Witterung maximal um plus/minus zehn Prozent. Die gesamte Wertschöpfungskette lässt sich somit über das Produzieren, Betreiben und Vertreiben von Solarmodulen, Solarzellen und Komplettanlagen abdecken. Sonnenenergie lässt sich bei Gebäuden jeder Größe bis hin zu den großen Solarkraftwerken verwirklichen. So baut die Erlanger Solar Millennium AG mitten im andalusischen Hinterland auf einer Fläche von 5.000 Quadratmetern ein riesiges Solarkraftwerk mit einer elektrischen Leistung von 50 Megawatt. Es soll nach zweijähriger Bauzeit 180 Gigawattstunden pro Jahr erzeugen und schätzungsweise 200.000 Menschen mit Strom versorgen.

Die Natur nutzt zu 99,98 Prozent Sonnenenergie

„Der Mensch deckt seinen Energiebedarf erst zu einem Prozent aus Sonnenenergie. Der gewaltige Energiebedarf für unser globales Klima kommt allerdings zu 99,98 Prozent von der Sonne. Wir sollten jetzt von der Natur lernen. In rund 50 Jahren dürften die Ölreserven unserer Erde verbraucht sein. 0,05 Prozent der globalen Landfläche würden reichen, um mit Photovoltaikanlagen den kompletten Weltstrombedarf abzudecken."

Geschäftsbericht CENTROSOLAR

Eine Expansion erfolgt in südliche Länder wie Spanien und Italien, nach Ostasien und Amerika. Spanien und die USA zählen zu den interessantesten Märkten, fördern doch deren Regierungen nun verstärkt alternative Energien.

Deutsche Titel aus dem PPVX-Solarstromaktienindex

Unternehmen	Branche	ISIN/WKN Index	Kurs in € 01.11.06	52-Wochen Hoch/Tief	Ergebnis in € Aktie 06/07	KGV 2007
Aleo Solar	PV-Module und Komponenten	DE000 A0J M63 4	8,09	13,5/6,48 06: -40 %	0,65/0,80	10,1

Unternehmen	Branche	ISIN/WKN	Kurs in € 01.11.06	52-Wochen Hoch/Tief	Ergebnis in € Aktie 06/07	KGV 2007
Centrosolar	PV-Module, Montagesysteme	DE000 514 850 6	10,65	22,0/10,2 06: -14 %	0,60/0,80	13,3
Conergy AG	PV-Systemhandel	DE000 604 002 5	34,65	65,6/24,7 06: +29 %	1,35/1,65	20,9
Ersol Solar Energy	Solarzellen, Wafer	DE000 662 753 2	49,06	71,5/38,0 06: +13 %	1,59/2,17	22,6
Phönix Sonnenstrom	Solarmodule Solaranlagen	DE000 A0BVU9 3	13,85	29,7/12,5 06: -13 %	0,90/1,20	11,5
Q-Cells AG	Solarzellen	DE000 555 866 2	31,35	49,5/21,6 06: +27 %	1,05/1,30	24,1
Reinecke+Pohl	PV-Module und -Systeme	DE000 525 070 8	6,29	26,2/26,7 06: -52 %	0,40/0,50	12,6
Roth & Rau	PV-Beschichtungs-anlagen	DE000 A0J CZ5 1	32,72	45,1/5,75 06: -23 %	1,17/1,30	25,2
S.A.G. Solarstrom	PV-Kraftwerke, Installation	DE000 702 100 8	2,76	9,59/2,45 06: -53 %	-0,07/0,00	neg.
Solar² AG	PV-Installation	DE000 A0H N45 3	1,30	k.A.	-0,16/0,05	neg.
Solar-Fabrik	Photovoltaik-Module	DE000 661 471 2	10,53	13,8/8,66 06: +4,99 %	0,60/0,90	11,7
Solarworld	PV-Module, Wafer	DE000 510 840 1	42,74	70,9/27,0 06: +51 %	1,50/1,85	23,1
Solon AG	Module und Systeme	DE000 604 002 5	27,21	48,7/22,2 06: +4,9 %	1,55/2,00	13,6
Sunline	Solaranlagen, Solargeräte	DE000 A0B MP0 0	4,40	10,7/3,85 06: -9,3 %	0,15/0,30	14,7
Sunways	Solarzellen, Wechselrichter	DE000 733 220 7	6,40	24,5/6,03 06:-43 %	0,17/0,35	18,3

Der PHOTON Photovoltaik-Aktienindex PPVX, geleitet von Max Deml, setzt sich aktuell aus 30 Solarstromtiteln zusammen, vorwiegend Deutschland und USA. Details und aktuelle Daten zum Index finden Sie bei: www.photon.de oder www.oeko-invest.de

Weitere deutsche Solarstromaktien						
Unternehmen	Branche	ISIN/WKN	Kurs in € 01.11.06	52-Wochen Hoch/Tief	Ergebnis in € Aktie 06/07	KGV 2007
Solar Millennium	Solarkraftwerke	DE000 721 840 6	13,52	21,0/9,82 06: +27 %	1,00/1,25	13,7
Solarparc	Solar- u. Windkraftparks	DE000 635 253 7	6,37	19,9/6,80 06: -21 %	0,17/0,24	34,9
Diese Titel sind (noch) nicht im PHOTON Photovoltaik-Aktienindex PPVX gelistet.						

Für den Nebenwerteexperten Ralf Walter, Fondsgesellschaft Cominvest, zählen deutsche Solaraktien weiterhin zu den großen Favoriten, mag die Bewertung trotz scharfer Korrektur auch recht ambitioniert erscheinen.

Windkraft erneut im Fokus

Beginnen wir mit einem Beispiel von C. Schnell aus *Bulle&Bär*, *Handelsblatt* vom 13. Juni 2006, Nr. 112: „Das Märchen vom Wind".

„Wie alle Märchen beginnt auch dieses mit den drei Worten: ‚Es war einmal.' – Es war also einmal eine Branche, die immenses Wachstum versprach – wegen ihrer innovativen Technik, die nahezu kostenfrei Energie lieferte, und der vielen Anwendungsmöglichkeiten. Die Börsianer kauften die Aktien in Massen und trieben deren Kurse in horrende Höhen.

Doch die Zeiten änderten sich: Die Branche konnte oft nicht so schnell liefern, wie es die Kunden wünschten. Die Technik war störungsanfälliger als gedacht und an der Optik, die so gar nicht in die Natur passte, störten sich viele Kritiker. So begann der Abstieg der Windkraft. Plötzlich wollte niemand mehr etwas von dieser innovativen Form der Energiegewinnung wissen. Zumal mit der Solarenergie bereits Ersatz bereitstand. Die Massen liebten einen neuen Herrscher.

Für den alten Herrscher blieb nur, sich wieder auf solide Arbeit und überzeugende Geschäftszahlen zu konzentrieren. Das geschah denn auch und mit Unterstützung immens steigender Öl- und Gaskosten fand die Windenergie zurück in die Herzen der Anleger. Die Aktien der großen Hersteller und Projektierer ziehen seit geraumer Zeit wieder an und die meisten Analysten glauben nicht, dass das Märchen an dieser Stelle bereits zu Ende ist. Es beginnt gerade erst das zweite Kapitel."

Windkraft nach Salto rückwärts wieder im Aufwärtstrend

Nach einer zeitweiligen Verdopplung Anfang 2006 und einem anschließenden scharfen Kurseinbruch ziehen die Kurse wieder an. Der Kurs des letzten TecDAX-Aufsteigers Nordex verfünffachte sich in den ersten fünf Monaten des Jahres 2006 auf 23,50 Euro, um sich danach auf unter zehn Euro mehr als nur zu halbieren. Anfang November 2006 pendelte das Nordex-Papier in einer Spanne zwischen elf und zwölf Euro. Die Repower-Aktie, früher im Nemax 50 gelistet, notiert nach einem Anstieg von 30 Euro bis auf 59 Euro und einer anschließenden scharfen Korrektur auf neuen Höchstständen nahe 70 Euro. Allgemein erwarten die Analysten bei beiden Titeln die baldige Rückkehr in die Gewinnzone. Ähnliche Kursturbulenzen haben Plambeck und Energiekontor hinter sich, wobei hier aber die erneute Erholung auf sich warten lässt. Gegenwärtig erscheinen diese Aktien angemessen bewertet und damit ein Kauf attraktiver. Dies gilt nicht minder für den europäischen Marktführer, die dänische Vestas. Gerade bei Windkrafttiteln ist gutes Timing entscheidend für den Anlageerfolg. Ein Hauptgrund für das Comeback der zuvor hart abgestraften Windkrafttitel liegt in der wachsenden Bedeutung und der staatlichen Förderung, die den Windkraftkonzernen in weiten Teilen Europas zuteil wird. Hinzu kommt der

Klimaschutz in Deutschland: Windkraft mit 27 Prozent Anteil dabei. Deutsche Windkraftaktien aus dem Nebenwertebereich						
Unternehmen	ISIN/WKN	Kurs in € 01.11.06	Performance 2006	52-Wochen Hoch/Tief	Ergebnis Aktie 06/07	KGV 2007
Energiekontor	DE000 531 350 6	2,40	+9,1 %	7,04/1,93	-0,10/0,05	48,0
Nordex	DE000 A0D 655 4	11,21	+124 %	23,1/3,79	0,10/0,35	32,0
Plambeck	DE000 A0J PPG 2	3,16	+193 %	5,15/1,02	0,04/0,15	21,1
Repower Systems	DE000 617 703 3	65,05	+108 %	65,3/29,8	1,00/1,80	36,1

technologische Fortschritt, der die Anlagen weniger störanfällig macht. Außerdem machen Übernahmegerüchte die Runde.

Ethanol als Basis für Biokraftstoff – bei Kursschwäche chancenreich

Der meist aus Rohrzucker, neuen Maiszüchtungen und Raps gewonnene Biotreibstoff rückt immer mehr in den Fokus der auf zukunftsweisende Investments ausgerichteten Börsianer. Der noch junge Ethanolmarkt sollte in den nächsten Jahren einen weiteren Aufschwung erleben, mögen sich auch Ethanol und Biodiesel als Kraftstoff für Automobile erst in einigen Jahren wirklich behaupten. Eine bessere Marktdurchdringung ist an infrastrukturelle Maßnahmen wie Raffinerien, Transportnetze und Tankstellenausrüstungen geknüpft. Und daran hapert es noch.

„Ethanol ist derzeit ein Trend im Megatrend der erneuerbaren Energien – genau wie Solar und Wind oder Meerwasserentsalzung.“

Herbert Wertz, Fondsmanager bei AMB Generali

Die Erzeugung von Biokraftstoff zählt heute zu den weltweit bevorzugten Themen der Energiepolitiker und beeinflusst die strategische Ausrichtung und das operative Geschäft zahlreicher in- und ausländischer Unternehmen. Viele Kapitalanleger

Südzucker: Börsengang für Bioethanolsparte

Die Tochter CropEnergies, im Oktober 2006 zu einem Ausgabepreis von 8,00 Euro an die Börse gegangen, betreibt die größte Anlage zur Produktion von Bioethanol in Europa. Mit dem Bau einer weiteren Anlage werden auf Basis von Dicksaft künftig bis zu 100.000 Kubikmeter Bioethanol zusätzlich erzeugt. Dadurch steigt die Jahreskapazität am Standort Zeitz auf etwa 360.000 Kubikmeter Bioethanol. Unter der Marke CropEnergies vertreibt Südzucker Bioethanol vorwiegend als Beimischung zu Otto-Kraftstoffen.

empfinden Ethanol als ein besonders spannendes Thema. In diesem Zusammenhang erscheint interessant, dass sich der reichste Mann der Welt, der Microsoft-Gründer Bill Gates, ein größeres Aktienpaket am Ethanolproduzenten Pacific Ethanol gesichert hat.

2005 wurden rund 9,6 Milliarden Gallonen Ethanol produziert. Führende Agrarexperten rechnen bis 2010 mit einer Erhöhung auf 16 Milliarden Gallonen. Brasilien war 2005 der mit Abstand weltgrößte Ethanolproduzent. In den USA sind weitere 35 Anlagen im Bau. Die Kapazität dürfte bis 2008 von 3,5 auf 7 Milliarden Gallonen ansteigen. Rohr- und Rübenzucker wird nun weniger als Nahrungsmittel und Süßstoff, sondern vorrangig als Energieträger verwendet und gilt für die Gewinnung von Ethanol als wichtigster Rohstoff vor Mais, Raps und Weizen. In den Jahren 2005/2006 belief sich die Weltproduktion an Zucker auf rund 144 Millionen Tonnen. Bis 2007/2008 sollen es mehr als 150 Millionen Tonnen sein.

Autofahren mit Biokraftstoff Ethanol

Brasilien setzt auf seine Zuckerrohrvorkommen. Die USA bevorzugen Mais. Schweden nutzt seinen Waldbestand: Seitdem die Erdöl- und Benzinpreise – von schärferen Korrekturphasen und platzenden Spekulationsblasen abgesehen – längerfristig stetig nach oben klettern, boomt die Suche nach alternativer Energie zum herkömmlichen Sprit. Während die vergleichsweise unempfindlichen – und dank gestiegener Kraftstoffpreise auch immer beliebteren – Dieselmotoren heutzutage von Salatöl bis Biodiesel schon beinahe alles schlucken, sind Otto-Motoren anspruchsvoller.

Dem „normalen“ Benzin darf mittlerweile jedoch aus Pflanzen hergestelltes Ethanol beigemengt werden. Dieses Ethanol wird durch Vergärung des Zuckers gewonnen, der in verschiedenen Nutzpflanzen enthalten ist. So lassen sich beispielsweise aus zwei Tonnen Holz etwa 500 Liter Ethanol erzeugen.

Biomasse dominiert

Die Umsätze mit regenerativen Energien beliefen sich 2005 in Deutschland auf etwa 16 Milliarden Euro.

Biomasse	**5,85 Mrd. €**
Windkraft	**4,50 Mrd. €**
Solarenergie	**4,25 Mrd. €**
Wasser	**1,17 Mrd. €**
Geothermie	**0,28 Mrd. €**

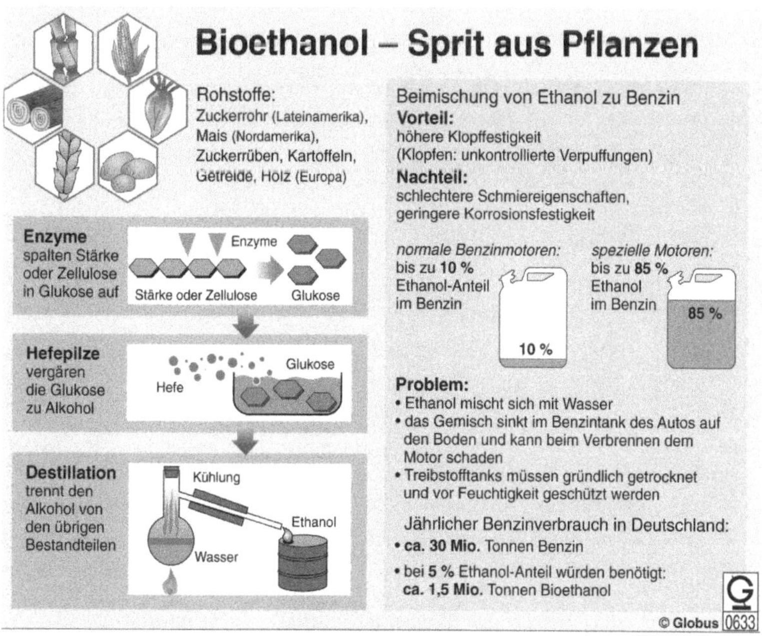

Deutsche Biomasseaktien und verwandte Sektoren (Saat/Dünger)

Unternehmen (*Zahlen 07 geschätzt)	WKN	Kurs in € 01.11.06	Performance 2006	52-Wochen Hoch/Tief	Buchwert in €*	Ergebnis je Aktie 06/07	*KGV
Bio-Gate	BGA 699	9,35	-55,48 %	40,10/9,0	3,92	0,22/0,80	11,7
Biopetrol Industries	322 593	9,20	+4,66 %	31,5/6,75	1,71	0,09/0,20	31,0
CropEnergies	A0L AUP	7,87	-1,63 %	8,14/6,24	2,12	0,07/0,28	28,1
EPO Biodiesel	A0D P37	11,22	+28,97 %	22,0/8,51	5,81	0,55/0,70	16,0
Kali+Salz	716 200	74,09	+45,13 %	78,9/48,7	20,4	4,20/4,50	16,5
KWS Saat	707 400	70,99	+2,79 %	87,0/63,8	45,1	4,50/5,00	14,2
Schmack Biogas	SBGS11	36,20	+16,77 %	44,6/31,3	8,51	1,67/1,70	21,3
Südzucker	729 700	19,39	-2,22 %	22,4/16,3	13,1	1,45/1,55	12,0
Verbio	A0J L9W	16,00	+0,60 %	16,3/15,3	8,73	0,85/1,00	16,0

6.2 Der Rohstoffmarkt wird von Erdöl dominiert

Trotz mitunter scharfer Korrekturen dürfte der Rohstoffmarkt weiterhin in einer Hausse verlaufen. Ein Blick auf den maßgeblichen CRB-Index, der auf Seite 105 abgebildet ist, zeigt uns, dass die in den 1980er- und 1990er-Jahren charakteristische Baisse mit Überwinden des Allzeithochs aus dem Jahr 1980 wohl abgeschlossen sein dürfte.

Der CRB-Index bildet die Preisentwicklung der wichtigsten 19 Rohstoffe ab. Er knackte im Juli 2006 seinen früheren Höchststand und befindet sich charttechnisch in einem einigermaßen stabilen Aufwärtstrend. Der CRB-Index umfasst neben anderen auch so wichtige Rohstoffe wie Erdöl, Naturgas, Gold, Silber, Nickel und Weizen. Ziemlich drastisch dürfte aller Wahrscheinlichkeit nach der Angebotsmangel bei Uran ausfallen, denn international gesehen ist die Zeit der Kernkraftwerke schon wegen des dramatisch verlaufenden Klimawandels höchstwahrscheinlich nicht vorbei. Lediglich die Hälfte des weltweiten Uranbedarfs lässt sich derzeit durch die Minenproduktion abdecken.

CRB

1970–2007

Unersättlicher Rohstoffhunger

Seit 2003 liegen die Wachstumsraten der chinesischen Wirtschaft bei rund zehn Prozent. Ein Ende des Booms ist hier wie in Indien nicht abzusehen. Entsprechend groß ist der Appetit auf Rohstoffe. Dies treibt die Preise auf dem Weltmarkt längerfristig nach oben. Galt das Land der Mitte bis 1993 noch als Rohöl-Exporteur, stieg seit 2004 China mit einem Anteil von sechs Prozent zur drittgrößten Ölimportnation auf. Ganz oben auf der Einfuhrliste stehen auch Industriemetalle und Erze als Folge der schnell wachsenden Stahlproduktion. So entwickelte sich China zum weltgrößten Importeur von Chrom, Mangan, Eisenerz, Blei und Kupfer. Eine nicht ganz so große Rolle spielt bislang der Import von Agrarprodukten. Doch haben sich die Einfuhren

„Der Rohstoffmarkt boomt und clevere Anleger können davon profitieren. Viele der größten und produktivsten Ölvorkommen unserer Zeit versiegen allmählich. Das wird massive Auswirkungen auf die Weltwirtschaft haben."

Jim Rogers, Rohstoffexperte und Buchautor

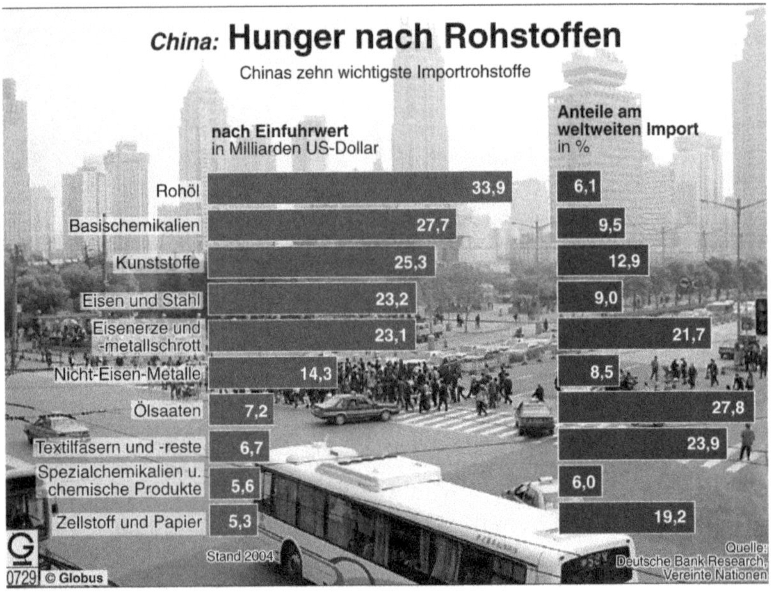

bei den Weichwaren im Agrarsektor in den vergangenen fünf Jahren bereits mehr als verdoppelt und dürften weiter rapide steigen. Für Kakao, Zucker, Kaffee, Orangenkonzentrat und Getreide besteht zunehmend Bedarf, passen sich doch die Ernährungsgewohnheiten allmählich dem Standard westlicher Industrienationen an.

Einflussfaktoren auf den Ölpreis

Von 1990 bis 2006 lag die Energiebranche bei der Wertentwicklung ganz vorn, gefolgt von Industrie- und Edelmetallen, während der Agrarsektor etwas hinterherhinkte und Nachholbedarf aufweist. Öl ist der Dreh- und Angelpunkt im Weltwirtschaftsgetriebe. Erdöl mit einem Anteil von 40 Prozent am Weltenergieverbrauch hat die Kohle als fossilen Brennstoff längst überholt und seine Vormachtstellung behauptet. Die Preisbildung erfolgt nicht nur aufgrund von Angebot und Nachfrage, sondern wird ebenso durch Spekulation beeinflusst.

Es mehren sich die Bedenken, ob die Erdöl- und Naturgasreserven die steigende Nachfrage tatsächlich noch auf mehrere Jahrzehnte decken können. Immerhin stiegen die weltweit neu entdeckten Ölfelder nur um etwa zehn Prozent. Insbesondere in den alten Feldern wird unter erschwerten Bedingungen und zu erhöhten Kosten gefördert. Bei dem in der Vergangenheit relativ niedrigen Ölpreis investierten die Ölförderländer und Ölkonzerne zu wenig in die Infrastruktur der Förder- und Versorgungsanlagen. Heute rächt sich der Mangel an Raffinerien. Die Folge ist ein Nachfrageüberhang, der die Preise weiter treibt – angeheizt durch Spekulation. Sorge bereiten aber nicht nur die begrenzten Erdöl- und Erdgasreserven. Exploration und Aufschluss neuer Minen und Felder verschlingen viel Kapital und Zeit. Es fehlt an der Infrastruktur für Produktion und Transport. Die Ölrechnung für deutsche Privathaushalte hat sich seit 2002 fast verdoppelt. Wer als Privatanleger

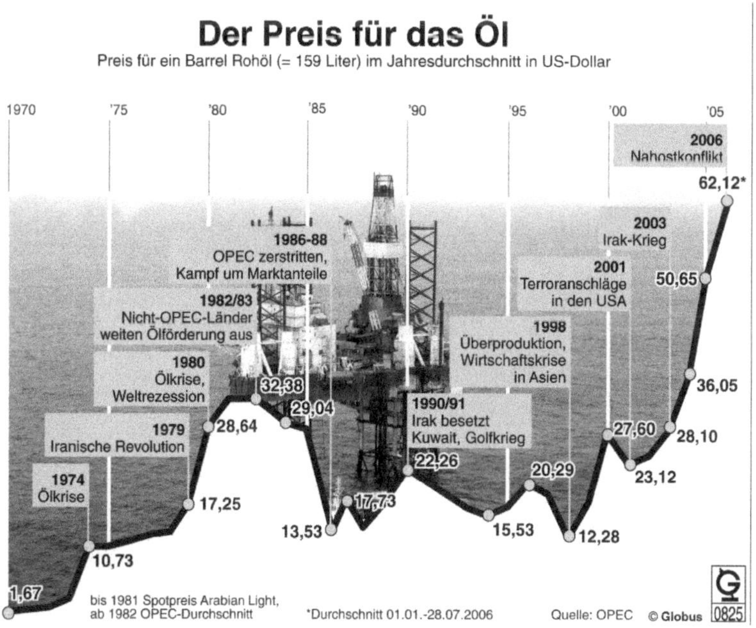

mutig in die richtigen Öl- und Gaswerte investierte, konnte mit seinen Aktienkursgewinnen die gestiegenen Heiz- und Benzinkosten bei klugem Stock-Picking und richtigem Kauf- und Verkaufszeitpunkt mehr als nur wettmachen. Diese Risikostreuung der etwas anderen Art dürfte auch künftig vernünftig sein.

Jede Börse, also auch der Energiemarkt, ist vom Auf und Ab geprägt. Selbst die schönste Rallye wird von Rückschlägen begleitet, die aber letztlich für den Neueinstieg oder Zukauf sogar gesund sind. Kurskorrekturen sind vergleichbar mit dem Atemholen und Sammeln neuer Kräfte beim Fußballspiel während der Halbzeitpause. So kommt es immer wieder zu starken Preisturbulenzen bei dem von Spekulationen, Terroranschlägen, Hurrikanauswir-

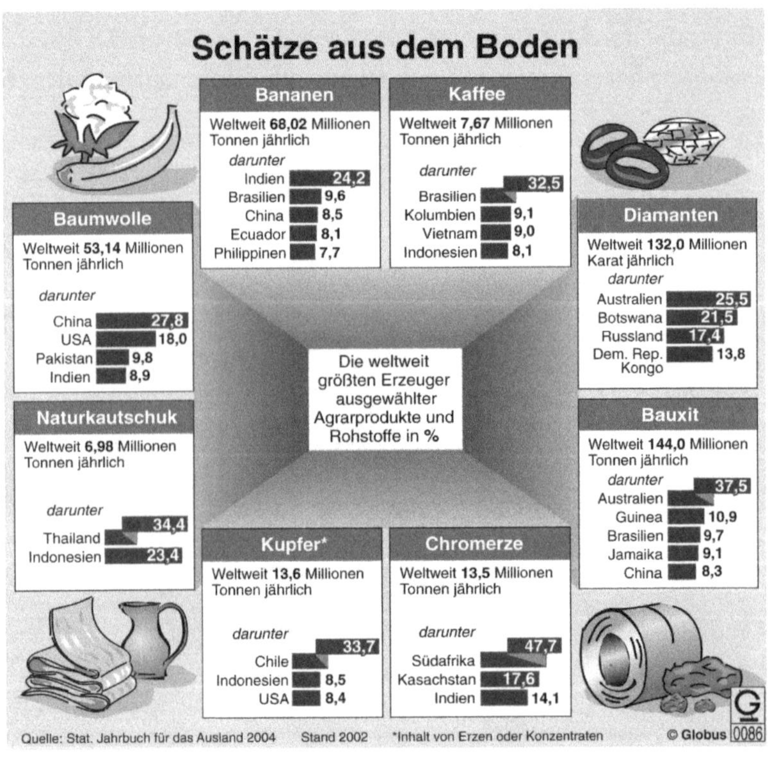

Deutsche/österreichische Rohstoffaktien im Nebenwertesektor						
Unternehmen (*Zahlen 07 geschätzt)	WKN/ISIN/ Index	Kurs in € 01.11.06	Performance 2006	52-Wochen Hoch/Tief	Buchwert in €* Ergebnis/Aktie 05/06/07	*KGV *Div. 2007
Activa Resources Öl, Gas	747 137 Entry Standard	10,30	-11,24	25,0/8,50	2,80 -0,01/-0,32/0,27	38,5
C.A.T. Oil Exploration	80J KWU AT0000A00Y78 SDAX	17,26	-9,96	21,9/13,1	4,23 0,37/0,64/0,92	18,8
Klöckner & Co Stahlhandel	KC0 100 SDAX	23,94	+49,63	26,9/13,9	13,30 2,90/3,50/3,00	8,00 0,75 € 3,10 %
Norddeutsche Affinerie Kupfer	676 650 4 MDAX	21,01	-3,40	27,3/16,7	10,31 1,77/1,80/1,60	13,1 1,00 € 4,8 %
Salzgitter Stahl/Röhren	620 200 5 MDAX	83,66	+83,42	87,8/35,7	30,68 14,09/8,30/7,00	12,0 0,70 € 0,80 %
Schoeller-Bleckmann Ölservice	907 391 AT0000946652 ATX Prime	31,78	+26,25	35,20	2,04/2,33	13,7
Südzucker Zucker	729 700 4 MDAX	19,39	-2,22	22,4/16,3	13,06 1,36/1,45/1,55	12,5 0,60 € 3,00 %
Wacker Chemie Silizium	WCH 888 1 MDAX	93,80	-4,69	127,4/74,3	25,96 2,91/4,20/5,00	18,8 1,45 € 1,50 %

kungen und Streiks beeinflussten Ölpreis. Die Energie-Rallye ist noch nicht vorbei. Die Jahre des Rohstoffüberflusses sind gezählt. Wäre es anders, gäbe es jetzt mit Activa Recources nicht auch eine börsennotierte deutsche Erdöl- und Erdgas-AG und mit dem

Börsengang der österreichischen C.A.T. Oil auch eine in Russland aktive Explorationsfirma. Activa Resources tritt in Texas als Resteverwerter auf und erwirbt dort weitere Bohrrechte an einigen Feldern, deren Erdöl- und Erdgasreserven für die Ölmultis nicht effizient genug sind.

Stahl- und Kupferproduktion boomen weiter

Laut Weltstahlverband wurden im Juli 2006 103,6 Millionen Tonnen Rohstahl hergestellt. Das sind 14,8 Prozent mehr als im Vorjahr. Die Stahlproduktion dürfte 2006/2007 leicht über dem Niveau von 2004 liegen. Einen weiteren Preisaufschlag kündigten die deutschen Hersteller ThyssenKrupp und Salzgitter an.

Dazu berichtet Salzgitter-Chef Wolfgang Leese: „Mittlerweile kommt chinesischer Stahl auch auf den europäischen Markt. Aber der ist bislang noch von niedriger Qualität." Kupfer ist für viele Wirtschaftszweige, z. B. Computer- und Automobilindustrie, unverzichtbar und kommt in der Solarindustrie bei den modernen Dünnschichttechnologien als Halbleiter in Betracht. Für einen PKW werden im Schnitt 30 Kilogramm Kupfer verarbeitet. Von daher ist die im MDAX notierte und sich durch eine hohe Dividendenrendite auszeichnende Norddeutsche Affinerie weiterhin interessant.

6.3 Die Biotechbranche – Nutznießer der Demografie

Ein Investment in Biotechaktien kann sehr lukrativ sein, aber auch zu großen Enttäuschungen führen. Als Beispiel sei Mologen genannt. 2005 von einigen Börsenbriefen hochgepusht und mit über 700 Prozent Kursgewinn in der Spitze als Überflieger gehandelt, 2006 zunächst hart abgestraft und vom Allzeithoch bei 14,50 Euro mit Kursziel 20 Euro zum Tief bei 5,20 Euro ins tiefste Börsenloch getrieben, zeichnet sich nun eine gewisse Erholung ab. Noch dramatischer verlief die Entwicklung der im TecDAX notierten

Aktie von Morphosys. Das Hoch lag bei deutlich über 400 Euro, das in der 3sat-Börse ausgerufene Kursziel sogar bei 1.000 Euro, das Tief unterhalb sieben Euro. Heute kostet das Papier etwa 50 Euro. Stock-Picking und ein kluges Timing sind also entscheidend für den Erfolg oder Misserfolg selbst bei demselben Titel. Insgesamt aber zählt die Biotechbranche zu den interessantesten Märkten. Übernahmen, Kooperationen und Fusionen deuten ebenso auf das hohe Potenzial hin wie die Tatsache, dass bereits mehr als die Hälfte aller neuen Arzneimittel von Biotechunternehmen stammen. Die Menschen leben immer länger – im Schnitt über 80 Jahre. Ab einem Lebensalter von 65 Jahren verdreifachen sich die Gesundheitsausgaben. Krebs, Alzheimer, Aids, Multiple Sklerose und andere schwer heilbare oder tödlich verlaufende Krankheiten verstärken die Suche nach wirkungsvollen Medikamenten,

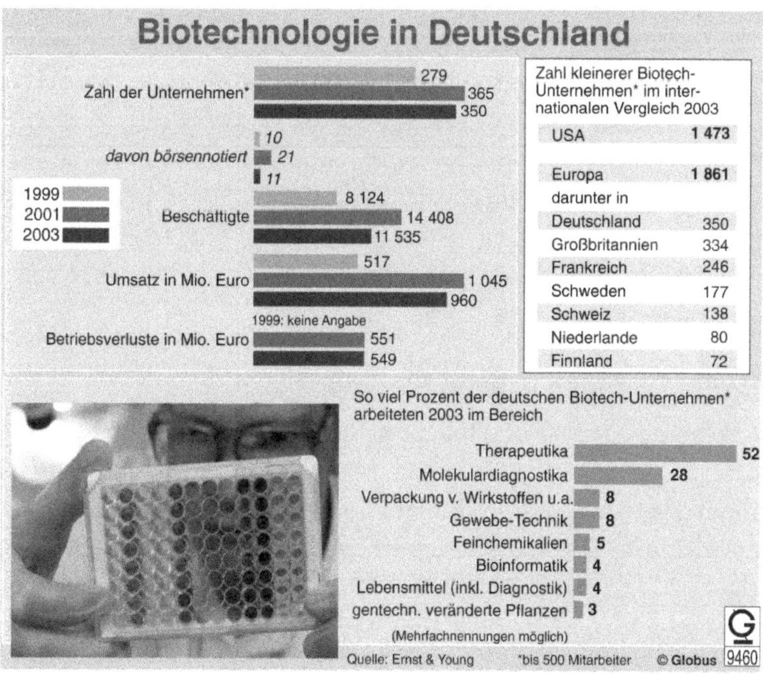

Auswahl in Deutschland gelisteter Nebenwerte-Biotechaktien						
Unternehmen (*Zahlen 07 geschätzt)	WKN	Kurs in € 01.11.06	Performance 2006	52-Wochen Hoch/Tief	Buchwert*/Ergebnis je Aktie 05/06/07 in €	*KGV
BB Biotech	888 509	53,80	+4,18	57,5/44,50	k. A.	k. A.
Biolitec	521 340	7,26	+6,61	9,92/4,10	0,12/0,18/0,21	34,6
Biotest Vz.	522 723	20,63	-7,90	30,80/19,9	1,13/1,15/1,30	15,9
Biotest St.	522 720	27,75	+13,50	40,00/22,9	1,13/1,15/1,30	21,4
Cybio	541 230	4,65	+4,49	6,94/4,14	0,23/0,27/0,32	14,5
Epigenomics	A0B VT9	3,75	-39,81	6,98/3,41	-0,5/-0,85/-0,68	neg.
Evotec	566 480	3,32	+32,80	4,88/2,38	-0,7/-0,33/-0,30	neg.
GPC Biotech	585 150	16,10	+52,90	16,80/9,10	-2,1/-0,87/-1,55	neg.
Jerini	678 747	3,32	-5,14	5,43/2,85	-0,9/-0,55/-0,48	neg.
MediGene	502 090	7,94	-5,25	9,54/5,31	-0,7/-0,80/-050	neg.
Mologen	663 720	8,79	-16,60	14,47/5,27	-0,5/-0,34/-0,20	neg.
Morphosys	663 200	49,01	+18,61	56,0/34,50	0,83/1,10/1,75	28,0
Paion	A0B 65S	8,64	+9,64	11,94/5,65	-0,3/-0,78/-0,95	neg.
Qiagen	901 626	12,39	+24,65	13,09/8,82	0,38/0,44/0,55	22,5
Stratec Biomedical	728 900	20,61	+38,32	21,81/5,90	0,42/0,53/0,67	30,8

die nicht nur lindern und den Zeitpunkt des Todes hinauszögern, sondern tatsächlich heilen. Wer hier den großen Durchbruch schafft, dem winken hohe Einnahmen – sichtbar am nach oben katapultierten Aktienkurs.

Große Chancen – hohe Risiken

Sieg und Niederlage, Höhenflug und Tiefschlag liegen in kaum einer Branche so dicht beieinander wie in den Biowissenschaften. Einerseits profitiert die Biotechnologie von der Bevölkerungsentwicklung. Die Menschen werden immer älter und ein 90-Jähriger schluckt viermal mehr Tabletten als ein 40-Jähriger. Andererseits scheitern 38 Prozent aller Medikamente in der klinischen Phase I, 63 Prozent in der Phase II und immerhin noch 45 Prozent der Arzneimittel in der entscheidenden klinischen Phase III. Firmen mit nur wenigen Präparaten in der Pipeline sind also extrem gefährdet.

Die Hoffnung stirbt zuletzt

Wie die Auflistung zeigt, haben viele der jungen deutschen Biotechfirmen erhebliche Probleme. Sie zehren noch vom Kapital des Börsengangs und von etwaigen Meilensteinzahlungen kooperierender Pharmaunternehmen, schreiben aber weiterhin rote statt schwarze Zahlen.

Sollte die Forschungs- und Entwicklungsarbeit von Erfolg gekrönt sein und einem Arzneimittelhersteller mit einem Produkt der Durchbruch gelingen, sind hohe Kurssteigerungen zu erwarten. Voraussetzung aber ist, dass die klinische Phase III positiv verläuft und das Präparat zugelassen wird.

Von der Forschung bis zur Markteinführung (15–20 Jahre)

Entwicklung
zwei bis zehn Jahre

Vorklinische Tests
5.000 bis 10.000; Labor- und Tierversuche

Klinische Phase I
20 bis 80 Freiwillige

Klinische Phase II
100 bis 300 Freiwillige

Klinische Phase III
1.000 bis 5.000 Freiwillige

Zulassung

Zusätzliche Tests

Vom Beginn der Forschung bis zur Vermarktung ist ein Zeitraum von 15 bis 20 Jahren anzusetzen. Nicht selten gehen im Verlaufe des Projektes die finanziellen Mittel aus und das Unternehmen muss Insolvenz anmelden. Hier und da aber gelingt der Durchbruch. Gefährlich wird es, wenn sich die Firma auf nur ein Produkt stützt, also über keine Produktpalette in unterschiedlichen klinischen Phasen verfügt.

Die besonderen Chancen

Kooperation mit Pharmakonzernen und damit verbundene Meilensteinzahlungen
Entwicklung neuartiger Medikamente für die Bekämpfung schwer heilbarer bzw. tödlicher Krankheiten wie Krebs, Aids, Multiple Sklerose, Alzheimer
Vorn bei neuen Arzneimitteln: Bereits heute kommt jedes zweite neu zugelassene Medikament aus den Biotech-Labors.
Übernahmespekulationen: Biotechfirmen gelten als begehrtes Objekt von Pharmakonzernen.

Die größten Gefahren

Verzehr des Eigenkapitals durch hohe Forschungskosten; Misserfolge in den späten klinischen Phasen; Insolvenz

Was ist also zu tun?

Am sichersten ist es für Privatanleger, sich mit Einzelaktien der größeren Unternehmen einzudecken, die bereits schwarze Zahlen schreiben. Eine Alternative kann sein, in die fondsähnlich strukturierte, im TecDAX gelistete Schweizer Beteiligungsgesellschaft BB Biotech zu investieren. Damit decken Sie ungefähr zehn mittelgroße chancenreiche Biotechunternehmen ab – bevorzugt aus den USA. Ebenso bietet es sich an, in ein Biotech-Indexzertifikat oder in einen Biotechfonds zu investieren. Wer kein Fachwissen mitbringt, tut sich mit den unterschiedlichen Ausrichtungen der Biotechfirmen sehr schwer. Wie will er beurteilen, was zukunftsweisend ist und wo die Risiken besonders groß sind? Einzelaktien kleiner ausländischer Gesellschaften zu kaufen ist hochriskant. Die Nachrichtenlage ist so dünn, dass Sie als Privatanleger außer den Kursen so gut wie nichts erfahren. Da bieten die amerikanischen Blue Chips schon mehr Sicherheit und auch noch ein gewisses Potenzial.

6.4 Chancen für die Medizintechnik durch längeres Leben

Die Medizintechnik zählt zu den innovativsten Branchen mit Wachstumschancen in aller Welt. Sie profitiert von einem wahrscheinlich unumkehrbaren Trend. Zum einen wächst die Weltbevölkerung, zum anderen wird der Anteil alter Menschen immer größer. Weltweit steigt die Zahl der über 65-Jährigen jeden Monat um ungefähr eine Million. Dies erfordert eine intensive medizinische Versorgung. Altersbedingte Probleme wie Schwerhörigkeit, Sehschwäche, Zahnlosigkeit, Bandscheibenvorfälle, Hüftgelenkschäden, Arthrose usw. nehmen ebenso zu wie schwere Krankheiten, allen voran Alzheimer, Krebs, Rheuma und Herz-Kreislauf-Störungen. Momentan wächst der Gesundheitssektor weltweit um ein Prozent schneller als die Gesamtwirtschaft. Ein 80-Jähriger verursacht alljährlich durchschnittlich 12.000 Euro Gesundheitsausgaben, zwölfmal so viel wie ein junger Erwachsener – Tendenz steigend. Medizintechnik wird in Deutschland bevorzugt von kleineren Mittelständlern geleistet; nur einige von ihnen sind börsennotiert. Dazu gehören: BB Medtech, fondsähnlich strukturiert wie BB Biotech, TecDAX-Anwärter, Carl Zeiss Meditec (Augenheilkunde), Drägerwerk (Dialyse) und Eckert & Ziegler (Strahlentechnik). Der Medizintechnik zuzuordnen sind am ehesten noch Krankenhäuser wie Rhön-Klinikum und Marseille-Kliniken.

Zu dieser Thematik ein Zitat des Schweizer BB-Medtech-Managers Alexandre Müller: „Der Markt wird in fast allen Teilbereichen der Medizintechnik von Oligopolen beherrscht. So in der Hörgeräteakustik, bei Implantaten, Notfallgeräten, Ultraschall bis hin zu Computertomographen. Diese Unternehmen haben nicht nur das technische Know-how, sondern auch die nötigen Kontakte zu Chefärzten und Klinikeinkäufern. Das sichert hohe Gewinnmargen. Im Schnitt liegen sie oberhalb von 25 Prozent. Doch die Unternehmen dürfen sich niemals auf ihren Lorbeeren ausruhen. Die Innovationszyklen sind kurz. Ein Verkaufsschlager von 2004 ist meist schon 2006 veraltet. Innovation allein findet keine Käufer. Die Technologie muss Kosten senken, indem sie durch bessere Diagnostik teure Operationen überflüssig macht oder, wenn doch operiert werden muss, die Leute schneller aus dem Krankenbett holt.“

Nebenwerte Medizintechnik/Kliniken: gelistet in Deutschland					
Unternehmen	ISIN/WKN	Kurs in € 01.11.06	Performance 2006	52-Wochen Hoch/Tief	KGV 2007
BB Medtech	CH000 042 866 1	41,90	+11,94 %	42,27/34,90	k.A.
Carl Zeiss Meditec	DE000 531 370 4	13,60	-25,07 %	23,70/13,10	17,2
Drägerwerk	DE000 555 063 6	48,28	+9,73 %	58,55/43,81	13,6
Eckert & Ziegler	DE000 565 970 0	12,30	+20,59 %	14,90/9,71	17,6
Marseille-Kliniken	DE000 778 300 3	14,27	+15,08 %	16,00/12,25	14,3
Rhön-Klinikum	DE000 704 230 1	33,14	+3,08 %	40,45/28,00	17,4

6.5 Die Besten ihrer Branche

Eine chancenreiche Auslese bei Nebenwerten geht an so wichtigen Kennziffern wie ein im Branchenvergleich niedriges Kurs-Gewinn-Verhältnis, einen im Verhältnis zum Kurs hohen Buchwert, ein ansteigendes Ergebnis pro Aktie, genügend Cashflow und möglichst eine attraktive Dividendenrendite auch als Instrument zur Kursabsicherung nicht vorbei. Interessant ist ebenso, wie sich die Unternehmen im nationalen Branchenvergleich schlagen. Wie stark ist ihre Marktstellung? Wächst sie oder gewinnen die Mitbewerber an Boden? Hilfreich erscheint eine Auflistung auf der Grundlage einer Untersuchung der *Wirtschaftswoche* vom Spätsommer 2006 unter dem Titel „Die Besten ihrer Branche – Top 5". Die für die Platzierung entscheidenden Punkte wurden ermittelt aus Wachstum bei Umsatz, Mitarbeiterzahl, Eigenkapitalrentabilität und Überrendite. Stellenstreichungen gelten zwar als wirksamer Bestandteil von Kostensenkungsprogrammen. Von einer dynamischen Umsatz- und Gewinnentwicklung aber zeugen sie nicht. Hier werden – wie im Solarstrombereich – Neueinstellungen erwartet. Die folgende Tabelle ist nach Branchen aufgeteilt. Im Gegensatz zur *Wirtschaftswoche* werden nur deutsche Unternehmen aus dem Small- und Mid-Cap-Sektor erfasst. DAX-Titel bleiben außen vor.

Die besten Firmen ihrer Branche: Top 5 2006 *Wirtschaftswoche*

Automobil: Überkapazitäten und asiatische Konkurrenten erzeugen einen starken Preisdruck. Kürzere Produktzyklen treiben das Innovationstempo. Die Zulieferer müssen deshalb gleichzeitig zu niedrigen Preisen anbieten und die Qualität und Fertigungstiefe erhöhen. **Siegerstrategie:** ElringKlinger konzentriert sich mit der Herstellung von Zylinderkopfdichtungen und Abschirmbauteilen auf ein starkes, international fokussiertes Kerngeschäft, treibt die Entwicklung neuer Produkte voran und reagiert flexibel auf technologische Trends.

Unternehmen	WKN	Rang/Index		Kurs in € 01.11.06	52-Wochen Hoch/Tief	KGV 2007
ElringKlinger	785 602	①	SDAX	41,50	45,70/28,30	14,6
Leoni	540 888	③	MDAX	28,86	34,34/24,62	11,5
Porsche Vz.	693 773	④		912,95	935,0/592,1	19,0
Hymer	609 670	⑤		65,00	98,50/57,00	11,8

Bau und Baustoffe: Seit über zehn Jahren dümpelte die Baubranche vor sich hin. Seit 2006 aber zeichnet sich eine gewisse Stabilisierung und Erholung ab. Attraktive Aufträge kommen aus den Wachstumsländern China, Indien, Australien und ebenso Osteuropa. **Siegerstrategie:** Bilfinger Berger koppelt sich von der deutschen Baukonjunktur durch internationale Expansion und Ausweitung der Wertschöpfung auf Dienstleistungen und Betreiberprojekte ab, nutzt geschickt Synergien und wächst auch durch Akquisitionen.

Unternehmen	WKN	Rang/Index		Kurs in € 01.11.06	52-Wochen Hoch/Tief	KGV 2007
Bilfinger Berger	590 900	①	MDAX	36,26	55,36/35,24	21,2
Hochtief	607 000	③	MDAX	51,40	59,50/32,17	36,7
HeidelbergCement	604 700	④	MDAX	105,95	106,9/62,10	21,2
Sto Vz.	727 413	⑤		27,53	28,90/20,71	9,8

Chemie, Pharma, Gesundheit: Die Nachfrage nach chemischen Produkten ist unverändert hoch, dürfte von der steigenden Lebenserwartung profitieren, doch der Kostendruck steigt mit dem Ölpreis. Dies verlangt mehr Diversifikation, um Schwankungen abzufangen. **Siegerstrategie:** Fuchs Petrolub konzentriert sich auf margenstarke Teilmärkte im Schmierstoffgeschäft, expandiert in Asien, ist wegen seines Direktvertriebs sehr erfolgreich und erzielt über zwei Drittel des Umsatzes mit Produkten, die nicht älter als fünf Jahre sind.

Unternehmen	WKN	Rang/Index		Kurs in € 01.11.06	52-Wochen Hoch/Tief	KGV 2007
Fuchs Petrolub	579 043	①	SDAX	46,57	50,32/33,00	13,7
H&R WASAG	775 700	②	SDAX	42,00	50,00/13,49	17,5
STADA	725 180	④	MDAX	36,75	41,34/26,37	21,0
Rhön-Klinikum	704 230	⑤	MDAX	33,14	40.45/28,00	17,4

Dienstleistungen: Zwar ist dies weltweit ein Wachstumsmarkt, doch die hohen Personalkosten belasten den Wirtschaftsstandort Deutschland. Wer Endkunden bedient, ist abhängig vom schwankenden Konsumklima. Wer sich auf Industrieservices konzentriert, steht im Wettbewerb mit der globalen Konkurrenz. **Siegerstrategie:** CTS Eventim baut das Internetgeschäft durch individualisierte Angebote aus, expandiert stark in Osteuropa und erhöht so seine Rentabilität als Ticketvermarkter und Konzertveranstalter. Innovative Produkte verschlanken die Geschäftsprozesse.

Unternehmen	WKN	Rang/Index		Kurs in € 01.11.06	52-Wochen Hoch/Tief	KGV 2007
CTS Eventim	547 030	①	SDAX	27,15	28,58/18,62	22,6
GFK	587 530	③	SDAX	33,69	38,50/26,80	14,7
CeWe Color	540 390	④	SDAX	34,11	45,54/26,10	25,3
Schlott Gruppe	504 630	⑤		25,75	33,51/19,19	10,7

Finanzen, Versicherungen: Das Wohlergehen der Wertpapierhandels- und Direktbanken hängt vom Börsengeschehen ab. In der Hausse wird mehr gehandelt als in der Baisse und auch die Zinspolitik beeinflusst den Geschäftserfolg. Es stellt sich die Frage, ob und wann sich die Angebote für Neukunden rechnen. **Siegerstrategie:** Vorn platzierte Finanzdienstleister müssen über genügend qualifizierte Berater verfügen, um zielgruppenorientiert die richtigen Produkte anbieten zu können. Ständige Weiterbildung ist ebenso wichtig wie ein ordentliches Grundgehalt als Baustein für eine dauerhafte Bindung zum Unternehmen.

Unternehmen	WKN	Rang/Index		Kurs in € 01.11.06	52-Wochen Hoch/Tief	KGV 2007
AWD	508 590	②	MDAX	28,40	32,32/19,99	22,0
Allianz Leben	840 300	①		625,00	675,0/515,0	17,9

Handel: Das Wachstum beträgt in dem schwierigen Markt im Schnitt nur ein bis zwei Prozent. Internationale Expansionen sind wegen unterschiedlicher Konsumgewohnheiten risikoreich. **Siegerstrategie:** Bijou Brigitte reagiert wegen kurzer Lieferzeiten rasch auf Trends. Der Modeschmuckhändler verfügt über ein leistungsfähiges Warenwirtschaftssystem und hat seine Marke so positioniert, dass Kunden jeden Alters die weltweit 873 Läden besuchen.

Unternehmen	WKN	Rang/Index		Kurs in € 01.11.06	52-Wochen Hoch/Tief	KGV 2007
Bijou Brigitte	522 950	①		163,95	256,7/142,8	15,3
Celesio	CLS 100	②	MDAX	40,57	43,15/35,47	15,0
Hawesko	604 270	④		18,80	23,02/16,05	14,7

Konsumgüter und Mode: Konsumenten stellen höhere Ansprüche, sind weniger loyal und achten auf den Preis. Handelsformate wie Discounter erfordern differenzierte Vertriebsstrategien und Produkte. Bei Textilien muss die Marke eindeutig positioniert werden. **Siegerstrategie:** Puma verfolgt mit dem „4-Phasen-Konzept" eine klare Strategie, konzentriert sich auf Design/Vermarktung ohne eigene Produktion. Die wichtigsten Funktionen sind dezentralisiert und flexibel. Weltweite Designzentren sorgen für Kundennähe.

Unternehmen	WKN	Rang/Index	Kurs in € 01.11.06	52-Wochen Hoch/Tief	KGV 2007
Puma	696 960	① MDAX	279,50	338,2/205,1	15,1
Boss Vz.	524 553	② MDAX	36,26	37,87/27,47	18,4
Gerry Weber	330 410	⑤ SDAX	16,00	20,50/13,02	13,7

Technologie, IT: Die Technologieproduktion findet zunehmend in Billiglohnländern statt. In Segmenten wie Heimcomputer ist das Wachstum gering. Hohen Zuwachs versprechen nur Nischen wie die Solartechnik. Die Telekommunikation steht unter hartem Margendruck. **Siegerstrategie:** United Internet entwickelt mithilfe einer „Internetfabrik" neue Angebote schnell und kostengünstig. Die flexible Organisation ermöglicht rasche Reaktionen auf neue Trends. Das Unternehmen profitiert wegen hoher Kundenzahl von großen Skaleneffekten.

Unternehmen	WKN	Rang/Index	Kurs in € 01.11.06	52-Wochen Hoch/Tief	KGV 2007
United Internet	508 903	① TecDAX	11,98	14,73/6,57	22,6
SolarWorld	510 840	② TecDAX	42,74	70,85/27,00	23,1
Funkwerk	575 314	③	14,64	29,50/12,96	19,5
Bechtle	515 870	⑤ TecDAX	17,07	22,30/13,87	12,4

Transport und Logistik: Die Anforderungen steigen durch Internationalisierung der Warenströme und Outsourcing. Das Bedürfnis nach maßgeschneiderten Lösungen wächst.

Unternehmen	WKN	Rang/Index		Kurs in € 01.11.06	52-Wochen Hoch/Tief	KGV 2007
Eurokai	570 653	②		27,11	36,90/14,95	13,9
Fraport	577 330	④	MDAX	53,86	67,09/40,80	25,1

Maschinenbau, Stahl: Während der europäische Markt stagniert, boomt er in Asien und den USA. Wegen der Konkurrenz sind Kosten zu senken und Produkte zu differenzieren. **Siegerstrategie:** Salzgitter profitiert vom Stahlboom. Durch die moderne Produktion und ein effizientes Energiemanagement hat der Nischenanbieter eine wettbewerbsfähige Kostenbasis. Die dezentrale Struktur ermöglicht schnelle Entscheidungen.

Unternehmen	WKN	Rang/Index		Kurs in € 01.11.06	52-Wochen Hoch/Tief	KGV 2007
Salzgitter	620 200	①	MDAX	83,66	87,80/35,74	12,0
Einhell	565 493	②		53,35	54,50/37,15	11,5
Drägerwerk	555 063	③	TecDAX	48,28	58,55/43,81	13,6
Böwe Systec	523 970	④		47,50	58,67/40,92	12,5

Die Statistik „Die Besten der Branche" richtig interpretieren

Vielleicht fragen Sie sich beim Studium der vorstehenden Listen: „Was ist mit den Dickschiffen im DAX los, wenn in den Top 5 mit 50 Branchensiegern nur acht DAX-Werte, nämlich Adidas, Allianz, Altana, Continental, Dt. Post, Lufthansa, Metro und SAP, vertreten sind?" Zur Ehrenrettung der DAX-Konzerne ist anzuführen, dass der deutsche Leitindex lediglich 30 Werte enthält und damit gut ein Viertel zu den Siegern zählt. Allein im MDAX, TecDAX und SDAX sind jedoch 130 Titel vertreten, darunter 23 Werte in der Siegerliste, also knapp ein Fünftel. Dies ist ein erstklassiges Ergebnis und keine Demütigung für den DAX.

In welchen Statistiken lassen sonst noch Nebenwerte aufhorchen?

Vielleicht interessiert Sie die Liquidität deutscher Aktien. Im August 2006 wurden im Vorjahresvergleich 17 Prozent mehr Aktien gehandelt – kein Wunder, entwickelte sich doch der August 2006 entgegen einer negativen Performance auf Langzeitsicht freundlich. Im August wurden an deutschen Börsen 128,3 Milliarden Euro umgesetzt und zwar 121,4 Milliarden Euro in deutsche, 6,9 Milliarden Euro in ausländische Titel. Die liquidesten Aktien im DAX waren die Allianz und die Deutsche Postbank (damals noch MDAX), im MDAX der Pharmakonzern Merck, im TecDAX der Photovoltaiktitel Solarworld und im SDAX der Anbieter von Online-Glückspielen Fluxx. Hier gab es Höhenflüge und Tiefschläge in bester Roulette-Manier.

DAXglobal – interessante Zusammensetzung des ersten sektorbasierten globalen Index für alternative Energien

Unter den internationalen 15 Aktien, die dieser neue Index für regenerative Energien enthält, sind auch zwei deutsche Nebenwerte vertreten, das Photovoltaikunternehmen Solarworld aus dem TecDAX mit einer Gewichtung von 7,15 Prozent und das früher im Nemax 50 gelistete Windkraftunternehmen Repower Systems mit einem Anteil von knapp 0,93 Prozent. Der DAXglobal Alternative Energy Index bildet die Performance der weltweit 15 größten Gesellschaften im Bereich alternativer Energien ab. Vertreten sind nur solche Energieträger, die künftig die traditionellen fossilen Brennstoffe Öl und Kohle ersetzen sollen. Unternehmen, die vorwiegend der Nuklearenergie zugeordnet sind, bleiben unberücksichtigt.

DAXglobal Alternative Energy: Übersicht über Energieträger	
Sektor	**Beschreibung**
Bioethanol	Herstellung aus landwirtschaftlich angebauten Pflanzen wie Zucker, Raps, Mais
Geothermal	Nutzung der von der Erdkruste als Dampf oder Heißwasser abgegebenen Energie
Naturalgas	Ein umweltfreundlicher Energieträger aus Gemischen verschiedener Gase
Solarstrom	Sonnenstrahlung als treibende Kraft zur Elektrizitäts-/Warmwassererzeugung
Windkraft	In Windenergieanlagen Umwandlung der kinetischen Energie in Elektrizität

6.6 Stock-Picking auch bei Nebenwertefonds unverzichtbar

So mancher Börsianer beschränkt sich bei Einzelaktien auf die großen Titel im DAX und deckt andere Sektoren und Märkte lieber über Fonds, Indexzertifikate und Exchange Traded Funds (ETF) ab. Der Grund für eine solche Strategie können zu geringes Fachwissen, Zeitmangel, eine nicht ausreichende Kapitaldecke, Wunsch nach Diversifikation und damit verbundene Risikominderung, aber ebenso Bequemlichkeit sein.

Auch hier hängt der Erfolg von gekonntem Stock-Picking und gutem Timing ab. Wie die Auflistungen auf den folgenden Seiten zeigen, ist die Schwankungsfreudigkeit (Volatilität) bei den nationalen und internationalen Nebenwertefonds überraschenderweise kaum weniger ausgeprägt, als wenn Sie in substanzstarke Einzeltitel investieren. Hinzu kommt die Kostensituation. Vielleicht berechnet Ihnen Ihre Depotbank statt des üblichen fünfprozentigen Ausgabeaufschlags nur einen geringen Spread, die Differenz zwischen Kauf- und Verkaufskurs. Aber die alljährlich anfallende Verwaltungs- bzw. Erfolgsgebühr wird immer fällig und möglicherweise wird die Dividende einbehalten. Erfolgsgebühren werden nicht nur bei positivem Ergebnis berechnet. Es genügt schon, besser als die Benchmark, der herangezogene Vergleichsindex, zu sein.

Internationale Nebenwertefondsbilanz 1. Halbjahr 2006				
Anlageschwerpunkt	Erfolgreichster Fonds	ISIN	1. Halbjahr 06 Spitze/Schnitt	1 Jahr 05/06 Spitze/Schnitt
Europäische Nebenwerte	Oyster - European Small Cap	LU0178554332	20,90 %/9,09 %	41,57 %/24,03 %
Euroland-Nebenwerte	HSBC GIF-Euroland Eq. Small Cos.	LU0165073775	14,06 %/8,91 %	30,05 %/22,59 %
Deutsche Nebenwerte	Deutsche Aktien Total Return	LU0216092006	17,67 %/8,25 %	41,62 %/22,03 %
Aktien Emerging Markets	Dit-Bric Stars	LU0224575943	14,00 %/0,85 %	–/27,42 %
Internationale Nebenwerte	FalkenFonds Cash & Value	LU0173387225	7,00 %/-1,93 %	22,46 %/11,66 %
US-Nebenwerte	F&CUS Small Cap	LU0153358154	6,07 %/-3.96 %	14,44 %/5,76 %
Japanische Nebenwerte	Martin Curie GF-Japan Mid-Cap Fd.	LU0185060505	-9,75 %/-17,73 %	24,73 %/13,37 %
Quelle: *Handelsblatt*, Nr. 138, 20. Juli 2006, S. 27				

Volatilität auch bei einigen Nebenwertefonds groß

Zahlreiche Nebenwertefonds berücksichtigen nicht nur die Aktien von Unternehmen aus klassischen Branchen, also aus dem MDAX und SDAX. Um eine überdurchschnittliche Performance zu erzielen, nehmen etliche Fondsmanager auch Aktien der erneuerbaren Energien und aussichtsreiche Titel der Biotech-, Internet- und Hightechbranche vom TecDAX in ihr Portfolio auf. Folglich bleiben nicht nur zahlreiche Einzelaktien, sondern ebenso die meisten Nebenwertefonds von Kursturbulenzen nicht verschont. Dies betrifft sowohl die Branchenrotation als auch scharfe Korrekturphasen. Fazit: Im laufenden Jahr 2006 schlugen immerhin fünf Nebenwertefonds den Vergleichsindex MDAX. Das sind von 20 Fonds ungefähr 25 Prozent. Im 3-Jahres-Vergleich gelang dies nur zwei Fondsmanagern, also lediglich jedem Zehnten. Im Durchschnitt waren die Fonds im Jahres- wie im 3-Jahres-Vergleich

Deutsche Nebenwertefonds: Performance August 2005 bis 2006				
Rang	Fondsname	ISIN	Performance p. a. 1 Jahr	3 Jahre
1	Deutsche Aktien Total Return	LU0 216 092 006	34,02 %	–
2	Adig Adiselekt	DE000 976 956 2	28,19 %	29,72 %
3	Hansasecur	DE000 847 902 3	22,29 %	22,32 %
4	UBS(D) Equity Fd.-Sm. Caps Germany	DE000 975 165 1	21,30 %	26,58 %
5	Activest Deutschland Potential	DE000 975 236 0	20,82 %	23,27 %
6	MDAX®-EX	DE000 593 392 3	20,06 %	25,50 %
7	Dit-Nebenwerte Deutschland A	DE000 848 176 3	19,30 %	24,25 %
8	Lupus alpha Sm. German Champions A	LU0 129 233 093	17,56 %	24,14 %
9	BWI-Aktien-Strategie Small & Mid Caps	DE000 531 800 0	17,12 %	19,92 %
10	Acatis Ch.Sel.-Ac. Aktien Deutschl. ELM	LU0 158 903 558	16,32 %	20,59 %
	Durchschnitt aller Fonds		16,76 %	21,73 %
	Vergleichsindex (Benchmark) MDAX		20,78 %	26,19 %

Quelle: *Handelsblatt* Nr. 182, 20. September 2006, S. 34

gegenüber der Benchmark weit abgeschlagen. Nachdem bei Fonds neben dem möglichen Ausgabeaufschlag von bis zu fünf Prozent auch noch Verwaltungs- bzw. Erfolgsgebühren anfallen, kann es für den fachlich kompetenten, entschlussfreudigen und disziplinierten Privatanleger reizvoll sein, ein eigenständiges Stock-Picking mit Small und Mid Caps zu wagen. Um hier praktikable Hilfen anzubieten, schreibe ich dieses Buch.

6.7 Der Neuemissionsmarkt – ideal für Stock-Picking

Zu den Zeiten des Neuen Marktes auf dem Höhepunkt des Börsenbooms 1999 und noch Anfang des Milleniumjahres 2000 versprach das Zeichnen von Neuemissionen Wohlstand ohne Arbeit. So war es gar nicht verwunderlich, dass die Anleger etliche

Aktiendepots einrichteten, um die Zuteilungschancen zu erhöhen. Vom Neugeborenen bis zum Greis war fast jedermann mit einem Depotbankkonto ausgestattet. Und da die Chance besonders hoch war, wenn die Depotbank zum Konsortium zählte, wurden zusätzliche Depots bei den marktführenden Geschäftsbanken eingerichtet.

In der Tat war das Zuteilungsgeschäft lukrativ. Kursgewinne im dreistelligen Bereich bildeten bei der Erstnotiz nicht die Ausnahme, eher die Regel. Von der kleinsten Garagenfirma bis zum substanzstarken, seriösen Unternehmen wurde quasi alles zum IPO zugelassen – zum hohen Preisniveau. Das entbehrte nicht einer gewissen Logik, bestimmen doch Nachfrage und Angebot den Preis. Die lukrative Zulassungswelt konnte nicht für alle Zeiten fortbestehen. Das böse Erwachen kam im Zuge des dreijährigen Börsencrashs. Die Kursgewinne schmolzen. Die Verluste nahmen bedrohliche Ausmaße an – am Neuen Markt eine Kapitalvernichtung von über 95 Prozent. Die Jahre 1998 bis 2000 waren von IPO-Exzessen geprägt. Als Folge des Crashszenarios gab es 2001 nur noch elf, 2002 eine einzige, 2003 keine, 2004 wieder eine Handvoll Neuemissionen. 2005 war die Durststrecke mit 22 Börsengängen beendet. 2006 hat sich die IPO-Quote mehr als verdoppelt.

Dazu schreibt der CEO der Baader Bank und Vositzender des Börsenrats der Börse München:

„Für bestimmte sprunghafte Investitionen, extrem wachstumsintensive Geschäfte, junge Hochtechnologie-Unternehmen, Biotechfirmen, kurz: Für alle Unternehmen, die ihrer Struktur nach auf der Überholspur oder auch als Pioniere in völlig neuen Branchen unterwegs sind, für Unternehmen, deren geplante Zukunft viel größer ist als ihre Vergangenheit, für diese Unternehmer ist die Börse eine einmalige Chance!"

Gewöhnlich wird der Börsengang mit einer Emissionsbank, bei einem größeren IPO mit einem Bankenkonsortium geplant, vorbereitet und durchgeführt. Warum wollen Unternehmen überhaupt an die Börse, kostet dies doch Gebühren, Aufgabe einer gewissen Freiheit, das Erfüllen von Auflagen und Verpflichtungen? Die hauptsächlichen Beweggründe sind, sich Eigenkapital zu beschaffen, um neue Geschäftsfelder zu erschließen, die eigene Marke aufzubauen, die Marktposition zu festigen, an Bekanntheit zu gewinnen, Akquisitionen zu tätigen und das eigene Wachstum voranzutreiben. Zudem wollen sich die Altaktionäre die Taschen füllen – mitunter freilich ohne jegliches Augenmaß.

Die Bilanz der Börsen-Neulinge

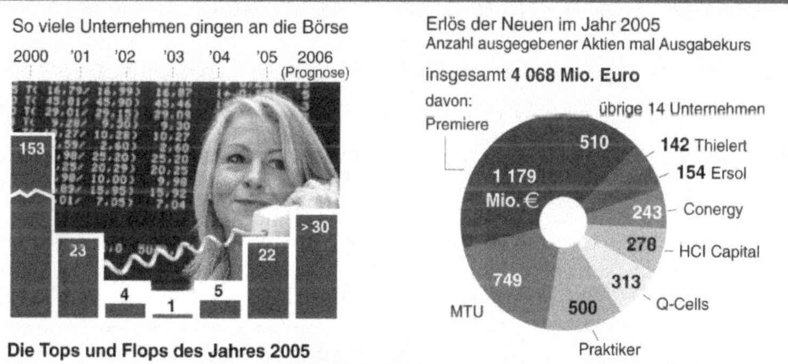

Die Tops und Flops des Jahres 2005

Unternehmen *(Branche)*	Ausgabekurs	Kurs am 30.12.05*	Veränderung gegenüber Ausgabekurs in %
Interhyp *(Online-Baufinanzierung)*	42,00€	76,00€	+81,0
Plan Optik *(Mikrosystemtechnik)*	20,00	31,30	56,5
Conergy *(Solarenergie)*	54,00	80,90	49,8
Ifa Systems *(IT-Dienstleistung)*	30,50	41,70	36,7
Q-Cells *(Solarenergie)*	38,00	49,25	29,6
Design Bau *(Immobilien)*	20,00	25,70	28,5
MTU Aero Engines *(Maschinenbau)*	21,00	26,28	25,1
Thielert *(Maschinenbau)*	13,50	15,35	13,7
Net Mobile *(Telekommunikation)*	8,50	9,52	12,0
Jerini *(Biotechnologie)*	3,20	3,45	7,8
Frimag *(Immobilien)*	6,60	7,10	7,6
Praktiker *(Handel)*	14,50	15,25	5,2
Ersol Solar Energy *(Solarenergie)*	42,00	43,50	3,6
Eutex *(Telekommunikation)*	10,20	10,26	0,6
Paion *(Biotechnologie)*	8,00	7,89	-1,4
Tipp24 *(Online-Glücksspiel)*	20,50	20,00	-2,4
Lloyd Fonds *(Finanzdienstleistung)*	16,00	15,56	-2,8
Finanzhaus Rothmann *(Finanzdienstl.)*	1,55	1,49	-3,9
VIB Vermögen *(Immobilien)*	6,00	5,60	-6,7
Sunline *(Solarenergie)*	5,30	4,71	-11,1
HCI Capital *(Finanzdienstleistung)*	20,50	16,89	-17,6
Premiere *(Bezahlfernsehen)*	28,00	14,80	-47,1

Quelle: Deutsche Börse, Ernst & Young, eigene Recherchen *Xetra-Schlusskurs in Euro © Globus 0397

Wie sah die Bilanz der Börsenneulinge im Jahr 2005 aus?

Wie die Grafik auf Seite 127 zeigt, gab es 2005 viel Licht, aber auch Schatten. Wer Interhyp, Plan Optik, Conergy, Ifa Systems oder Q-Cells zeichnete oder sich mit Geduld und gutem Timing diese fünf Werte ins Depot legte, verbuchte Kursgewinne zwischen rund 30 und 80 Prozent. Wer dagegen auf HCI Capital und Premiere setzte, verlor zeitweilig 30 Prozent und mehr.

Welche Fragen drängen sich Privatanlegern vor der Zeichnung auf?

Das A und O ist eine gründliche, objektive Information mit folgenden Details: Wer bietet die Aktien an? Wer begleitet das IPO? Fließt der Großteil des Erlöses aus der Kapitalerhöhung dem Unternehmen direkt zu oder geht es vorrangig darum, die Interessen der Altaktionäre zu befriedigen? Für welche Zeit ist die Lock-up-Frist (Haltefrist) angesetzt? Je länger sich die Altaktionäre verpflichten, ihre Aktien aus dem Börsengang zu halten, umso besser für das Vertrauen.

Wie hoch ist der Bewertungsabschlag gegenüber einem vergleichbaren Unternehmen aus der Branche? Nur bei einer fairen Bewertung eröffnet sich künftiges Kurspotenzial. Wie sehen die fundamentalen Kennziffern aus? Wie ist es um die Kapitalmarktfähigkeit bestellt? Wie überzeugend sind das Geschäftsmodell, die Alleinstellungsmerkmale, Einstiegsbarrieren, die Marke, das Marketing (PR) und

Zehn IPO-Kriterien:

Aktienangebot
Bewertung
Fundamentalanalyse
Kapitalmarktfähigkeit
Lock-up-Fristen
Management
Marktposition
Operatives Geschäft
Umsatz und Gewinn
Wachstumschancen

die Öffentlichkeitsarbeit des Unternehmens? Wie sind die Wachstumschancen, die Umsatz- und Gewinnentwicklung sowie die Marktposition einzuschätzen?

Welchen Eindruck hinterlässt das Management? Spitzenleistungen statt vollmundiger Anpreisungen? Ein zukunftsträchtiges Kerngeschäft? Akquisitionen nur mit Augenmaß? Schwarze Zahlen statt Wachstum um jeden Preis? Und eine fair erscheinende Bookbuilding-Spanne als Grundlage für ein glatt verlaufendes IPO?

Vorbörsliche Kurse als Orientierungshilfe

Auch wenn Sie zu den Privatanlegern zählen, die Aktien bei einer Neuemission nicht außerbörslich erwerben wollen, tun Sie gut daran, sich nach Veröffentlichung der Bookbuildingspanne bei einem Brokerhaus zu informieren, was derzeit die Aktien kosten.

Liegt im vorbörslichen Handel der Aktienkurs deutlich über dem oberen Ende der Handelsspanne, spricht dies für einen erfolgreichen Börsengang. Sie dürfen mit einer starken Überzeichnung rechnen wie dies bei dem im TecDAX gelisteten Solarstromunternehmen Conergy zutraf (14fach) und zugleich auf einen ordentlichen

Seit 2005/2006: Immer mehr Firmen wagen sich aufs Parkett

2006 gingen mit bislang mehr als 50 IPOs so viele AGs an die Börse wie noch nie nach dem Boomjahr 2000. Neben einigen großen IPOs im Prime Standard trugen dazu vor allem die zahlreichen kleineren Emissionen im Entry Standard bei. Dazu meint Pierre Drach, Geschäftsführer von Independent Research:

„Die Qualität der Börsenkandidaten ist vergleichsweise hoch."

Allerdings sind die Börsianer vorsichtiger geworden: *„Es fällt einem Investor in unsicheren Zeiten schwer, Blue Chips wie Allianz oder Linde zu verkaufen, um Platz für eine neue Aktie zu schaffen"*, sagt Hermann Prelle, Investmentbanker der Schweizer UBS in Frankfurt.

Zeichnungsgewinn vertrauen. In einem solchen Fall ist es allerdings unsinnig, beim Zeichnen ein Limit zu setzen. Sonst ist die Aussicht, eine bestimmte Aktienzahl zugeteilt zu bekommen, gleich null.

Beim vorbörslichen Handel wird Ihnen dagegen ein bestimmter Kaufkurs angeboten. Wenn Sie dieses Risiko nicht eingehen wollen und Sie bei der Zeichnung kein Glück haben, dann sollten Sie in den nächsten Tagen und Wochen die Kursentwicklung der entsprechenden Aktie aufmerksam verfolgen. Können Sie eine Kursschwäche verzeichnen, sollten Sie beherzt zugreifen. Den allzu gierigen Einstieg unmittelbar nach der Erstnotiz hat schon so mancher Börsianer bitter bereut.

Das Branchen-Spektrum ist breit gestreut: Immobilienunternehmen, IT- und Finanzdienstleister, Biotech- und Nanotechnologiefirmen sowie Spezialisten für erneuerbare Energien sind vertreten, aber auch einige Vertreter der „Old Economy".

Auswahlliste Neuemissionen Ende 2005/2006

Aktie/Segment	Branche	WKN	Kurs 01.11.06	52-Wochen-Hoch/Tief	Kursent-wickl. 06	KGV 2007	Div. 2007 geschätzt
10Tacle Stud. General Standard	Computerspiele	TAC L10	11,00 €	11,78/10,30	-6,38 %	16,9	–
Air Berlin Prime Standard	Billigfluglinie	128 C02	15,06 €	17,78/10,30	+25,5 %	13,7	–
Aleo Solar Prime Standard	Solarmodulhersteller	A0J M63	8,09 €	13,50/6,48	-40,7 %	10,1	–
Aragon Entry Standard	Finanzdienstleister	A0B 9N3	16,60 €	21,60/9,50	+46,8 %	18,0	–
Artec Tech. Entry Standard	Videoüberwachung	520 958	9,00 €	9,00/3,80	+80,0 %	17,0	–
Bauer SDAX	Bauindustrie	516 810	24,60 €	25,30/16,45	41,46 %	15,4	0,60 € 2,0 %

Auswahlliste Neuemissionen Ende 2005/2006							
Aktie/Segment	Branche	WKN	Kurs 01.11.06	52-Wochen-Hoch/Tief	Kursent-wickl. 06	KGV 2007	Div. 2007 geschätzt
Bavaria Industrie Entry Standard	Industriebeteilig.	260 555	46,00 €	49,30/26,30	+76,9 %	5,8	3,00 € 6,5 %
BDI-Biodiesel Prime Standard	Biokraftstoff	A0L AXT	53,79 €	58,50/50,70	-7,26 %	14,5	–
Bio-Gate Entry Standard	Nanotechnologie	BGA G99	9,35 €	40,10/9,00	-55,5 %	11,7	–
C.A.T. Oil Prime Standard	Ölexploration	80J KWU	17,26 €	21,92/13,05	-9,96 %	18,8	–
CropEnergies Prime Standard	Ethanol	A0L AUP	7,87 €	8,14/6,24	-1,63 %	28,1	–
Demag Cranes Prime Standard	Baukräne	DCA G01	28,35 €	29,51/21,65	+28,9 %	14,2	0,00 € 2,8 %
Delticom Prime Standard	Online-Reifenhandel	514 680	39,10	41,00/36,30	+0,7 %	30,1	1,10 € 2,8 %
Dresdner Fac. General Standard	Full-Service-Factoring	DFA G99	8,55 €	11,90/7,56	k.A.	k.A.	–
Driver & Bengsch Entry Standard	Finanzdienstleister	ADC B88	4,99 €	5,00/2,50	+150 %	26,3	0,10 € 2,0 %
Ecotel Entry Standard	Telekommunikation	585 434	13,85 €	17,80/11,74	-18,5 %	14,6	–
Endor Entry Standard	Steuerungssysteme	549 166	4,50 €	8,80/2,90	-40,0 %	22,5	–
EquityStory Entry Standard	Online-Investor Relations	549 416	11,73 €	15,50/11,01	-23,3 %	16,3	–
Fin. Rothmann General Standard	Finanzdienstleister	RTM 444	0,56 €	1,95/0,51	-62,4 %	neg.	–
Gagfah Prime Standard	Immobilien	A0L BDT	19,95 €	23,70/20,60	+19,0 %	22,6	0,17 € 0,8 %
Geneart	Gentechnik	A0J J4L	29,50 €	30,00/26,09	+9,26 %	49,2	–

Auswahlliste Neuemissionen Ende 2005/2006							
Aktie/Segment	Branche	WKN	Kurs 01.11.06	52-Wochen-Hoch/Tief	Kursent-wickl. 06	KGV 2007	Div. 2007 geschätzt
Entry Standard							
GWB Immob.	Immobilien	A0J KHG	12,61 €	12,99/9,85	+ 0,88 %	14,0	–
Prime Standard							
Impreglon	Oberflächentech.	A0B LCV	8,52 €	9,90/5,30	+31,1 %	19,4	0,30 €
Entry Standard							3,5 %
ItN Nanovation	Nanotechnologie	A0J L46	23,50 €	29,00/21,23	+17,5 %	336	–
Prime Standard							
KlickTel	Onlineauskunft	A0J J3E	4,25 €	16,10/3,69	-71,7 %	neg.	–
Entry Standard							
Klöckner & Co	Stahlhandel	KC0 100	27,67 €	27,85/13,87	+72,9 %	9,2	0,75 €
Prime Standard							2,7 %
Magix	Software	722 078	9,76 €	16,44/6,80	-40,5 %	15,7	–
Entry Standard							
MBB Industries	Beteiligungen	A0E TBQ	8,85 €	11,65/6,85	-6,84 %	10,4	0,20 €
Entry Standard							2,3 %
OVB Holding	Finanzdienstleister	628 656	24,56 €	25,10/21,10	+17,0 %	15,4	0,90 €
Prime Standard							3,7 %
Patrizia Immob.	Wohnimmobilien	PAT 1AG	19,20 €	26,47/18,00	-17,6 %	16,0	0,20 €
Prime Standard							1,0 %
Primag	Beteiligungen	587 032	4,05 €	5,00/3,80	-19,0 %	6,8	0,30 €
Entry Standard							7,4 %
Primion Tech.	Zutrittskontrolle	511 700	8,30 €	14,89/6,84	-42,8 %	11,9	0,35 €
Prime Standard							4,1 %
Roth & Rau	Solarstrom-	A0J CZ5	33,22 €	45,10/26,67	-21,8 %	–	–
Entry Standard	maschinen						
Schmack Biogas	Biokraftstoffe	SBG S11	34,60 €	44,60/31,30	+11,6 %	20,4	–
Prime Standard							
Verbio	Biokraftstoffe	A0J L9W	14,85 €	16,30/14,83	-1,53 %	14,9	–
Prime Standard							

Auswahlliste Neuemissionen Ende 2005/2006							
Aktie/Segment	Branche	WKN	Kurs 01.11.06	52-Wochen-Hoch/Tief	Kursent-wickl. 06	KGV 2007	Div. 2007 geschätzt
Viscom Entry Standard	Elektronische Bauelemente	784 686	13,40 €	20,50/12,09	-27,6 %	10,7	0,60 € 4,5 %
Wacker Chemie Prime Standard	Chemische Indust. Silizium	WCH 888	92,41 €	127,4/74,31	-4,67 %	18,6	1,45 € 1,6 %

6.8 Insiderkäufe und -verkäufe wachsam verfolgen!

Zu den hauptsächlichen Kriterien für erfolgreiches Stock-Picking zählen neben dem richtigen Kauf- und Verkaufszeitpunkt auch die objektive Einschätzung des eigenen Risikoprofils, Beachtung fundamental wichtiger Kennzahlen wie KGV, Buchwert, Cashflow, Ergebnis pro Aktie, Blick auf die Charttechnik und Insidergeschäfte.

Dies alles spielt auf der Suche nach dem heiligen Gral, dem Traum vom hohen Kursgewinn, eine Rolle. Bauchgefühl, irrationale Motive, Herdentrieb und blindes Befolgen von Gurutipps gehören besser nicht dazu. Was haben Insidergeschäfte, also die Transaktionen von Vorständen, Aufsichtsräten und deren Familien mit der künftigen Kursentwicklung zu tun? Die Führungsspitze kann sicherlich besser als ein Analyst einschätzen, wie es um die eigene Firma steht. Warum sollte jemand einen größeren Posten der Aktien seiner AG verkaufen, wenn steigende Marktanteile, mehr Umsatz und Gewinn zu erwarten sind? Warum sollte das Management eigene Aktien erwerben, wenn das Unternehmen in eine Krise schlittert und eine Gewinnwarnung bevorsteht? Internetprovider wie Yahoo, verschiedene Finanzdienstleister und die Wirtschaftspresse bieten aktuelle Informationen über Insidergeschäfte und liefern nicht zu unterschätzende Argumente für eine Kauf- oder Verkaufsentscheidung. Je nachdem, ob Insidertransaktionen insgesamt zu- oder abnehmen, ziehen Experten daraus Rückschlüsse für die künftige Börsenentwicklung.

„Kaufen bei Angst – verkaufen bei Hoffnung!"

Viele Manager lebten dieses mutige Handeln im Vertrauen auf die eigene Unternehmensentwicklung in der scharfen Korrekturphase von Mai bis Juli 2006 vor.

Als Privatanleger können Sie heutzutage zwar die Berichterstattungen von Analysten-, Bilanzpresse- und Investorkonferenzen nutzen, die Adhoc-Meldungen lesen und bei Interesse alle verfügbaren Daten einsehen. Doch die alltägliche Arbeit im Unternehmen selbst bietet der Führungsspitze immer noch gewisse Interpretationsspielräume. Das Topmanagement kennt am besten die mittel- bis langfristigen Wachstumsperspektiven. Während sich viele Anleger während der scharfen Korrekturphase von Mitte Mai bis Juli 2006 ängstlich von ihren Aktien trennten bzw. die ausgelösten Stop-Loss-Orders ihre Depots leer fegten, kauften Deutschlands Vorstände und Aufsichtsräte eigene Aktien in einem Ausmaß wie seit drei Jahren nicht mehr. Sie ließen sich vom Nahostkonflikt, steigenden Rohölpreisen, einer abschwächenden Konjunktur und drohenden Zinserhöhungen nicht beirren, sondern vertrauten auf die positive Entwicklung ihres Unternehmens. Die Insider untermauerten mit ihren Kaufentscheidungen den strategischen Ansatz für couragierte Anleger: „Kaufen bei Angst – verkaufen bei Hoffnung!" Meistens liegen sie damit richtig.

Nebenwerte-Insidergeschäfte von Juli bis Oktober 2006

Unternehmen	Branche	WKN	Index	Kauftag	Umfang €
Pfleiderer	Bauindustrie	676 474	MDAX	04.07.2006	+49.365
Schlott	Druckerei	504 630	SDAX	07.07.2006	+397.340
Solon	Umwelt/Solar	747 119	TecDAX	10.07.2006	+947.130
Bilfinger Berger	Bauindustrie	590 900	MDAX	14.07.2006	+200.000
Solon	Umwelt/Solar	747 119	TecDAX	03.08.2006	+918.900
Schlott	Druckerei	504 630	SDAX	07.08.2006	+139.657

Nebenwerte-Insidergeschäfte von Juli bis Oktober 2006

Unternehmen	Branche	WKN	Index	Kauftag	Umfang €
HCI Capital	Banken/Finanzdienstleist.	A0D9Y9	SDAX	11.08.2006	+130.340
Escada	Bekleidung/Textil	569 210	SDAX	15.08.2006	+496.850
Gea	Spezial-/Maschinenbau	660 200	MDAX	21.08.2006	+125.400
Krones	Spezial-/Maschinenbau	633 500	MDAX	29.08.2006	+143.921
MPC Capital	Banken/Finanzdienstleist.	518 760	SDAX	29.08.2006	+373.533
Schlott	Druckerei	504 630	SDAX	30.08.2006	+762.930
EM.TV	Medien	914 720	SDAX	31.08.2006	+52.725
Schlott	Druckerei	504 630	SDAX	12.09.2006	+419.800
Thielert	Automobil/Flugzeugbau	605 207	SDAX	17.10.2006	+48.465
Cash.Life	Banken/Finanzdienstleist.	500 910	SDAX	20.10.2006	+367.000
ISD Scheer	IT-Dienstleister	625 700	TecDAX	30.10.2006	+1.000.000
Aktie, Firma	**Branche**	**WKN**	**Index**	**Verkaufstag**	**Umfang €**
GrenkeLeasing	Handel/Distribution	586 590	SDAX	13.07.2006	-4.734.434
Kontron	Technologie	605 395	TecDAX	07.08.2006	-6.750.000
STADA	Pharma	725 180	MDAX	14.08.2006	-74.280
Ersol Sol. Energy	Umwelt/Solar	662 753	TecDAX	28.08.2006	-425.145
GfK	Dienstleistungen	587 530	SDAX	28.08.2006	-330.000
Fresenius	Holding/Beteiligungen	578 563	MDAX	28.08.2006	-129.150
Cash.Life	Banken/Finanzdienstleist.	500 910	SDAX	01.09.2006	-155.579
Wacker Chemie	Chemische Industrie	WCH888	MDAX	04.09.2006	-142.851
C.A.T. Oil	Ölexploration	A0JKWU	SDAX	11.10.2006	-270.500
Ersol Sol. Energy	Umwelt/Solar	662 753	TecDAX	11.10.2006	-200.460
Loewe	Elektroindustrie	649 410	SDAX	13.10.2006	-97.792

Quelle: *Handelsblatt*, Nr. 140/160/170/180/209/219

Hinzu kamen im Oktober 2006 noch einige großvolumige Verkäufe der Führungsspitzen von MTU Aero Engines und Techem aus dem MDAX,

Fifam-Experte Olaf Stotz geht davon aus, dass die Firmeninsider über ein besseres Verständnis für die faire Bewertung ihres Unternehmens verfügen als der Kapialmarkt:

„Gerade deshalb haben sie nach dem Kurssturz im Mai und Juni 2006 besonders zugegriffen."

Seit 2002 sind solche Deals der Bundesanstalt für Finanzdienstleistungsaufsicht (BaFin) binnen vier Handelstagen zu melden.

Wirecard aus dem TecDAX sowie Klöckner & Co und Highlight aus dem SDAX.

Das *Handelsblatt* veröffentlicht in Zusammenarbeit mit dem Forschungsinstitut für Asset Management Fifam an der RWTH Aachen und Commerzbank Private Banking alle 14 Tage ein Insiderbarometer. Zwischen Ende Juli und Anfang August 2006 fielen auf 38 Kauftransaktionen deutscher Manager lediglich 18 Verkäufe. Aktienoptionsprogramme blieben dabei unberücksichtigt. Der neutrale Bereich, in dem sich Käufe und Verkäufe etwa die Waage halten, liegt bei 100 Punkten. Ab einem Punktestand von 110 erzielen diejenigen Investoren, die in diese Aktien einsteigen, laut Statistik Überrenditen bis zu vier Prozent gegenüber dem langfristigen Durchschnitt.

Bis Anfang September 2006 erhöhte sich der Punktestand auf beachtliche 146 Punkte. Um den zu erwartenden Kursanstieg nicht zu verpassen, sollte sich ein Anleger nach den Berechnungen führender Experten allerdings nicht mehr als 25 Tage für seine Kauforder Zeit lassen.

Am treffsichersten agierte die auf Chemie-Rohstoffe spezialisierte „H & W Wasag"-Gruppe (SDAX). Dort kauften die Insider Ende Juni 2006 lebhaft zu. Binnen weniger Monate hatte sich der Kurs verdoppelt. Aber auch die anderen Manager lagen mit ihren Investments großteils im Plus, etliche Vorstände und Aufsichtsräte im zweistelligen Prozentbereich. Während in den Sommermonaten 2006 die Käufe noch zunahmen und die Führungsspitze die niedrigeren Kaufkurse auch wegen der von Mai bis Juli dauernden scharfen Korrektur nutzte, ließen im Oktober die Käufe spürbar nach. Sowohl in Deutschland als auch in den USA tendierten die entsprechenden Statistiken deutlich unter dem Niveau, das sie im Juli, August und im September erreichten. Das von der Fifam entwickelte Insiderbarometer zeigte im September noch 150 Punkte, im Oktober lediglich 130 Punkte an. Solange das Barometer über 110 Punkten liegt, stehen die Signale zwar noch auf „Kaufen", aber Anzahl und Volumen verringern sich. Im Oktober 2006 standen bei den Nebenwerten unter Zugrundlegung der Daten des *Handelsblattes* drei größeren Käufen acht Verkaufsorders gegenüber.

Diese Reaktionen lassen folgende Interpretationen zu: Wegen des bereits stark angestiegenen Kursniveaus erscheint es unattraktiv, den eigenen Aktienbestand weiter aufzustocken oder dic Insider glauben generell nicht mehr an eine Fortsetzung des positiven Börsenklimas. Nachdem die vorstehende Liste nur Nebenwertetransaktionen erhält, taugt sie nicht dazu, die Fifam-Berechnungen zu erhärten.

6.9 Mit Mantelspekulationen auf der Suche nach dem heiligen Gral

Die unfehlbare Strategie, das treffsichere Konzept, das dem Privatanleger nur reichliche Gewinne beschert und die Fallstricke und Untiefen der Börse mit ihren möglichen Verlusten ausklammert, ist bis heute ein Mythos. So tummeln sich zahlreiche Finanzgurus auf dem Börsenparkett und preisen ihre selbst entwickelte „1.000-Prozent-Gewinnstrategie" an. Unerfahrene Börsenneulinge, denen oft die einfachsten Grundkenntnisse fehlen und die enorme wirtschaftliche Wissensdefizite bis hin zum „finanziellen Analphabetismus" aufweisen, sind die bevorzugte Klientel. Doch das vermeintliche Eldorado entwickelt sich schnell zum Albtraum. Und gerade die als extrem lukrativ angeworbene Strategie mit bislang leblosen

Börsenmänteln erweist sich längst nicht immer als die von den Zeiten des Neuen Marktes hinlänglich bekannte Gelddruckmaschine. Gelegentlich funktioniert es. Häufig aber erweisen sich Mantelspekulationen als Kapitalvernichtungsmaschinerie, beeinflussen hier doch in ausgeprägtem Maße Börsenpsychologie und Herdentrieb das Marktgeschehen. Die Mantelspekulation – oft im Schlepptau von Euphorie und Gier sowie Angst und Panik – ist nur ein geeignetes Instrument für spekulative, nervenstarke Investoren. Für den konservative Anlegertyp gilt: „Hände weg!"

Neuerdings steigt die Zahl der Anleger, die das hohe Kurspotenzial quasi lebloser Aktien entdeckt haben. „Mantelspekulation" heißt das Zauberwort, das manche Börsianer so anzieht wie das Licht die Motten. Dabei entstehen Träume von 1.000-prozentigen Kursgewinnen. Dass ein Totalverlust möglich ist, wird gern verdrängt. Nur auf eigenen Gewinn fixierte Börsengurus heizen die Kurskapriolen bei Mantelspekulationen kräftig an – zuerst die Kursexplosion nach oben, dann der Absturz.

Welche Idee verbirgt sich hinter einer Mantelspekulation mit leblosen Aktien?

Das Konzept ist recht simpel: Selbst wenn ein Unternehmen insolvent bzw. im operativen Geschäft nicht mehr tätig ist, werden dessen Aktien oft an der Börse weitergehandelt. Der Umsatz ist winzig und ein tristes Penny-Stock-Dasein die Regel. Andererseits gibt es aktuell einige Firmen, die an die Börse gehen wollen, aber die Mühen, Auflagen und relativ hohen Kosten scheuen, die ein IPO mit sich bringt. Welche Alternative bietet sich an? Das Management sucht nach einer leeren Börsenhülle, bringt dort Geschäft bzw. Vermögen ein und ist dann sehr schnell und preisgünstig börsennotiert.

Die Konsequenz: Überzeugen Geschäftsidee, operatives Geschäft, Marktstellung, Zukunftschancen und Zahlenwerk der neuen AG, kann der Kurs der zuvor leblosen Aktie regelrecht explodieren – bis in den drei- oder vierstelligen Prozentbereich. Oft wird der alte Name vorerst weitergeführt, möglicherweise zu einem späteren Zeitpunkt der Name des Mantels geändert, sofern er überhaupt nicht zur Branche und der eigenen Marke passt.

Negative Überraschungen drohen, wenn das Unternehmen frisches Geld vom Kapitalmarkt braucht. Es kommt nun zur Kapitalerhöhung, der gewöhnlich ein Kapitalschnitt vorausgeht.

Die Zahl der Aktien wird anschließend in einem bestimmten Verhältnis zusammengestrichen (Reverse Split). Entsprechend reduziert sich der Aktienbestand im Depot. Danach werden die neuen Aktien häufig mit einem zweistelligen Bezugsverhältnis zum auffallend niedrigen und attraktiv erscheinenden Preis von z. B. einem Euro angeboten, nicht selten in einem Verhältnis von 1:20, 1:30 und darüber.

Börsenmäntel bieten als ausgefallener Anlagestil Nervenkitzel und den Reiz des Besonderen, eröffnen hohe Chancen, aber auch das Risiko des Totalverlusts. Es gilt, nur übriges „Spielgeld" dafür bereitzustellen.

Zwei warnende Beispiele aus der Vergangenheit

WCM: Die drei Buchstaben standen ursprünglich für Württembergische Cattunmanufactur von 1766, ehe der Börsenmantel von Karl Ehlerding übernommen und ihm neues Leben in Form der Hamburger Immobilien- und Beteiligungsgesellschaft WCM eingehaucht wurde. Zeitweilig notierte die WCM-Aktie dreistellig – ein Riesengewinn für Spekulanten mit glücklichem Händchen beim Ein- und Ausstieg. Heute ist der Titel wieder zum Penny Stock verkommen und Insolvenz wurde angemeldet.

Brauhaus Amberg AG – Net.ipo AG – Delta Beteiligungen

Eine Namensändrung war 1997 unumgänglich, führte doch der alte Name unweigerlich auf die falsche

Fährte. Der Kurs von Delta Beteiligungen (ehemals Net.ipo AG, davor Brauhaus Amberg) sprang von einem Kurs um einen Euro Anfang 1998 binnen Jahresfrist auf 130 Euro. 2001 erfolgte die schnelle Rückkehr in das triste Penny-Stock-Dasein. Wer ganz früh einstieg und im Gipfel ausstieg, konnte richtig reich werden. Danach winkten – abgesehen von kurzen Erholungsphasen – drastische Verluste.

Vorsicht: Ein Börsenmantel erscheint für Anleger nur dann interessant, wenn er frei von Altlasten ist. Im „Altlasten-Urteil" von 2003 entschied der Bundesgerichtshof nämlich, dass die Aktionäre bei der Neuausrichtung einer Gesellschaft in Höhe ihrer Anteile für die Differenz zwischen Grundkapital und tatsächlichem Eigenkapital haftbar sind. Aus diesem Grund ist höchste Vorsicht geboten!

6.10 Übernahmen bei Bieter- und Zielunternehmen richtig einschätzen

Die großen Übernahmen und Fusionen sind in aller Munde. Man denke an UniCredit – HypoVereinsbank, E.on – Endesa, Linde – BOC, BASF – Engelhard, Bayer – Schering. Überall brodelt es. Die freundlichen und feindlichen Übernahmen und Fusionen – Mergers and Acquisitions (M&A) genannt – sorgen im Bankenwesen, Stahl-, Chemie, Pharma- und Biotechsektor sowie in der IT- und Telekommunikationsbranche für Unruhe und Spannung. Sie lösen zudem Kursfantasien aus und treiben die Kurse der Zielunternehmen vornehmlich dann nach oben, wenn ein Bieterwettstreit einsetzt. Im Gegensatz dazu vollziehen sich – abgesehen von dem Übernahmespektakel beim Puppenhersteller Zapf Crea-

„Vor allem in der Energie-, Stahl- und Pharmabranche dreht sich das Fusionskarussell immer schneller. Die Gewinne sprudeln – bei vielen Unternehmen ist die Kriegskasse gut gefüllt. Bis jetzt aber haben viele Manager noch nicht aus den Erfahrungen der Vergangenheit gelernt."

Joachim Spill, Ernst & Young

tion – die Akquisitionen in der 2. und 3. Liga eher im Stillen. In aller Regel reagiert die Börse bei der Bieterfirma mit einem einstelligen Kursabschlag, beim Zielunternehmen mit einem üppigen zweistelligen Aufschlag, will sich doch kein Altaktionär zum Nulltarif von seinen Papieren trennen. Als aktuelles Beispiel schoss der Kurs von Linos, des Technologieführers für Photonics-Anwendungen, bislang bei zehn bis elf Euro notierend, gleich um die Hälfte nach oben, als kürzlich das Übernahmeangebot von über 15 Euro bekannt wurde.

Schenkt man der neuesten Studie der Wirtschaftsprüfungsgesellschaft Ernst & Young Glauben, vernichtet jede zweite Übernahme letztlich Firmenwert. Lediglich in jedem dritten Fall ist ein erheblicher Wertzuwachs zu verzeichnen. Dieses Ergebnis gründet auf einer Untersuchung von 189 Transaktionen, die in jüngster Zeit bei börsennotierten Unternehmen stattfanden. Außerdem wurden 147 Unternehmen und 53 Interessengruppen wie Banken, Analysten, Professoren und Wirtschaftsjournalisten befragt. Von dieser Warte aus betrachtet lohnt es sich kaum, Aktien von einer Bieterfirma vorwiegend deshalb ins Depot zu nehmen, weil auf Synergieeffekte und Wertzuwachs spekuliert wird. Lohnender ist es da schon, auf vermeintliche Übernahmekandidaten zu setzen. Dies sollte aber vor der Kaufofferte geschehen. Sobald das Ziel solcher Begehrlichkeiten ausgemacht ist, sind weitere Kurssprünge unwahrscheinlich.

GmbH-Übernahmen oft weniger aufwendig:

Starnberg, 11. September 2006: *„Die Arques Industries AG erwirbt von der Degussa für 22 Millionen Euro die Oxxynova GmbH & Co KG. Das Chemieunternehmen mit Sitz in Marl sei profitabel und werde frei von Finanzverbindlichkeiten übernommen, teilte das im SDAX geführte Beteiligungsunternehmen mit. Es setzte 2005 mit rund 200 Mitarbeitern 182 Millionen Euro um."*

Warum gibt es bei Übernahmen nicht nur Tops, sondern auch auffallend viele Flops?

Freilich gibt es in einigen Konzernen sehr gute Teams, die fähig sind, Zusammenschlüsse erfolgreich zu gestalten.

Aber ebenso gibt es zahlreiche Manager, die nur auf ihre Bordmittel vertrauen. Sie unterschätzen das erforderliche Wissen, um solche Transaktionen vernünftig vorzubereiten und das Kaufobjekt zu integrieren, verzichten auf externen Rat, erbitten keinen personellen Beistand und beschwören damit weitere Misserfolgsquoten herauf. Die bestehenden Fallstricke werden bagatellisiert oder ganz übersehen. Sie beginnen mit dem falschen Zielobjekt bei der Akquisitionsstrategie, dem Zukauf nur aus dem Drang nach Größe oder dem Begehren, sich einen lästigen Wettbewerber vom Hals zu schaffen. Wie schwierig es sein kann, unterschiedliche Firmenkulturen vor allem bei ausländischen Akquisitionen unter einen Hut zu bringen, wird oft verkannt. Bitter rächt es sich, wenn in einem Übernahme- oder Fusionsprozess eigene Mitarbeiter und Kunden vernachlässigt werden. Hinzu kommt die arbeitsmäßige Überlastung des Managements, denn das operative Geschäft soll störungsfrei weiterlaufen.

Wer ist das bevorzugte Ziel einer freundlichen oder feindlichen Übernahme?

Es sind dies niedrig bzw. fair bewertete Firmen mit einer interessanten, zukunftsweisenden Geschäftsidee, mit hohen Einstiegsbarrieren, Alleinstellungsmerkmalen, guter Marktstellung und ansprechender Marke. Wichtig ist, dass das Zielunternehmen vom Geschäftsmodell bestmöglich zur Bieterfirma passt, die Unternehmenskulturen harmonieren und sich die bisherigen Konkurrenten von dem geplanten Zusammenschluss einiges Synergiepotenzial versprechen. Zu den Boomzeiten im Neuen Markt haben sich zahlreiche Bieterunternehmen an den zu großen Übernahmen verhoben – organisatorisch wie finanziell. Gerade für die Mittelständler im MDAX, TecDAX und SDAX gilt uneingeschränkt: Kleinere Häppchen sind meist bekömmlicher als die dicken Brocken.

Übernahmemotive

- Erweiterung der Absatzmärkte
- Marktmacht durch Größe
- Synergieeffekte durch Kostensenkung
- Befreiung von lästigen Konkurrenten

Squeeze-out

Besitzt der Bieter mindestens 95 Prozent der Aktien, kann er sich im Squeeze-out-Verfahren („herausquetschen“) von den restlichen Anteilseignern trennen. Die Zwangsabfindung muss dem tatsächlichen Wert entsprechen.

Delisting

Ein Hauptversammlungsbeschluss von 75 Prozent des vertretenen Kapitals ist für den Rückzug von der Börse mit einer halbjährigen Frist notwendig.

Wie sollten Sie sich bei anstehenden Übernahmen verhalten?

Handelt es sich nur um ein Gerücht, um Kurse nach oben zu treiben? Oder sind tatsächlich Aufkäufer am Werk? Lesen Sie diesbezügliche Nachrichten aus unterschiedlichen Quellen und vertrauen Sie nicht den Anpreisungen eines einzelnen Börsengurus. Mit entsprechender Marktmacht ausgestattet ist es zwar kein redliches, aber beliebtes Unterfangen, bei kleinen Titeln günstig einzusteigen und den Kurs mit Gerüchten oder geschönten Prognosen nach oben zu hieven. Schnellt der Kurs in die gewünschte Richtung, wird am vermeintlichen Hochpunkt verkauft. Der Guru hat vor dem nun zu erwartenden Kursabsturz seine Schäfchen im Trockenen – auf Kosten der zu spät einsteigenden Privatanleger. Sie sind die Opfer und Kellerkinder solcher Machenschaften.

Empfiehlt es sich, die Übernahmeofferte anzunehmen? Erscheint das Übernahmeangebot z. B. mit einem Kursaufschlag zwischen 20 und 50 Prozent attraktiv, so sollten Sie zustimmen und nicht gierig auf Nachbesserung lauern. Schließlich dürfte der Titel vermutlich bald vom Kurszettel verschwinden. Erscheint Ihnen die Offerte bei realistischer Einschätzung zu niedrig, warten Sie ruhig ein Nachbesserungsangebot bzw. eine spätere Zwangsabfindung (Squeeze-out) ab. Letztlich bleibt es aber Spekulation, welche im Vorfeld zu treffende Entscheidung sich als richtig erweist. Im Nachhinein weiß man es immer besser.

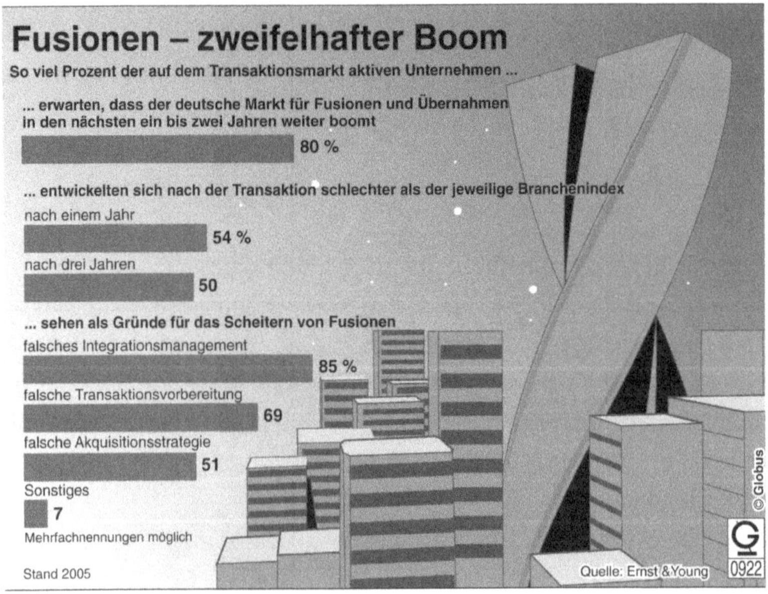

Kapitel 7

7. Die richtige Strategie im Umgang mit Nebenwerten

Im Hinblick auf eine marktgerechte Strategie gilt vieles, aber nicht uneingeschränkt alles ebenso für DAX & Co wie für Nebenwerte. Zahlreiche Börsenweisheiten sind allgemeingültig. Dazu gehören: „Breit gestreut, nie bereut!“, „Viel hin und her macht Taschen leer!“, „Aktieneinkauf auf Kredit, alles andre als ein Hit!“, „Meide die gefährlichen Vier: Euphorie, Panik, Angst und Gier!“, „Kaufen bei Angst; verkaufen bei Hoffnung!“ und „Im billigen Einkauf und im teuren Verkauf liegt der Gewinn!“ Bei einer der wichtigsten Börsenempfehlungen überhaupt – „Gewinne laufen lassen – Verluste begrenzen!“ – ist im Micro-, Small- und Mid-Cap-Sektor jedoch eine differenziertere Betrachtungsweise angebracht als bei dem so beliebten „DAX-Heimatliebe-Portfolio“. Was das Nebenwertedepot betrifft, ist der Leitspruch des Börsenaltmeisters André Kostolany, der sinngemäß besagt: „Aktien kaufen – Schlaftabletten einnehmen – lange schlafen – aufwachen – reich sein!", noch kritischer zu hinterfragen als ohnehin geboten. Manchmal funktioniert es – aber nicht immer! Für Standard- und Nebenwerte gilt gleichermaßen: Die Strategie muss zur Persönlichkeit des Anlegers passen und von ihm innerlich bejaht werden.

Anleger fahren das vierte Jahr in Folge besonders gut mit Nebenwerten

Ob 2004, 2005 oder 2006: Mit steter Regelmäßigkeit heißt es seitens der Großbanken sinngemäß: „Jetzt ist die Zeit der Nebenwerte vorbei. Die Trendwende hin zu den Global Playern, den Marktschwergewichten in DAX, Dow Jones und Euro Stoxx ist endgültig eingeläutet. Die Small und Mid Caps haben ihren Bewertungsabschlag längst aufgeholt.“ Doch bislang geht die Nebenwerte-Rallye weiter, zwar nicht mehr so explosiv wie noch 2005. Aber eine Trendwende sieht anders aus. Bis jetzt, Mitte November 2006, hat der

DAX um 17 Prozent, der TecDAX um 18 Prozent und sowohl der MDAX als auch der SDAX um jeweils 21 Prozent zugelegt. Das Erfolgsgeheimnis liegt vor allem im häufigeren Auf- und Abstieg in den Nebenwerteindizes begründet. So wurden beispielsweise beim TecDAX seit seiner Einführung vor dreieinhalb Jahren über die Hälfte der 30 Werte ausgetauscht. Im DAX wurden in den 18 Jahren seines Bestehens lediglich 24 Mal Werte ausgewechselt. Dass sich Nebenwerte weiterhin in der Gunst der Anleger oben befinden, liegt vielleicht auch an dem oft leichter verständlichen und überschaubaren Geschäftsmodell. Chancenorientierte wie risikofreudige Anleger schätzen die mit der größeren Schwankungsfreudigkeit (Volatilität) verbundenen höheren Kurschancen. Sicherheitsbewusste Anleger bevorzugen Titel mit einer üppigen Dividendenrendite. Und hier haben – kluges Stock-Picking vorausgesetzt – einige Micro, Small und Mid Caps besonders viel zu bieten.

Grundsätzlich festzuhalten bleibt: Wer in Nebenwerte investiert, sollte sich aktiv um Informationen aus unterschiedlichen Quellen bemühen, denn es wird nicht so mundgerecht serviert wie gewohnterweise bei den Blue Chips. Aber immerhin erweitern jetzt zahlreiche internationale Banken ihre Analyseabteilungen für interessant erscheinende Werte aus dem MDAX, TecDAX und SDAX.

Wer als konservativ geprägter Investor in hochspekulative Penny Stocks investiert, wird schon bei kleinen Misserfolgen nervös und um seinen Schlaf gebracht. Missmutig trennt er sich von dieser Strategie, probiert etwas Neues, wird, wenn dies nicht seiner Mentalität entspricht und der schnelle Erfolg ausbleibt, weiter auf der Suche nach dem heiligen Gral sein. Disziplin und Geduld sind angesagt. Passt die gewählte Marschroute zum Risikoprofil, fällt dies ungleich leichter. Wer einen gewissen Nervenkitzel liebt, begnügt sich nicht mit DAX-Titeln. Wem Sicherheit und Kapitalerhalt über alles gehen, ist vermutlich mit einem Bundesschatzbrief besser bedient.

7.1 Das A und O: Gewinne laufen lassen – Verluste begrenzen!

Im Grunde genommen weiß jeder Börsianer, dass es am besten ist, Gewinne geduldig anwachsen zu lassen und Buchverluste rechtzeitig zu realisieren, bevor sie sich gleich einer Gewitterfront bedrohlich auftürmen. Aber dann beginnen in der Praxis auch schon die Probleme mit der theoretisch so einfachen und einleuchtenden Erkenntnis. Rationale Verhaltensweisen werden nicht selten durch den Einfluss psychologischer Faktoren wie Euphorie, Gier, Angst, Panik, Verdrängung, das „Scheuklappensyndrom", die Suche nach einem Sündenbock, Herdentrieb und anderes mehr verhindert.

Wann und bis zu welchem Prozentbereich sollte man die Kursgewinne laufen lassen? Wann sollte man nicht auf Erholung bauen, sondern sich von seiner Aktie trennen? Was heute richtig ist, kann morgen falsch sein.

Mitunter empfiehlt sich bei Spitzenaktien ein Teilverkauf, der bereits dafür sorgt, dass insgesamt kein Verlust mehr möglich ist, getreu dem Motto: „An Gewinnmitnahmen kann niemand verarmen!" Geht es im Bärenmarkt kontinuierlich bergab, bewahrt der beherzte Verkauf im anfänglichen Verlustbereich vor größerem Flurschaden, schmerzen doch kleine Verluste am wenigsten. Bei einem plötzlichen heftigen Crashszenario kann bei einigen Titeln mutiges Aussitzen vernünftig sein. Dies trifft ebenso zu, wenn sich ein Trendwechsel vollzieht und die Bullen die Bären verjagen. Auch Branchenrotation und Konjunkturzyklus erfordern ein differenziertes Handeln. Zur Veranschaulichung zeige ich vier Grundtypen von Verhaltensweisen auf. Sie kommen in Reinnatur wohl kaum vor. Aber der aufrichtige Investor fühlt sich vielleicht mit einem der vier Typen seelenverwandt. Groborientierung und ehrliche Selbstreflexion machen es leichter, aus gemachten Fehlern zu lernen.

Strategie 1: Gewinne laufen lassen – Verluste begrenzen

Strategie 1: ideal
Gewinne laufen lassen

Verluste rechtzeitig begrenzen

In der Theorie ist diese Strategie 1 ganz einfach – in der Praxis aber schwierig, weil die Börsenpsychologie dem Anleger so oft einen Strich durch die Rechnung macht und alle guten Vorsätze vergessen lässt. Nachdem eine Aktie im ungünstigsten Fall um 100 Prozent, also auf den Einsatz sinken, aber bei positiver Entwicklung auch einige Hundert, ja sogar Tausend Prozent in die Höhe schießen kann, leuchtet die Strategie 1 zweifellos ein. Aber oft genug ist die Angst mit im Bunde. Das Papier könnte ja abstürzen und sich der schöne Buchgewinn pulverisieren. Dies kommt gelegentlich vor, ist aber dennoch unwahrscheinlicher als die Fortsetzung des bestehenden Trends. In aller Regel bleiben Siegeraktien auch fortan die Gewinner und Verliereraktien die künftigen Verlustbringer.

Gedankensplitter: Martin Walser und das Geld

In der „Börse im Ersten" stand am 4. September 2006 auf der Tribüne über dem Frankfurter Parkett der Schriftsteller Martin Walser. Er erklärte, mit derselben Leidenschaft, mit der man früher gespart habe, solle man sich heute um die Geldanlage kümmern. Nur Reklame? Der Held seines neuesten Romans „Angstblüte" ist Karl von Kahn, ein Vermögensverwalter. Der Autor dazu:

„Kahn weiß, dass man Unabhängigkeit durch Geld bekommt. Und sonst durch nichts."

Vorbild für Karl von Kahn und Martin Walser ist Warren Buffett, der legendäre Großinvestor aus Nebraska.

Rational [Profi-Garkochysteme]	**DE 000 701 080 3**	**SDAX**
Kauf		
15. März 2003/100 Stück/Kurs: 33,50 €/Preis (+Gebühr):		3.370 €
Zukauf		
26. Aug. 2005/30 Stück/Kurs: 82,50 €/Preis (+Gebühr):		2.495 €
Verkauf		
05. Sept. 2006/50 Stück/Kurs: 148,00 €/Preis (-Gebühr):		7.380 €

Kursgewinn (FIFO: first in – first out) 7.380 € abzüglich 1.685 € = 5.695 €

Anmerkung: Die zuerst gekauften Aktien gelten steuerrechtlich als zuerst verkauft. Der Kursgewinn ist steuerfrei, da die einjährige Spekulationsfrist abgelaufen ist. Mit diesem Teilverkauf ist der realisierte Gewinn so hoch, dass nicht nur der erste Kauf voll finanziert wurde, sondern auch noch der zweite Kauf. (Für Gebühren wurden jeweils pauschal 20 Euro angesetzt.) Es ist nahezu ausgeschlossen, dass dieser Anleger mit der Rational-Aktie, einer Perle im Depot, jemals in die Verlustzone geraten kann. Allem Anschein nach greift das Finanzamt auf bislang steuerfreie Veräußerungsgewinne von Aktienaltbeständen auch ab 2009 nicht zu.

Ein Teilverkauf bei einem Buchgewinn im dreistelligen Prozentbereich hilft, dieses Dilemma in den Griff zu bekommen und beruhigt insofern, als mit diesem Posten insgesamt kein Verlust mehr möglich ist. Stürzen die restlichen Aktien ab, bleibt die Genugtuung, wenigstens einen ordentlichen Teilgewinn erzielt zu haben, der den etwaigen künftigen Verlust mehr als nur abdeckt. Steigt der Kurs dieser Aktie weiter, bleibt die Freude, noch mit im Boot zu sein und am weiteren Zugewinn zu partizipieren. Allerdings geht die Teilverkaufsstrategie nicht auf, wenn nur für wenige Hundert Euro geordert wird. Dann fressen die Transaktionsgebühren selbst hohe Gewinne weitgehend auf. Bei der Verlustbegrenzung bewirkt das Eingeständnis, eine falsche Entscheidung getroffen zu haben, bzw. die Befürchtung, schlecht dazustehen, sich rechtfertigen zu müssen und sein Gesicht zu verlieren, zur Flucht in die Verdrängung oder zur Suche nach einem Sündenbock. So bleibt der Trost: „Die Aktie erholt sich schon wieder!" Die Hoffnung stirbt bekanntlich zuletzt.

Strategie 2: Gewinne laufen lassen – Verluste aussitzen

In der Theorie spricht alles eindeutig für die Idealstrategie 1. Aber in der Praxis findet diese vor allem in der Hausse oder einem abrupten, plötzlich eintretenden Crash gar nicht so schlechte Strategie 2 zahlreiche Anhänger – aus psychologischen Gründen. Nachdem die Hoffnung als letztes stirbt und mit der Realisierung eines Buchverlustes das unangenehme Gefühl aufkommt, eine falsche Entscheidung gefällt bzw. versagt zu haben, werden die Fallstricke der Börse gern verdrängt und der Verkauf mit Verlust auf unbestimmte Zeit hinausgezögert.

Strategie 2: vertretbar

Gewinne laufen lassen

Verluste großteils aussitzen

Das bei vielen Privatanlegern trotz aller Warnungen von Fachleuten nach wie vor beliebte Aussitzen ist vertretbar bei besonders schwankungsfreudigen (volatilen) Werten mit einer insgesamt positiven Einschätzung, z. B. regenerative Energien, Rohstoffe, keineswegs aber bei extrem schlechten Zahlen, enttäuschten Hoffnungen und Erwartungen. Meldet beispielsweise eine Biotechfirma mit schmaler Produktpalette, dass ihr Hoffnungsträger in der klinischen Phase III wegen starker Nebenwirkungen oder geringer Effizienz nicht das gewünschte

Ergebnis erzielt hat und die Forschungen und Weiterentwicklung an diesem Präparat eingestellt werden, muss der Anleger verkaufen. Hier droht der Totalverlust. Denn womit will das Biotechunternehmen fortan Geld verdienen und wirtschaften, wenn das Geld vom Börsengang verbraucht ist?

Adva (Netzwerkausrüster) DE 000 510 300 6 TecDAX

Kauf	
03. April 2000/25 Stück/Kurs: 100,00 €/Preis (+Gebühr):	2.520 €
Verkauf	
05. Mai 2000/25 Stück/Kurs: 84,00 €/Preis (-Gebühr):	2.080 €
Realisierter Verlust (steuerlich verrechenbar mit Gewinn)	**-440** €
Zukauf	
29. Aug. 2003/800 Stück/Kurs: 4,60/Preis (+Gebühr):	3.700 €
Teilverkauf	
17. März 2006/400 Stück/Kurs: 9,95 €/Preis (-Gebühr):	3.960 €
Realisierter Gewinn (steuerfrei, nach Ablauf Spekulationsfrist)	+**740** €

Anmerkung: Der Teilverkauf Mitte März 2006 bringt nicht nur einen steuerfreien Gewinn von 740 Euro. Der Anleger bekommt bereits etwas mehr als seinen gesamten Einsatz wieder herein. Selbst bei einem Totalverlust mit dem Restbestand bliebe noch ein Ertrag von 260 Euro übrig. Steigt die Aktie weiter, freut sich der Anteilseigner. Er ist weiter mit im Boot. Stürzt der Titel ab, bietet sich ein Verkauf der verbliebenen Aktien an. Aber selbst bei einem Totalverlust würde der Anleger insgesamt noch von diesem Investment profitieren. Ganz anders sähe es aus, wenn der Anleger seinen Verlust aus den Jahren 2000 bis 2003 nicht realisiert hätte. Möglicherweise erleben es noch seine Enkel, dass Adva erneut irgendwann dreistellig notiert. Aber zu den Boom-Zeiten des Neuen Marktes war alles möglich – ein explosionsartiger Kursanstieg verbunden mit einem bald darauf folgenden Aktiensplit, danach ein Absturz in das tiefste Börsengefilde, im Schnitt im Nemax 50 von 98 Prozent.

Der Depotauszug beweist noch etwas anderes. Dieser Börsianer war beherzt genug, im Bereich der Bodenbildung erneut einzusteigen – entgegen dem Herdentrieb!

Ebenso ist eine Verlustbegrenzung, bevor sie so richtig schmerzt, geboten, wenn Bilanzen gefälscht, Prognosen geschönt werden oder die erhoffte Marktdurchdringung mit dem neuen Produkt nicht gelingen will. Der Rat an unentschlossene Anleger heißt, Stoppkurse zu setzen. Geschieht dies zu eng, fallen unnötig viele Transaktionskosten an und auch gute Werte verschwinden während einer Korrekturphase aus dem Depot. Gibt der Anleger die Stop-Loss-Orders zu tief an, so sind die Verluste eben auch nicht mehr gering. Zudem garantiert eine Stoppkurs-Marke nicht den gewünschten Ausführungskurs. Der tatsächliche Verkaufspreis kann bei einem Kursrutsch deutlich darunter liegen.

Grausames Aussitzen bei Intershop

Bei Intershop, dem ehemaligen Highflyer am Neuen Markt, wurde das Kapital seit dem Jahr 2000 zweimal herabgesetzt im Verhältnis von 10:1. Wer damals z. B. 120 Aktien zu einem Kurs von über 100 Euro kaufte, dem verblieb zum Schluss noch eine einzige Aktie im Depot. Heute fristet der Titel ein trauriges Dasein nahe der Penny-Stock-Schwelle. Bei einem Einsatz von rund 12.000 Euro beträgt der Restwert derzeit 1,60 Euro.

Strategie 3: Kleine Gewinne mitnehmen – Verluste begrenzen

Interessanterweise befürchten zahlreiche Anleger, dass ihre Buchgewinne wieder verloren gehen und verkaufen deshalb frühzeitig. Sofern gleichzeitig die Verluste begrenzt werden, ist diese Strategie zwar keine Katastrophe, aber verbesserungsbedürftig. Bei Aktien im Aufwärtstrend ist die Chance, dass es weiter nach oben geht,

Strategie 3: ausreichend
Schon kleine Gewinne mitnehmen

Dagegen vernünftig:
Verluste rechtzeitig begrenzen

Trendfolgestrategie

Siegeraktien bleiben meist Gewinner, Verlierer bleiben Verlierer. „Gewinnsträhnen ausnutzen und nicht zu früh abspringen", ist eine wissenschaftlich untermauerte Erfahrung. Wer die Gewinner der letzten sechs Monate in sein Portfolio aufnimmt und sich gleichzeitig von seinen Verlierern trennt, erwirtschaftet mit dieser Trendfolgestrategie ansehnliche Zusatzrenditen.

viel wahrscheinlicher als eine Trendumkehr – insbesondere im Bullenmarkt. Außerdem gibt es keine Obergrenze für einen Kursanstieg. Mit dem richtigen Riecher und einem glücklichen Händchen können sich Aktienkurse binnen weniger Wochen verdoppeln. Über einige Jahre gesehen sind sogar vierstellige Kursgewinne möglich. Bei einem Absturz beträgt der Verlust bis zu 100 Prozent – aber eben nicht mehr. Diese Formel deckt einen Großteil des Geheimnisses erfolgreicher Börsianer ab.

Der Privatanleger sollte auch nicht übersehen, dass bei Gewinnmitnahmen im einstelligen Bereich ein Titel kaum die Chance hat, über ein Jahr lang im Depot zu verbleiben. Damit wird der prozentual ohnehin geringe Gewinn auch vor der Reform 2009 grundsätzlich steuerpflichtig.

Mit der zum 1. Januar 2009 geplanten Einführung einer voraussichtlich 25-prozentigen Pauschalbesteuerung entfällt auch die zwölfmonatige Spekulationsfrist. Mit allen vor dem Jahr 2009 getätigten Aktienkäufen lassen sich noch steuerfreie Veräußerungsgewinne erzielen, ist doch die zwölfmonatige Haltedauer noch erreichbar. Nachdem es so aussieht, dass das Finanzamt auf die steuerfreien Veräußerungsgewinne von Altbeständen auch künftig nicht zugreifen wird, ist es schon von daher interessant, die Gewinnbringer im Depot zu belassen. Der schnelle Ein- und

Ausstieg verliert aus der Steuerperspektive an Attraktivität.

Der Umfang der Order spielt eine wichtige Rolle bei der Frage, ab welchem Prozentsatz sich die Gewinnrealisierung überhaupt lohnt. Bei einem Einsatz von 1.000 Euro bleibt wegen der zweimal zu entrichtenden Transaktionsgebühren von einem fünfprozentigen Gewinn so gut wie nichts, von einem zehnprozentigen Gewinn wenig übrig. Bei einem Einsatz von 10.000 Euro sieht dies völlig anders aus – erst recht bei einer Order im Wert von 100.000 Euro und mehr. Ähnliches gilt für die Verlustbegrenzung. Wer große Orders aufgibt, wird bei Kurseinbrüchen von mehr als zehn Prozent kaum tatenlos zusehen und sich mit der Hoffnung, dass sich die Aktie schon wieder erholen wird, trösten.

Momentumstrategie

Auf dem deutschen Aktienmarkt haben seit 1973 die Gewinneraktien der abgelaufenen sechs Monate durchschnittlich um 12,4 Prozent besser abgeschnitten als die Verliereraktien. Professor Martin Weber von der Universität Mannheim hält die Momentumstrategie für Nebenwerte am attraktivsten:

„Bei den großen Standardwerten ist der Effekt kaum ausgeprägt. Deutlich ist er dagegen bei den mittelgroßen Titeln zu beobachten."

Bei zahlreichen Titeln wie Puma, Rational, Porsche oder Solarworld dauern solche Gewinnsträhnen oft mehrere Jahre.

Strategie 4: Schon kleine Gewinne mitnehmen und Verluste aussitzen

Es gibt eine gar nicht so selten zu beobachtende Strategie, die den Verlust an der Börse vorprogrammiert. Dabei träumt doch jeder Anleger von ordentlichen Gewinnen und stürzt sich vor allem wegen der Aussicht auf Kapitalvermehrung in das Börsenabenteuer. Wer überängstlich schon kleinste Gewinne realisiert und umgekehrt, weil Unangenehmes gern verdrängt wird, Buchverluste auf

Strategie 4: mangelhaft
Schon kleine Gewinne mitnehmen

Keine Ausgleichschance: Verluste verdrängen und aussitzen

Dauer beiseite schiebt und sich an die Hoffnung klammert: „Die Aktie wird sich schon wieder erholen!“, kann letztlich nur verlieren. Von dieser Verliererstrategie profitieren letztlich die Sieger, eröffnen sich doch für die erfolgreichen Börsianer immer wieder günstige Nachkaufchancen selbst von Kursraketen.

Die substanz- und ertragsstarken Aktien wandern aus dem Depot der Verlierer, die schlechten Aktien verbleiben als „Leichen im Keller“. Damit wird die Erfolgsformel am Aktienmarkt: „Kursgewinne in der Höhe unbegrenzt möglich – Kursverluste auf Einsatz beschränkt“, außer Kraft gesetzt. Wer diese psychologisch begründete Verhaltensweise trotz aller guten Vorsätze im Börsenalltag nicht zu ändern vermag, sollte sich vom Aktienmarkt am besten verabschieden. Ein Leidensweg ist vorprogrammiert – finanziell wie emotional. Vor allem ist es dann zu gefährlich, in die besonders schwankungsfreudigen, niedrig kapitalisierten Nebenwerte mit häufigen, kräftigen Kursausschlägen nach oben wie nach unten zu investieren.

Bezüglich Gewinnrealisierung droht ein ähnliches Malheur bei Stoppkursen, die zu eng gesetzt und übertrieben häufig angepasst werden, um erzielte Gewinne abzusichern. Wer bei demselben Titel in relativ kurzer Zeit einige Male ausgestoppt wird, sollte der Selbstkontrolle wegen all seine Transaktionskosten einmal zusammenrechnen. Jeder Anleger sollte dabei mit einbeziehen, ob ihm vielleicht zusätzlich eine etwaige Dividende verloren ging und er sich öfters zudem um die Chance brachte, die einjährige Spekulationsfrist zu nutzen, um seine Aktienkursgewinne steuerfrei zu vereinnahmen.

Die Momentumstrategie ermutigt zum Umdenken

Es gibt verlässliche wissenschaftliche Studien darüber, dass die Gewinner des letzten Halbjahrs künftig überproportional gut abschneiden. Ebenso bleiben in aller Regel die Verlierer auch in den nächsten Monaten unter den Schlusslichtern. Wer seinem Portfolio die besten Aktien der letzten sechs Monate einverleibt, wird sich an diesen Titeln wahrscheinlich auch künftig erfreuen und den Markt schlagen. Diese Momentumstrategie funktioniert jedoch nicht, wenn das gesamte Marktsegment einbricht bzw. ein Crashszenario einsetzt. Werden die bislang stets übertroffenen Analystenerwartungen schon wegen der sich allmählich zum Hindernis auftürmenden Größe selbst nur leicht enttäuscht, droht zumindest vorübergehend ein Absturz, wie er im Oktober 2006 bei Bijou Brigitte zu beobachten war. Der Kurs fiel von seinem Hoch bei 257 Euro bis auf unter 150 Euro.

Die Verlustbilanz

Wie viel Gewinn muss der Anleger einfahren, um erlittene Verluste wieder wettzumachen?

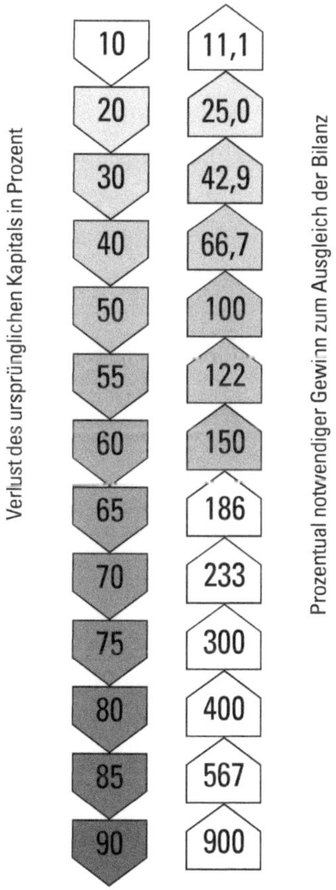

7.2 Bei Nebenwerten gilt: Breit gestreut – nie bereut!

Kaum eine Börsenstrategie ist so gefährlich wie eine Ein-Wert- oder Wenig-Werte-Strategie. Dabei wird sie gar nicht so selten angewandt. Zweifellos besteht hier die mit einem hohen Lottogewinn vergleichbare eher geringe Chance, genau eine derjenigen Topaktien zu einem günstigen Kaufpreis zu erwerben, deren Kurs sich in ungeahnte Höhen aufschwingt. Ein dreistelliger Buchgewinn innerhalb weniger Monate, ein vierstelliger Kurszuwachs binnen ein oder zwei Jahren ist nicht auszuschließen. Doch wer bringt da schon die Geduld und Nervenstärke auf, einen solchen Gewinn anwachsen zu lassen? Wer von den Anlegern, die z. B. 2004 Mologen für 1,80 oder Utimaco für 2,20 Euro orderten, hat seinen Altbestand noch im Depot? Utimaco notiert derzeit bei 11,50, Mologen bei 8,50 Euro, kostete zeitweilig aber auch schon über 14 Euro. Und wie reagiert ein Privatanleger, wenn der Kurs wegen katastrophaler Nachrichten oder enttäuschter Hoffnungen und Erwartungen beispielsweise im Biotechbereich blitzschnell in ungeahnte Tiefen abdriftet? Bei einem breit gestreuten Depot sinkt das Risiko erheblich und es gibt weniger von Angst und Panik diktierte unbedachte Verhaltensreaktionen.

Es hilft ungemein, sein Depot mit einer Fußballmannschaft zu vergleichen. Wichtig sind die drei Siegpunkte bei Spielschluss, wobei es dann weniger wichtig erscheint, ob ein Leistungsträger diesmal besonders gut oder ungewohnt schlecht gespielt und wie effektiv sich der eine oder andere Neuling im Team in Szene gesetzt hat. Keine Mannschaft dürfte in der Bundesliga bestehen, wenn sie lediglich Abwehr- oder ausnahmslos Angriffsspieler einsetzt. Ausgewogenheit bei der Titelauswahl ist eine Grundvoraussetzung für dauerhafte Börsengewinne. Wer sich nur Energieaktien ins Depot legt, profitiert von höheren Rohöl- und Naturgaspreisen. Der Kurs seiner Aktien steigt – als bittere Pille ebenso der Heizöl- und Benzinpreis. Sinken die Energiepreise, wird Heizöl und Benzin als eine Art Ausgleichsfaktor billiger. Im Gegensatz zu sinkenden Ölaktienkursen machen Auto- und Fluglinientitel jetzt Freude.

Diversifikation bedeutet: 1. Unterschiedliche Indizes berücksichtigen

Aktien breit zu streuen heißt, unterschiedliche Indizes zu berücksichtigen. Also sich auch als Nebenwerteliebhaber nicht nur aus dem MDAX, TecDAX, SDAX, GEX, Entry Standard und M:access zu bedienen, sondern ebenso Dow Jones und DAX, Euro Stoxx, Nikkei und andere Blue-Chip-Indizes in die Investmentstrategie einzubeziehen. Zudem ist es interessant, den Prime Standard, General Standard und Open Market/Freiverkehr nach verborgenen Perlen zu durchleuchten. Hier kann ein erstklassiger Nebenwerte-Börsenbrief mit einem versierten, seriösen Chefredakteur hilfreich sein.

„Es ist nicht wichtig, wie oft ich richtig oder falsch liege. Es zählt nur, wie viel ich gewinne, wenn ich richtig liege."

George Soros

Dies gilt vor allem für solche Privatanleger, die weder Zeit noch Lust haben, sich täglich ausgiebig mit dem Börsen- und Marktgeschehen zu befassen. Bei Micro Caps und ausländischen Nebenwerten sind verlässliche Nachrichten Mangelware. Wenig liquide Winzlinge werden oft von sogenannten Börsengurus in der unlauteren Absicht angepriesen, sich selbst auf Kosten anderer zu bereichern. Die Kurse der selbst zum Tiefstpreis erworbenen Aktien werden mit geschönten Prognosen und Griff in die Gerüchteküche exorbitant nach oben gepusht. Im Höchstkursbereich bringt der Guru seine Schäfchen ins Trockene und verkauft. Der Kurssturz löst eine Kettenreaktion aus – unterstützt und weiter um sich greifend durch ausgelöste Stop-Loss-Orders. Wer nur in Nebenwerte investiert, läuft Gefahr, bei einem

„Die Wirtschaft ist die einzige Wissenschaft, in der jedes Jahr auf die gleichen Fragen andere Antworten möglich sind."

Ingrid Lorenzen

„An der Börse ist alles möglich, auch das Gegenteil!"

André Kostolany

„Es ist sehr klug, sich stets daran zu erinnern, dass zu viel Erfolg am Markt bereits für sich eine exzellente Warnung ist."

Gerald Loeb

Trendwechsel schlecht abzuschneiden. Bis zum Crashbeginn 2000 waren mit amerikanischen Aktien besonders hohe Kursgewinne möglich. Wer dieser Linie treu blieb, hat in den vorzüglichen Börsenjahren 2003 und 2005 im US-Blue-Chip-Sektor fast gar nicht profitiert. Wer ab 2003 beherzt in den SDAX oder MDAX einstieg, konnte sich über eine hervorragende Performance freuen. Da der Bewertungsrückstand der Nebenwerte gegenüber den Blue Chips aber längst aufgeholt ist, steigen die Chancen fair bewerteter europäischer Standardtitel. Der DAX und der Euro Stoxx haben noch ein erhebliches Aufwärtspotenzial, während der Dow Jones im Herbst 2006 mit dem Überschreiten der 12.000er-Marke bereits ein neues Allzeithoch markierte. Deshalb die dringende Empfehlung: In ein gut gestreutes Depot gehören auch internationale Standardwerte und bei einem Investment in Nebenwerte ist mehr denn je Stock-Picking angesagt.

Kursentwicklung deutscher Indizes von Januar 2003 bis November 2006

Index	2003		2004		2005		07.11.2006		52-Wochen-Hoch	
DAX	3.965	+33 %	4.256	+6,4 %	5.408	+26 %	6.347	+17,4 %	6.367	+26,5 %
MDAX	4.469	+47 %	5.376	+20 %	7.312	+35 %	8.821	+20,7 %	9.161	+27,2 %
TecDAX	541	+51 %	520	-4,8 %	596	+14 %	703	+17,8 %	769	+19,8 %
SDAX	2.586	+51 %	2.951	+19 %	4.249	+33 %	5.130	+20,7 %	5.471	+25,6 %

2. Unterschiedliche Kontinente, Länder und Regionen berücksichtigen

Bei Standardwerten ist es kein Problem, neben Deutschland und Euroland auch Spitzentitel aus Amerika, Australien, Japan, China,

Indien, Russland usw. zu ordern. Bei internationalen Blue Chips besteht kein Mangel an verlässlichen Nachrichten. Jede Einseitigkeit kann bestraft werden. Wer die USA in den letzten Jahren übergewichtete, durchlitt Durststrecken. Wer Mut hatte, russische Aktien zu ordern, erzielte allein 2005 im Schnitt mehr als 80 Prozent Kursgewinn. Es ist nicht verkehrt, internationale Blue Chips und ausländische Nebenwerte mit Indexzertifikaten, Exchange Traded Funds oder bewährten Themenfonds abzudecken und im deutschen Nebenwertebereich gezieltes Stock-Picking bei Einzeltiteln zu betreiben.

Beispiel für Cost-Average-Effekt bei Einzelaktien

1. Kauf 2006: Wacker Chemie
20 Stück á 120 Euro = 2.400 Euro

2. Kauf 2006: Wacker Chemie
30 Stück á 80 Euro = 2.400 Euro

Durchschnittspreis:
50 Stück á 96 Euro = 4.800 Euro

3. Auch zeitlich diversifizieren

Vor allem bei größerem Kapitalzufluss, wie er z. B. bei einer Erbschaft, Auszahlung einer Kapitallebensversicherung, Tantiemen oder einer größeren Verkaufsorder möglich ist, ist es ratsam, sein Pulver nicht auf einmal zu verschießen. Besser ist es, kursschwache Tage zu nutzen und bei sich bietenden günstigen Gelegenheiten gezielt zuzugreifen. Dabei gilt es, auch den Cost-Average-Effekt zu nutzen. Dieser ist keineswegs auf Sparpläne mit monatlich gleich hohem Einsatz beschränkt, indem bei hohen Kursen wenig und bei niedrigen Kursen mehr Anteile geordert werden und damit der Durchschnittspreis spürbar verbilligt wird.

4. Branchenrotation beachten

Ob Bullenmarkt, Seitwärtstrend oder Bärenmarkt: Die Kurse steigen oder fallen nicht im Gleichschritt. Abhängig von Konjunkturdaten, Arbeitslosenquote, Verbrauchervertrauen, etwaigen Übernahme-

Hoch/Tief bis Nov. 2006 durch Branchenrotation, Börsenklima, Spekulationsblasenbildung

Immobiliensektor

Colonia Real Estate	49,88/9,39 €
Interhyp	116,54/49,00 €
Vivacon	49,48/13,62 €

Regenerative Energien

Conergy	65,59/24,70 €
Nordex	23,10/3,85 €
Solarworld	70,85/27,00 €

und Fusionsfantasien, dem Umrechnungskurs Dollar/ Euro, den Leitzinssätzen und Vorratslagern, der Jahreszeit, insbesondere aber der Entwicklung der Rohstoff- und Immobilienpreise geraten jeweils unterschiedliche Branchen in den Fokus der Anleger. Mal sind es die Rohstofftitel und die Aktien für regenerative Energie, die in die Höhe schnellen, ein andermal die Automobilbauer mit Zulieferern, der Konsum-, Pharma- und Biotechsektor, gefolgt von der Großchemie und den Versorgern, danach vielleicht die Papiere der Bauwirtschaft, die Aktien der Immobilien- und Beteiligungsunternehmen, der Finanzdienstleister usw. Auch von daher sind Streuung und Ausgewogenheit oberstes Gebot für den Börsenerfolg. Das Angebot im Nebenwertebereich ist riesig, aber es besteht die Qual der Wahl. Mitunter sind die Kursausschläge sehr heftig – insbesondere bei den Titeln für erneuerbare Energien, Rohstoffe, Immobilien und Wertpapierhandelshäuser. Die Kurse der Discountbroker erinnern je nach Marktlage an einen Call- oder Put-Optionsschein. Stimmen die fundamentalen Daten, nutzt der mutige, nicht vom Herdentrieb geleitete Investor die Chance und greift beherzt zu.

7.3 Fundamentalanalyse: Orientierung an wichtigen Kennzahlen

Warum Fundamentalanalyse? Warum der Blick auf die wichtigsten Kennziffern vor einer Aktienorder? Es geht darum, den Wert eines Unternehmens und dessen Aktien möglichst verlässlich zu ermitteln.

Die Analysten von Bankhäusern und Researchfirmen versuchen, aus Umsatz und Gewinn, Cashflow, Ertragskraft, Kostenstruktur und Zukunftsaussichten den fairen Wert zu bestimmen. Die ermittelten Kennziffern erlauben und erleichtern Vergleiche und Einschätzungen insbesondere innerhalb der gleichen Branche. Auf Basis dieser Informationen prognostizieren die Analysten die Geschäftstätigkeit und leiten daraus die Rentabilität und Chancen auf Kursgewinne der Unternehmen ab. Viele Investoren schätzen solche Entscheidungshilfen, bewahren sie doch oft, wenngleich nicht immer, vor Fehleinschätzungen und vermeidbaren Verlusten. Nicht jeder Analyst recherchiert gründlich und objektiv. Mitunter verhindern Eigeninteresse und Abhängigkeitsverhältnisse eine unbestechliche, objektive Einschätzung. Wer ist der Auftraggeber? Wo liegen die Motive? Darum ist es geboten, Börsengurus nicht blindlings zu vertrauen, Informationen aus unterschiedlichen Quellen zu nutzen und bei übertriebenen Anpreisungen misstrauisch zu sein. Es tummeln sich auf dem Kapitalmarkt nicht nur seriöse Börsenexperten, sondern Wichtigtuer und Betrüger. Erfreulich ist, dass einige große Bankhäuser jetzt auch AGs aus dem MDAX, TecDAX und SDAX in den Fokus ihrer Analysetätigkeit rücken.

Nach dem Desaster am Neuen Markt hat sich die Anzahl der Börsengurus reduziert, die künftige

Nebenwerte-Guru Kurt Ochner – entthronter Neuer-Markt-König

Fondsmanager Ochner setzte nur auf Nebenwerte und war mit dem Neuen Markt untrennbar verbunden. Von 1996 bis Mitte 2000 legte sein Special German Stock Fund um mehr als 500 Prozent zu. Zeitweise betrug sein Fondsvermögen 800 Millionen Euro. Der steile Aufstieg des Nebenwerte-Stars endete jäh: Das Anlagesystem kollabierte. Bei fallenden Kursen musste Ochner seine Titel zu Schleuderpreisen verhökern. Seine Fonds verzeichneten Verluste von 70 bis 80 Prozent, sodass ihn sein Arbeitgeber Julius Bär 2001 feuerte. Jetzt steht sein Comeback an.

Börsentrends anhand von Mondphasen, Sternbildern, Sonnenflecken, sonstigen Naturphänomenen, Kristallkugeln, Kartenlegen, Kaffeesatz und anderem Schnickschnack vorherzusagen versuchen. Heute stehen wieder Experten im Blickpunkt, die auf Handfestes, nämlich Fundamentalanalyse und Charttechnik, vertrauen und sich bei Neuemissionen um verlässliche Einschätzungen bemühen.

Die Fundamentalanalyse lässt sich in drei Phasen aufgliedern, die Einzel-, Branchen- und Globalanalyse. Zu den wichtigsten Bestandteilen zählen das Kurs-Gewinn-Verhältnis (KGV), der Buchwert, der Cashflow (Finanzkraft), das Ergebnis pro Aktie, also die Kostenstruktur, Ertragskraft, Managementleistung, sowie die Wachstumschancen. Hinzu kommen Angaben zur Gewinnausschüttung und Dividendenrendite. Die Anhänger vertrauen darauf, dass der Markt Recht hat und den tatsächlichen Wert einer Aktie widerspiegelt.

Die meisten Börsianer orientieren sich an der Fundamentalanalyse wie auch an der Charttechnik, im Extremfall jedoch nur an einer der beiden Ausrichtungen. Die Zuversicht aus dem Lager der Fundamentalanalysten gründet auf der Annahme, dass der Markt letztendlich längerfristig zu 80 bis 90 Prozent auf Logik und nur zu 10 bis 20 Prozent auf psychologischen Faktoren beruht, mag dies in kritischen, von Hektik geprägten Phasen auch eher in einem umgekehrten Verhältnis geschehen. Einige renommierte Börsenpsychologen billigen den Massenphänomen der Verhaltensmuster wie dem Herdentrieb deutlich mehr Einfluss zu.

Bestandteile der Fundamentalanalyse	
Globalanalyse	Hierzu zählen Konjunktureinschätzungen, Untersuchungen der Wirtschafts-, Sozial- und Steuerpolitik, Rohstoffpreise, vor allem Erdöl, Währungseinflüsse, Wechselkurse, Naturkatastrophen, Ausbruch von Seuchen, politische Ereignisse, Konflikte, Krisen, Terrorismus, Kriegsgefahr usw., Zinspolitik.

Bestandteile der Fundamentalanalyse	
Branchenanalyse	Im Fokus stehen die Auswirkungen einer anziehenden, stagnierenden oder sich abschwächenden Konjunktur für die Branche, der das zu überprüfende Unternehmen angehört.
Einzelanalyse	
Kurs-Gewinn-Verhältnis (KGV) MDAX 2007 16 TecDAX 2007 26 SDAX 2007 16	Interessant ist das KGV für das laufende Jahr und die nächsten Jahre. Formel: Das KGV errechnet sich aus dem aktuellen Börsenkurs dividiert durch den geschätzten Gewinn für das laufende oder nächste Jahr. Je geringer das KGV im Branchenvergleich ist, desto niedriger bewertet erscheint unter reinen Ertragsgesichtspunkten die Aktie.
Substanzwert, Kurs-Buchwert-Verhältnis (KBV)	Beim KBV interessiert der Buchwert, die Summe der Vermögensgegenstände abzüglich der immateriellen Vermögenswerte wie Wissen und Können der Mitarbeiter sowie Verbindlichkeiten. Liegen der aktuelle Kurs und der Buchwert nahe beieinander, erscheint die Bewertung angemessen. Notiert der Buchwert über dem aktuellen Kurs, so ist die Aktie eher unterbewertet (Kursabsicherung nach unten).
Kurs-Cashflow-Verhältnis (KCV)	Der Cashflow bildet die Finanz- und Ertragskraft eines Unternehmens ab. Die Grundlage für die Berechnung dieser wichtigen Kennzahl bildet der aktuelle Geschäftsbericht.
EBIT und EBITDA	EBIT bezeichnet den Gewinn vor Steuern und Zinsen, EBITDA den Erlös vor Steuern, Zinsen und Abschreibungen. Die im Prime Standard gelisteten Firmen sind zur Rechnungslegung nach IFRS (IAS) oder US-GAAP verpflichtet.
Gewinnausschüttung und Dividendenrendite	Die Formel für die Berechnung der Dividendenrendite lautet: Gewinnausschüttung dividiert durch den aktuellen Kurs multipliziert mit Hundert oder Dividende multipliziert mit Hundert geteilt durch den aktuellen Kurs bzw. den Kaufkurs.
Untersuchung der Vergangenheit	Auch die Historie der Gesellschaft ist für die Gesamteinschätzung interessant. Handelt es sich um einen Newcomer? Oder verfügt das Unternehmen über Tradition und einen reichen Erfahrungsschatz? Waren kritische Phasen zu meistern oder ist eine stetige Aufwärtsentwicklung zu verzeichnen?

Bestandteile der Fundamentalanalyse	
Prognose, Zukunftserwartungen	Wie sind Marktposition, Einstiegsbarrieren, Alleinstellungsmerkmale, die künftige Umsatz- und Gewinnentwicklung zu beurteilen? Wann ist dauerhaft mit schwarzen Zahlen zu rechnen? Deutet sich ein Turnaround bzw. Break Even an?
Geschäftstätigkeit, operatives Geschäftsfeld	Die Beschreibung der Geschäftstätigkeit ist besonders wichtig (Leistungsfähigkeit des Managements, Marke, Marketing, Unternehmenskultur, Shareholder Value usw.). Handelt es sich um ein familiengeführtes, eigentümerdominiertes Unternehmen? Wie ist in diesem Fall die Nachfolge geregelt?

Die Teilnahme an der Hauptversammlung und die Durchsicht des Geschäftsberichtes liefern wichtige Anhaltspunkte für den Wert und die Einschätzung von Unternehmen und Aktie.

Der Geschäftsbericht vermittelt weitere Details, nämlich die Gewinn- und Verlustrechnung, die Eigenkapitalquote, die Bezüge von Vorstand und Aufsichtsrat, die Situation der Mitarbeiter, die Entwicklung der einzelnen Geschäftsfelder und die bestehenden Risiken. Auf der Hauptversammlung erfährt der Aktionär Einzelheiten über Fusionen, Beteiligungen, Übernahmen, die Erschließung neuer Märkte, das Kerngeschäft, den Ausbau der Marke, die Dividendenpolitik, Aktienoptions- und Aktienrückkaufprogramme oder einen Aktiensplit. Wer als Aktionär eine Wortmeldung abgibt, kann auf der Hauptversammlung Anmerkungen machen und Fragen zur Tagesordnung stellen. Die Rede des Vor-

Der Fall Frank Quattrone

Frank Quattrone zählte während des Börsenbooms zu den bekanntesten und höchst bezahlten Wall-Street-Börsenstars der Internetszene. Allein 2000 verdiente er rund 120 Millionen Dollar. Der Investmentbanker leitete lukrative Börsengänge von Internetfirmen wie Amazon und Netscape ein und trieb die Aktienkurse durch seine Kommentierungen nach oben.

standsvorsitzenden und die anschließende Diskussion mit den Aktionären verschaffen gute Einblicke in die Leistungsfähigkeit des Managements und die Persönlichkeitsstruktur der Führungsspitze.

7.4 Schneller, anschaulicher Überblick mithilfe der Technischen Analyse

Das eine Börsianerlager schwört auf die Fundmentalanalyse, das andere auf die Charttechnik. „Sowohl als auch!", lautet eine seriöse Aussage. Jede einseitige Orientierung ist unsinnig und führt zum Verzicht, die Vorteile der beiden sich vortrefflich ergänzenden Systeme zu nutzen. Die Technische Analyse mit ihren Kurven, gestrichelten und gepunkteten Linien in verschiedenen Farben und Formen verschafft auf Anhieb einen anschaulichen Überblick. Der Zeitraum erstreckt sich vom Tages- bis zum Mehrjahreschart, wobei sich interessante Vergleiche durch Übereinanderlegen von Charts anbieten, sei es zwischen in und ausländischen Indizes, bestimmten Branchen, der Entwicklung von Neuemissionen usw. Die Fundamentalanalyse liefert mit ihren Kommentaren und Kennziffern die Basis für Kauf- und Verkaufsentscheidungen. Die Technische Analyse füllt dieses Zahlengerüst auf anschauliche Art mit Leben, gespeist aus wiederkehrenden Verhaltensmustern der Vergangenheit. Vielen Privatanlegern reicht ein Überblick mit eingezeichneten Orientierungspunkten wie Unterstützungs- und Widerstandslinien und daraus abzuleitenden Kauf- und Verkaufssignalen aufgrund von Trendfortführung oder Trendumkehr. Für die Experten der Technischen Analyse erschließt sich eine eigene Wissenschaft gespickt mit Fachvokabular, Handlungsanweisungen und Prognosen, abdeckbar mit weiterführender Literatur, an der es nicht mangelt. Im Rahmen der Themenstellung „Stock-Picking mit Nebenwerten" soll hier ein kurzer Einblick in die Charttechnik genügen.

Aufwärtstrend: Kaufsignal

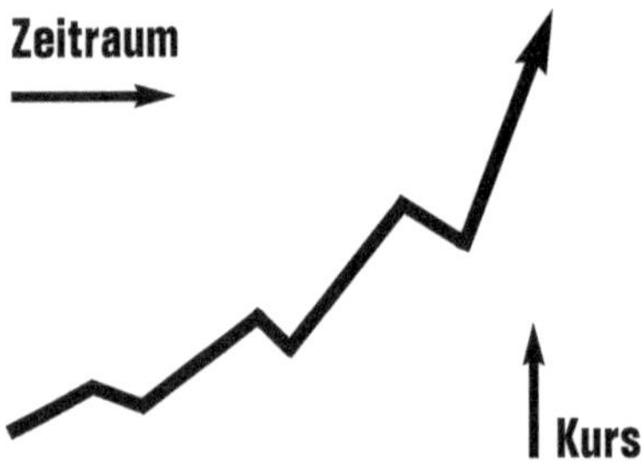

Die Technische Analyse mit ihren Kursgrafiken und Indexverläufen, ihren Unterstützungs- und Widerstandslinien, Wimpel, Dreieck, Flagge, M- und W-Formation, Ober- und Untertasse, Bären- und Bullenfalle, Doppeltop, Keil- und Schulter-Kopf-Schulter-Formation, Diamant, Rosshaken usw. fasziniert viele, aber nicht alle Börsianer. Angefangen vom Tages- über den Wochen-, Monats-, 80-Tage-, 200-Tage-, Jahres- und Mehrjahreschart zeichnet der Charttechniker auf der Horizontalen die Zeitspanne, auf der Vertikalen den Aktienkurs ein. Dabei arbeitet er mit Linien, Wellen, Strichen, Punkten, Kerzen, Pfeilen usw. Nachdem die Börse selbst vorrangig die Zukunft und weniger die Gegenwart widerspiegelt, wird ein gewisser Widerspruch offenkundig. Die Technische Analyse schätzt den Aktienmarkt als Spiegel von Angebot und Nachfrage ein. Auf der Basis von Kursentwicklungen vergangener Zeiten, gründend auf wiederkehrenden Verhaltensmustern und Regelabläufen als typisch menschliches Phänomen, werden auf diese Weise Trends für die Zukunft abgeleitet.

Abwärtstrend: Verkauf

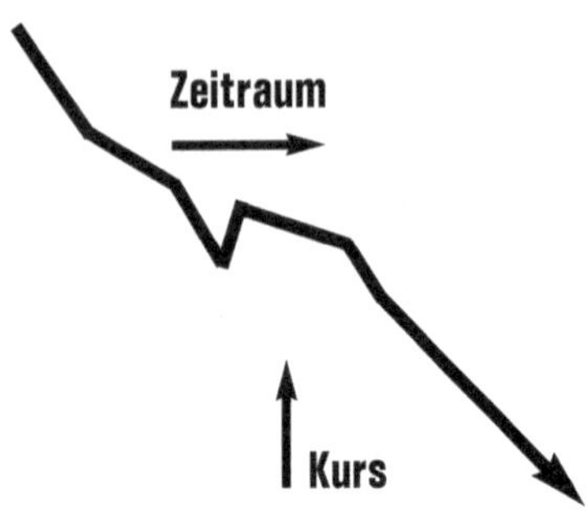

Das menschliche Verhalten wird geprägt von bestimmten Regelabläufen und Gesetzmäßigkeiten. Solche psychologisch bedingten Einflussfaktoren spürt die Charttechnik auf und setzt sie nutzbringend in Anlageentscheidungen um. Dennoch sollte sich der Anleger bewusst sein, dass die Charts das vergangene Geschehen widerspiegeln und nur deshalb für die Gegenwart und die Zukunft tauglich sind, weil der Mensch als eine Art Gewohnheitstier zu wiederkehrenden Verhaltensmustern neigt, selbst dann, wenn sich das frühere Verhalten als unklug erwies, z. B. bei Gier und Euphorie überteuert einzukaufen, bei Angst und Panik alle Papiere auf den Markt zu werfen, anstatt günstige Einstiegschancen zu nutzen. Für die Kritiker der Charttechnik stellt sich die Frage nach Ursache und Wirkung bzw. das Problem einer sich selbst erfüllenden Prophezeiung. Stimmt die Charttechnik nur deshalb so oft, weil viele Anleger ihr Verhalten entsprechend ausrichten? Sie orientieren sich am Trendkanal, steigen ein, wenn die untere Unterstützungslinie hält, steigen aus, wenn sie nach unten durchbrochen wird. Ebenso verkaufen sie bei Vorliebe für den schnellen Ein- und Ausstieg, wenn der Kurs wiederholt an der gedachten oberen Widerstandslinie abprallt. Umgekehrt greifen sie zu, wenn die Widerstandslinie durchstoßen wird und der Weg nach oben frei ist.

Unterstützungslinie

Charttechnisches Verkaufssignal bei Durchbruch nach unten, Kaufsignal, wenn die Linie hält

Das geht so weit, dass viele Anhänger der Technischen Analyse ein „Stop-buy“ setzen. Ihre Kauforder gilt erst dann, wenn der Kurs die Widerstandslinie nach oben durchstößt. Für dieses charttechnische Kaufsignal nehmen sie einen gewissen Preisaufschlag hin. Das heißt, sie kaufen eine Aktie beispielsweise nicht schon für 16,50 Euro, sondern erst ab 17,20 Euro ein, weil ungefähr bei 17 Euro die Widerstandslinie verläuft und unbedingt geknackt werden soll.

Widerstandslinie

Verkaufssignal bei Abprall an der oberen Linie, Kaufsignal bei Durchstoß in den freien Raum

Kaufsignal: W-Formation

Verkaufsignal: M-Formation

Eine gute, einfache und recht verlässliche Orientierung bietet der Trendkanal. Tatsächlich ist es viel wahrscheinlicher, dass die eingeschlagene Bewegungsrichtung fortgeführt wird als ein abrupter Richtungswechsel. Dies gilt umso mehr für eine bestimmte Einzelaktie, wenn das Börsenklima recht stabil erscheint.

Von daher gesehen sollten sogenannte Kursraketen nicht vorzeitig verkauft werden, nur um einen schon attraktiven Gewinn einzusammeln. Ein Teilverkauf ist eine akzeptable Alternative, aufgezeigt am Beispiel der Rational-Aktie aus dem SDAX, Weltmarktführer bei Garkochsystemen für Profiköche: 2003 zu 33 Euro gekauft, 2006 ein Viertel für 155 Euro steuerfrei veräußert und damit bereits den Einsatz bezahlt.

Kauf- und Verkaufsentscheidungen, beeinflusst durch Charttechnik und Börsenpsychologie

Anlegertyp A (Verluststrategie)

① **Zuversicht:** „Eine Hausse! Es geht richtig nach oben!“

② **Selbstbeschwichtigung:** „Klare Übertreibung nach unten!“

③ **Neue Hoffnung:** „Bodenbildung! Jetzt kaufe ich dazu!“

④ **Aufkommende Angstgefühle:** „Verkehrte Welt. Ich verstehe das nicht!“

⑤ **Verzweiflung:** „Wie lange dauert dieser Absturz noch?“

⑥ **Panik:** „Weg mit allen Aktien! Nur noch Spareinlagen!“

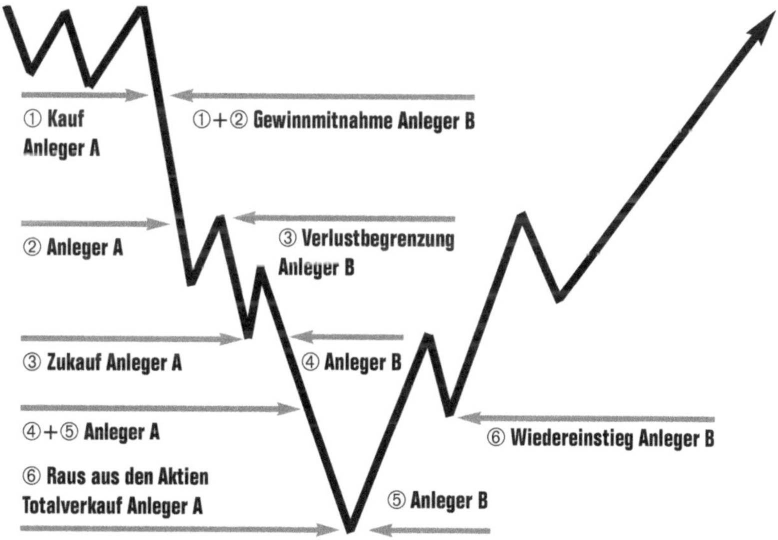

Anlegertyp B (Gewinnstrategie)

① **Skepsis:** „Konjunkturschwäche! Wohl der Beginn einer Baisse!“

② **Bodenbildung unklar:** „Besser die Gewinne mitnehmen!“

③ **Selbstkontrolle:** „Verlustbegrenzung angezeigt!“

④ **Pessimistische Einschätzung:** „Spekulationsblase! Crashgefahr!“

⑤ **Planung:** „Cash aufbauen!“

⑥ **Neue Hoffnung:** „Bodenbildungsphase! Neue Positionen aufbauen!“

7.5 Nebenwerte im Blickpunkt der Börsenpsychologie

Wie stark Börsenkurse von psychologischen Faktoren abhängen, zeigt besonders deutlich der Nebenwertesektor. Dazu ein aktuelles Beispiel: Die wenig liquide, ziemlich unbekannte Aktie von BinTec Communications verlor in den Morgenstunden des 4. Oktober 2006 zunächst 15 Prozent, um bis zum Mittag 30 Prozent zuzulegen und danach vom Hoch wieder zehn Prozent einzubüßen. Binnen Stunden notierte der Titel zwischen 0,37 und 0,57 Euro. Zur Vorgeschichte: Mitte Juli 2006 stieg die Aktie um 300 Prozent von 0,05 auf 0,20 Euro, nachdem die Einstellung des Insolvenzverfahrens beantragt wurde. Diese Kursexplosion ist nachvollziehbar. Das, was Anfang Oktober 2005 ohne neue Nachrichten geschah, war psychologisch bedingt. Ein Börsenbrief stellte den marktengen Titel vor. Die Aktie schnellte nach oben. Danach setzten massive Gewinnmitnahmen ein. In der Spitze verteuerte sich das Papier von Mitte Juli bis Anfang Oktober um rund 1.000 Prozent (Hoch im Oktober: 0,76 Euro; Tief im November: 0,44 Euro). Fundamental ist ein solch exorbitanter Kursanstieg – in der ersten Oktoberwoche ohne neue Nachrichten über 100 Prozent – für ein Unternehmen, das wegen Insolvenz in die Bredouille geriet, nicht begründbar. Der Beweis, die Krise dauerhaft gemeistert zu haben, steht noch aus. Wer sind die Anleger? Welche Motive dominieren? Euphorie, Gier und Herdentrieb dürften die Triebfedern ihres Handelns sein. Ein ideales Spielfeld für Spekulanten und Zocker, die einen gewissen Nervenkitzel nicht missen wollen. In ruhigen Zeiten bestimmt die Psychologie zu 30 bis 40 Prozent das Börsengeschehen. In kritischen Phasen sind dies 80 bis über 90 Prozent. Auf Einzeltitel bezogen reicht der psychologische Einfluss bisweilen nahe an die 100-Prozent-Marke. Ebenso häufige Massenphänomene wie Gier, Euphorie, Angst, Panik und Herdentrieb sind Verdrängung, verzerrte Wirklichkeit und eine dominante Sichtweise (Scheuklappensyndrom). Der Börsianer sieht nur das, was er sehen will.

Am 4. Oktober 2006 schaffte der amerikanische Leitindex Dow Jones mit einem Freudensprung auf 11.850 Punkte ein neues Allzeithoch und knackte dann rasch die angepeilte 12.000-Punkte-Barriere. Die alte Marke von 11.723 Punkten vom Januar 2000 hielt mehr als sechs Jahre lang. Der Freudentaumel ergriff Anfang Oktober 2006 die Börsen weltweit. Japan legte gleich 2,3 Prozent auf 16.450 Punkte zu, die US-Technologiebörse Nasdaq 100 sprang 2,5 Prozent nach oben und die Börse in Mexiko sogar 3,5 Prozent. Der DAX schaffte bis Mitte November mit 6.400 Punkten ein 5-Jahres-Hoch. Waren schon die Monate August und September 2006 entgegen dem statistischen Durchschnitt recht gute Börsenmonate, so machte der „goldene Oktober" seinem Namen gleich zu Beginn alle Ehre. In Erwartung einer Herbst/Winter-Rallye wurde wieder vehement in die seit Mitte Mai 2006 nach scharfer Korrektur verschmähten Aktien eingestiegen. Erneut zeigte sich das altgewohnte Anlegerverhalten. Aktien werden vorwiegend nicht dann gekauft, wenn sie richtig preiswert, sondern bereits relativ teuer geworden sind. „Kaufen bei Angst – verkaufen bei Hoffnung" wird als Strategieprinzip nur von wenigen Börsianern verinnerlicht. Schade, so bleiben die größten Gewinnchancen ungenutzt! Die Börsenstrategie macht rationalen Denk- und Verhaltensweisen oft einen Strich durch die Rechnung.

Psychologisch bedingtes Fehlverhalten

Aus Angst, den erzielten Buchgewinn zu verspielen, werden chancenreiche Aktien zu früh verkauft. Umgekehrt wird an verlustreichen Titeln hartnäckig festgehalten.
Dieser Verdrängungsprozess gipfelt darin, bei Verlusten extrem risikofreudig zu sein und bei Gewinnen wie ein Angsthase zu reagieren.
Durch Prahlen mit früheren Erfolgen wird in Krisenzeiten unnötig Druck aufgebaut.

Was bedeutet Behavioral Finance? Dieser relativ neue Zweig der Kapitalmarkteinschätzung schlägt eine Brücke zwischen Ökonomie und Psychologie, denn Kauf- und Verkaufsentscheidungen werden oft nicht vernunftbetont und überlegt gefällt, sondern durch typisch menschliche irrationale Verhaltensmuster beeinflusst. Emotionale Stimmungen wie das sogenannte Bauchgefühl erlangen ein Übergewicht und gefährden somit den Anlageerfolg. Die Psychofalle schnappt vor allem dann zu, wenn der Anleger seine Fehlspekulation als persönliche Niederlage und Gesichtsverlust empfindet und sich rechtfertigen soll. Also wird der Misserfolg gern verdrängt oder ein Sündenbock gesucht. Wichtig bei der Beurteilung der Marktentwicklung und der Reflexion über die eigene Strategie ist die Erkenntnis, dass Sie als Privatanleger den Markt nicht steuern und kontrollieren können. Es gilt, das Bedürfnis zu überwinden, immer Recht haben zu wollen. Letztlich kommt es nicht darauf an, wie oft Sie bei Einzelentscheidungen richtig oder falsch liegen, sondern was am Ende herauskommt, wie hoch die erzielte Rendite ist. Also heißt es, emotionale Prägungen zu überwinden und aus seinen Fehlern zu lernen.

Fehlervermeidung aus psychologischer Sicht

Positives Verhalten	Anmerkungen
Eine zur Persönlichkeit passende Strategie aufbauen und einhalten	Wer risikofreudig ist, zu dem passt das Stock-Picking mit Nebenwerten, evtl. ein Investment in Neuemissionen, in spekulative Turnaround-Werte und vielleicht auch in Penny Stocks.
Sich über seine Anlagemotive und Ziele im Klaren sein	Es muss Ihnen klar sein, warum Sie in Aktien investieren, ob Ihr Zeithorizont kurz-, mittel- oder langfristig ist, Sie Ihr Vermögen aufbauen bzw. Ihre Altersvorsorge finanzieren wollen.
Sich um Objektivität bemühen, negative Entwicklungen nicht verdrängen	Lassen Sie sich nicht von aggressiven Werbeparolen irritieren, die Schreckensszenarien ausmalen oder wahnwitzig anmutende Renditen versprechen. Glauben Sie nicht alles und informieren Sie sich aus unterschiedlichen seriösen Quellen.

Positives Verhalten	Anmerkungen
Nicht bei emotionaler Blockade und ethischen Bedenken investieren	Lehnen Sie ein Unternehmen und dessen Produkte ab, wie Rüstung, so lassen Sie die Finger davon, selbst wenn der Titel gut läuft. Mit gutem Gewissen investieren bedeutet ruhigen Schlaf. Anleger mögen Firmen, die ethische Standards erfüllen.
Bevorzugt ordern, was man kennt und versteht	Bei fehlendem Fachwissen z. B. über Bio- und Nanotechnologie sind Indexzertifikate und Indexfonds eine gute Alternative.
Sich bewusst sein, nicht der Erste zu sein	Über die Ihnen zugänglichen Nachrichten in den Medien verfügen auch andere. Entweder blitzschnell reagieren oder sich in Geduld üben.

7.6 Bei vielen Nebenwerten winken attraktive Dividenden

Wenn die Aktienkurse in der Hausse kräftig nach oben laufen, steht die Dividende bei vielen Anlegern nicht mehr im Fokus. Allein die Kursentwicklung interessiert. Bei Wachstumsaktien vor allem aus der Hightech-, Biotech- und Nanotechnologiebranche ist die Gewinnausschüttung, sofern es sie überhaupt gibt, prozentual eher gering. Anders sieht dies schon in den klassischen industriellen Branchen aus. Bei einigen Titeln gibt es attraktive Dividenden, die es bequem mit Bundesschatzbriefen und dem Zinssatz von Wandelanleihen aufnehmen können. Hinzu kommt, dass eine hohe Dividendenrendite den Kurs nach unten absichert und momentan noch das Halbeinkünfteverfahren gilt. Bei dem halbierten Freibetrag von nur noch 750 Euro für Ledige und 1.500 Euro für gemeinsam veranlagte Eheleute ist es von großem Vorteil, dass bei der Gewinnausschüttung nur die Hälfte steuerpflichtig ist. Besonders viel Freude haben Langzeitanleger mit dividendenstarken Titeln. Mit jeder Dividendenerhöhung steigt die Rendite der Altbestände. Wer die beiden MDAX-Titel Beiersdorf und Leoni seit 1979 im Depot hat, kann alljährlich 45 bzw. 40 Prozent Rendite einstreichen. In weniger als drei Jahren bezahlt er allein mit der Ausschüttung seinen damaligen Einsatz. Es gibt also gute Argumente nicht nur für einen schnellen Ein- und Ausstieg, sondern bei Qualitätstiteln auch für eine Langzeitstrategie á la André Kostolany.

Nebenwerte-Spitzenreiter der Dividenden-Champions-League				
Unternehmen	Ausschüttung HV 2006 in Euro und Prozent	Aktienkurs am 2. Oktober 2006	Aktienkurs 1979 auf Euro umgestellt	Rendite Okt. 2006 auf Kursbasis 1979
Beiersdorf	0,60 € 1,4 %	41,60 €	1,33 € (Split)	45 %
Leoni	0,65 € 2,4 %	27,40 €	1,67 € (Split)	39 %
Berechnung der Rendite: Dividende multipliziert mit 100 dividiert durch Kurs				

Wer am Tag der alljährlich stattfindenden Hauptversammlung die entsprechende Aktie im Depot hält, bekommt die gesamte Dividende am nächsten Werktag für das vergangene Geschäftsjahr ausgezahlt. Bis zum Jahresschluss 2008 wird noch nach dem Halbeinkünfteverfahren versteuert (50 Prozent steuerfrei, 50 Prozent nach dem persönlichen Steuersatz). Liegt der Depotbank kein Freistellungsauftrag vor oder ist dieser bereits ausgeschöpft, wird automatisch ein 20-prozentiger Kapitalertragsteuerabzug vorgenommen und auch der Solidaritätszuschlag von 5,5 Prozent erhoben.

November 2006: Dividendenrendite 2006/2007

DAX	2,90 %/2,73 %
MDAX	1,79 %/1,90 %
TecDAX	0,37 %/0,42 %
SDAX	2,00 %/2,09 %

Wer Stoppkurse setzt, sollte darauf achten, wann die Spekulationsfrist abläuft, und im Auge behalten, an welchem Tag und wie viel ausgeschüttet wird. Im Übrigen sei daran erinnert: Steigen die Kurse bei gleich hoher Ausschüttung, sinkt die prozentuale Dividendenrendite. Stürzen die Kurse bei unveränderter Dividende in den Keller, wächst die prozentuale Rendite. Nachdem sich die Nebenwerte in den letzten Jahren besser als der DAX entwickelt haben, liegt logischerweise der deutsche Leitindex jetzt bei der Dividendenrendite klar vorn.

Es ist aber verkehrt, Aktien nur im Hinblick auf die Höhe der Gewinnausschüttung zu ordern. Es kommt gar nicht so selten vor, dass bei schlecht laufenden Geschäften die Gewinnausschüttung reduziert oder vorübergehend komplett entfällt (siehe Dr. Scheller Cosmetics, Gildemeister, SGL Carbon, Loewe u. a. m.). Eine üppige Dividende ist ein wichtiges, aber nicht das einzige Kaufargument. Eine großzügige Ausschüttung ist kein Beweis für hohe Gewinnmargen. Selbst bei einem schleppend laufenden operativen Geschäft sehen manche Firmen aus Gründen der Kurspflege und Shareholder-Value-Politik davon ab, die Dividende zu kürzen oder zu streichen.

Nebenwerte-Aktien mit hoher Dividendenrendite

MDAX Unternehmen	ISIN/WKN	Kurs € 02.10 2006	Kursentwicklg. 06	*Div. 06/07 = *erwartet	*Div.-Rendite 06/07
Nordd. Affinerie	DE000 676 650 4	19,05 €	-12,50 %	1,00/1,00 €	5,3 %
Hannover Rück	DE000 840 221 5	32,80 €	+ 9,65 %	1,30/1,40 €	4,0 %/4,3 %
Dt. Euroshop	DE000 748 020 4	54,60 €	+15,85 %	2,00/2,00 €	3,7 %
AWD	DE000 508 590 6	27,85 €	+18,70 %	1,00/1,00 €	3,6 %
IKB Dt. Industrie	DE000 806 330 6	27,65 €	+10,55 %	0,85/0,90 €	3,1 %/3,3 %
Boss Vz.	DE000 524 553 4	34,10 €	+14,85 %	1,01/1,01 €	3,0 %
TecDAX Unternehmen	**ISIN/WKN**	**Kurs € 02.10.2006**	**Kursentwicklg. 06**	***Div. 06/07 = *erwartet**	***Div.-Rendite 06/07**
Bechtle	DE000 515 870 3	16,55 €	+ 0,80 %	0,50/0,50 €	3,0 %
Pfeiffer Vacuum	DE000 691 660 4	51,70 €	+12,00 %	1,40/1,50 €	2,7 %/2,9 %

Nebenwerte-Aktien mit hoher Dividendenrendite					
SDAX Unternehmen	ISIN/WKN	Kurs € 02.10.2006	Kursent-wicklg. 06	*Div. 06/07 = *erwartet	*Div.-Rendite 06/07
HCI Capital	DE000 A0D 9Y9 7	13,45 €	-20,35 %	1,30/1,35 €	9,7 %/10,0 %
MPC	DE000 518 760 3	65,20 €	- 0,90 %	4,00/4,00 €	6,1 %
Grammer	DE000 589 540 3	21,20 €	+ 7,75 %	1,00/1,00 €	4,7 %
Indus Holding	DE000 620 010 8	28,05 €	- 4,80 %	1,20/1,20 €	4,3 %
Comdirect bank	DE000 542 800 7	8,55 €	+ 7,40 %	0,34/0,36 €	4,0 %/4,2 %
Dt. Beteiligung	DE000 550 810 5	17,50 €	+25,60 %	0,66/0,66 €	3,8 %
Masterflex	DE000 549 293 8	21,10 €	-21,85 %	0,80/0,80 €	3,8 %
Dt. Wohnen	DE000 A0H N5C 6	48,00 €	- 5,85 %	1,75/1,75 €	3,7 %
Klöckner & Co	DE000 KC0100 0	20,70 €	+29,40 %	0,75/0,75 €	3,6 %
MVV Energie	DE000 A0H 52F 5	23,10 €	+33,70 %	0,80/0,85 €	3,5 %/3,7 %
Small Caps Unternehmen	ISIN/WKN	Kurs € 02.10.2006	Kursent-wicklg. 06	*Div. 06/07 = *erwartet	*Div.-Rendite 06/07
GCI Management	DE000 585 518 3	10,90 €	- 6,45 %	1,00/1,20 €	9,1 %/11,0 %
U.C.A.	DE000 701 200 7	5,50 €	- 12,0 %	0,50/0,50 €	9,1 %
Ahlers Vz.	DE000 500 973 2	15,00 €	+ 1,50 %	1,20/1,00 €	8,0 %/7,3 %
Ahlers St.	DE000 500 970 8	14,85 €	- 0,60 %	1,15/0,95 €	7,7 %/6,40 %
Lloyd Fonds	DE000 617 487 3	15,95 €	+ 1,60 %	1,20/1,20 €	7,5 %
Sino	DE000 576 550 7	16,60 €	+13,70 %	1,15/1,25 €	6,9 %/7,5 %
Bavaria Industrie	DE000 260 555 7	40,00 €	+53,85 %	2,50/3,00 €	6,3 %/7,5 %
MWB Wertpapier	DE000 665 610 1	4,75 €	+43,50 %	0,30/0,30 €	6,3 %
Geratherm Med.	DE000 549 562 6	5,65 €	+ 2,35 %	0,32/0,32 €	5,7 %
JOST AG	DE000 621 640 1	10,05 €	k.A.	0,60/0,60 €	5,7 %
Köhler & Krenzer	DE000 630 340 7	12,45 €	- 27,55 %	0,70/0,70 €	5,6 %
Drillisch	DE000 554 550 3	4,80 €	+ 5,50 %	0,25/0,25 €	5,2 %
Hyrican	DE000 600 450 0	5,75 €	- 25,75 %	0,30/0,30 €	5,2 %
Euwax	DE000 566 010 4	36,00 €	+25,60 %	1,80/1,80 €	5,0 %
Value Management	DE000 A0A 8FR 0	3,95 €	- 18,95 %	0,20/0,20 €	5,1 %
Dt. Grundstück	DE000 553 340 0	18,50 €	+23,75 %	0,90/0,95 €	4,9 %/5,1 %

Nebenwerte-Aktien mit hoher Dividendenrendite					
Small Caps Unternehmen	ISIN/WKN	Kurs € 02.10.2006	Kursent-wicklg. 06	*Div. 06/07 = *erwartet	*Div.-Rendite 06/07
Rücker Immobilien	DE000 548 786 2	3,55 €	+13,35 %	0,17/0,18 €	4,8 %/5,1 %
Rücker	DE000 704 110 5	6,20 €	+13,95 %	0,30/0,30 €	4,8 %
Edding Vorzüge	DE000 564 793 7	35,00 €	+ 8,75 %	1,65/1,65 €	4,7 %

7.7 Trotz Trendorientierung offen sein für antizyklisches Handeln

Meinungsvielfalt wie auch Expertenirrtümer sind ein Charakteristikum der Börse. Letztlich ist das auch gut so. Würden alle Aktionäre dasselbe glauben und umsetzen, gäbe es gar keine Börse. Will jeder kaufen und es gibt keine Verkäufer, ist der Markt tot – umgekehrt genauso. Auch bezüglich der Strategien gibt es abweichende Einstellungen. Sie beziehen sich nicht nur auf die Risikoneigung – ausgeprägt von schwach und sicherheitsbetont bis extrem stark und spekulativ. Der eine schwört auf Value, der andere auf Growth, wobei – abhängig von der Marktsituation und der Konjunktur – jedes Prinzip berechtigt ist. Ebenso geht es um die Trendfolgestrategie und das antizyklische Handeln. Beide Ausrichtungen verdienen es, in die eigene Anlagestrategie eingegliedert zu werden. Trendfolge heißt, auf die Siegeraktien zu setzen und Gewinne laufen zu lassen, ist es doch viel wahrscheinlicher, dass die Spitzenaktien weiter zulegen als dass eine Trendumkehr einsetzt. Antizyklisches Handeln bedeutet, gegen dem Strom zu schwimmen, sich vom Herdentrieb abzukoppeln und das Gegenteil von dem zu tun, was die Masse macht. Warum nicht beide Marschrouten befolgen? Einerseits bleiben die besten Aktien im Depot, hier und da ein Teilverkauf, um frisches Geld zu haben und mit diesem Investment nie mehr in die Verlustzone zu geraten.

Nur wer gegen den Strom schwimmt, kann zur Quelle vorstoßen. Nur tote Fische und Mitläufer treiben mit dem Strom.

Andererseits ein Einstieg oder Zukauf gerade dann, wenn – diktiert von Angst und Panik – allgemein zum Ausstieg geblasen wird. „Bei Angst kaufen – bei Hoffnung verkaufen!", sollte zum verinnerlichten Anlageprinzip werden. Bis Mai 2006 wurden massiv die Aktien von Rohstoffen, regenerativen Energien und Immobilienfirmen empfohlen. Viele Aktien erreichten ihren Höchststand. Im Herbst 2006 erklärten einige Gurus die Rohstoff- und Nebenwertehausse für beendet, malten für regenerative Energien ein düsteres Crashszenario an die Wand, sodass die Kurse weiter abstürzten. Es gilt, solche Bodenbildungsphasen zum Zukauf zu nutzen, mag das perfekte Timing auch nur selten gelingen. Wenn mehrere Analysten jetzt empfehlen, sich wieder den großen US-Titeln zuzuwenden, ist hier und da eine Gewinnmitnahme angezeigt, zumal der Dow Jones kürzlich nach sechsjähriger Durststrecke ein neues Allzeithoch mit über 12.000 Punkten feierte.

Jack Schwager schreibt dazu in seinem Buch „Magier der Märkte": „Es ist allgemein anerkannt, dass man Gewinne erzielen kann, wenn man das Gegenteil dessen tut, was die Mehrheit der Trader macht. Das Grundkonzept: Wenn eine große Mehrheit von Tradern optimistisch ist, dann impliziert dies, dass fast alle Marktteilnehmer, die mit steigenden Kursen rechnen, schon gekauft haben. Daher führt der Weg des geringsten Widerstands nach unten. Ein entsprechendes Argument gilt, wenn die Mehrheit der Trader pessimistisch ist."

Die antizyklische Aktienanlage bietet sich nur dann an, wenn einzelne Titel wegen eines Gerüchts, übertriebener Schwarzmalerei, im Rahmen einer scharfen Korrekturphase, im Crashszenario oder weil der Branchenprimus patzt in den Keller purzeln.

Dagegen sollten Sie eher die Hände von der betreffenden Aktie lassen, wenn die Zahlen schlecht sind, falsch bilanziert wurde, mit Umsätzen geprahlt wurde, die es gar nicht gab, die Führungsspitze große Insiderverkäufe startet, das Unternehmen gegenüber seinen Mitbewerbern fortlaufend Marktanteile verliert oder bereits der Pleitegeier seine Runden dreht.

Wenn z. B. eine kleine Biotechgesellschaft nur ein einziges Präparat in der Pipeline hat und in der klinischen Phase III scheitert, ist eine Kurserholung unwahrscheinlich. Selbst ein abrupter Kursabsturz von 70 Prozent lädt hier nicht zum Einstieg ein. Stehen dagegen trotz eines Misserfolgs in einer späteren klinischen Phase noch weitere aussichtsreiche Medikamente kurz vor der Marktreife, wäre ein Kursabsturz von etwa 60 Prozent bei einem etablierten Unternehmen sicherlich stark übertrieben und fordert mutige Investoren zum antizyklischen Handeln auf.

Ebenso ist, sofern während einer scharfen Korrektur nahezu alle Neuemissionen abgestraft werden, bei niedrig bewerteten, substanz- und dividendenstarken Value-Titeln sowie bei den konjunkturabhängigeren Growth-Titeln mit hohen Wachstumschancen ein Kauf mit Augenmaß zu überlegen. So kam Demag Cranes (SDAX) niedrig bewertet an

Zukäufe Korrekturphase 2. Halbjahr 2006

Bavaria Industriekapital

Kauf 11. Juli 2006	29,50 €
Kurs 7. November 2006	48,10 €
52-Wo-Hoch/Tief	52,1 €/26,3 €

C.A.T. Oil

Kauf 12. September 2006	15,10 €
Kurs 7. November 2006	18,00 €
52-Wo-Hoch/Tief	21,9 €/13,1 €

DIC Asset

Kauf 8. Juni 2006	21,40 €
Kurs 7. November 2006	28,54 €
52-Wo-Hoch/Tief	34,6 €/11,9 €

Interhyp

Kauf 18. Juli 2006	55,10 €
Kurs 7. November 2006	75,98 €
52-Wo-Hoch/Tief	116,5 €/47,4 €

Klöckner & Co

Kauf 18. Juli 2006	14,50 €
Kurs 7. November 2006	27,67 €
52-Wo-Hoch/Tief	27,9 €/13,9 €

Rational

Kauf 9. Juni 2006	129,80 €
Kurs 7. November 2006	159,28 €
52-Wo-Hoch/Tief	169,5 €/82,0 €

Zukäufe Korrekturphase 2. Halbjahr 2006 (Fortsetz.)

Schlott

Kauf 18. Juli 2006	20,90 €
Kurs 7. November 2006	25,78 €
52-Wo-Hoch/Tief	33,5 €/19,2 €

Vossloh

Kauf 18. Juli 2006	35,70 €
Kurs 7. November 2006	50,34 €
52-Wo-Hoch/Tief	51,6 €/34,9 €

die Börse und hat seit dem Tief von 21,65 auf 33,28 Euro zugelegt. Als die Solarstromtitel von einem Allzeithoch zum nächsten stürmten, stiegen immer mehr Anleger ein. Im Oktober 2006 dürfte die Bodenbildungsphase ihren Höhepunkt erreicht haben – sicherlich eine gute Einstiegschance für noch nicht investierte Anleger oder Investoren, die ihre Aktien überteuert eingekauft haben.

Zum Schluss ein Zitat aus dem Buch von Anthony Gallea und William Patalon „Antizyklisch investieren“: „Der kluge Investor, [...] der sich darin übt, die Meldungen in Zeitschriften und Fernsehen zu analysieren und Hochs und Tiefs an den Extremwerten der öffentlichen Meinung zu erkennen, lernt schließlich, bei Angst und Panik zu kaufen, bei Gier und Euphorie zu verkaufen. Der kluge Investor behält einen kühlen Kopf und sucht nach solchen Extremen. Aber weil er die Neigung seiner Mitmenschen kennt, sich der Massenmeinung anzuschließen, begibt er sich nicht in derart zerstörerische Gefahren.“

7.8 Wie auf Konjunkturzyklen reagieren? Wann Value? Wann Growth?

Abgesehen von der Charttechnik eilt die Börse ihrer Zeit voraus, orientiert sich weniger an der Gegenwart als an der Zukunft – vor allem, was die Umsetzung der Konjunktureinschätzungen weltweit, in Amerika, Europa und Ostasien auf die Aktienkursentwicklung betrifft. Von der Konjunktur hängt es ab, ob die Analysten klassisch ausgerichtete werthaltige Value-Aktien oder konjunkturabhängige

Growth-Aktien aus zyklischen Branchen fokussieren. Am Ende eines Konjunkturzyklus, wenn der Aufschwung nachlässt, die Bären die Bullen aus der Börsenarena vertreiben und das neuerliche Wirtschaftswachstum auf sich warten lässt, sind Value-Papiere gefragt, z. B. Versorger-, Energie-, Konsum- und Pharmatitel. Essen und Trinken, Heizung und Strom, Körperpflege- und Reinigungsmittel sowie Medikamente braucht jedermann auch in schlechten Zeiten. In der Baisse und im Seitwärtsmarkt spricht vieles für ein solches Investment. Value-Papiere mit niedrigem KGV, hohem Buchwert und attraktiver Dividendenrendite sorgen für Ausgewogenheit, Risikominderung und mehr Sicherheit im Depot. Growth bezeichnet dagegen einen wachstumsorientierten Investmentstil, ausgerichtet auf innovative Geschäftsmodelle mit hohem Umsatz- und Gewinnwachstum. Hightech-, Biotech-, Nanotechnologie-, Rohstoff-, Edelmetall-, Automobil- und Luxusartikelaktien florieren bei wirtschaftlichem Aufschwung besonders. Ein ausgewogenes Depot für Langzeitanleger berücksichtigt Value- und Growth-Aktien. Bei einem kurz- bis mittelfristigen Anlagehorizont hängt die Gewichtung vor allem von Konjunktur, Zinssätzen und Inflationsrate ab.

Aushängeschild für die werthaltige Value-Strategie ist Warren Buffett, zweitreichster Mann der Welt. Die Aktie seines milliardenschweren Konzerns Berkshire Hathaway geriet lediglich während des Internetbooms in Turbulenzen, hat sich parallel zum Comeback der US-Investor-Ikone aber längst erholt und neue Höchststände erzielt. Das Papier kostet mehr als 83.000 Euro. Warren Buffett hat mit seiner erfolgreichen Unternehmensphilosophie, nur niedrig bewertete Aktien zu

Kaufe nur, was du kennst und verstehst!

„Frage nicht nach dem Preis, den du für ein Unternehmen bezahlst, sondern nach dem Wert, den du für dein Geld bekommst!"

Warren Buffett

kaufen, viele Investoren reich gemacht. Heute muss man wohlhabend sein, um die Aktie kaufen zu können.

In den klassisch ausgerichteten Nebenwerte-Indizes MDAX und SDAX dominieren die werthaltigen Value-Titel. Der TecDAX als Nachfolger des Nemax 50 verfügt mit seinen Higtech-, Biotech- und Internetaktien sowie der Dominanz von fünf Solarstrom- und einer Windkraftaktie über eine klare Growth-Ausrichtung. Bei anspringender Konjunktur verdient der TecDAX besondere Beachtung. Bei Konjunkturschwäche erscheint ein Investment in niedrig bewertete MDAX- und SDAX-Titel mit hoher Dividendenrendite weniger riskant.

Exkurs Konjunkturzyklus: Fünf wichtige Phasen	
Phase ①	Stagniert das Wachstum oder ist es rückläufig, rutscht die Wirtschaft in eine Rezession. Die Aktienkurse bewegen sich großteils abwärts. Um Konsum und Investitionsbereitschaft anzukurbeln, senken die Notenbanken Schritt für Schritt den Leitzinssatz. Am besten entwickeln sich jetzt noch werthaltige, dividendenstarke Value-Aktien.
Phase ② V U W L	Die zweite Phase wird vom beginnenden Aufschwung geprägt. Die Gewinnaussichten steigen, unterstützt durch ein rigoroses Kostensenkungsmanagement. Mutige Investoren steigen jetzt in den Aktienmarkt ein. Allerdings verläuft der Aufschwung nicht immer geradlinig, wie die vier Buchstabensymbole verdeutlichen. Das V steht für den günstigsten Verlauf, eine rasch fortschreitende Erholung. Das U markiert, dass die Talsohle etwas länger verläuft. Das W zeigt eine negative Double-Dip-Lage an. Dem kurzen Aufschwung folgt ein neuerlicher Abschwung. Erst danach setzt die dauerhafte Erholung ein. Besonders negativ ist der L-Verlauf, eine Deflation, wie sie Japan jahrelang durchlitt. Weder Zins- noch Steuersenkungen bringen die Wirtschaft auf Trab. Arbeitslosenquote und Staatsverschuldung nehmen zu. Eine Deflation wird von einer Baisse begleitet bis die Zinssenkungen greifen.
Phase ③	Der Aufschwung verstärkt sich. Die Unternehmen profitieren nicht nur von ihren Kostensenkungsmaßnahmen, sondern verbessern ihr operatives Geschäft. Die Aktienkurse spiegeln den Umsatz- und Gewinnzuwachs erfolgreicher Unternehmen wider. Erst wenn eine konjunk-

Exkurs Konjunkturzyklus: Fünf wichtige Phasen	
	turelle Überhitzung mit Inflationsgefahr droht, beginnen die Notenbanken den niedrigen Zinssatz wieder anzuheben, was die Börse überhaupt nicht mag und nur bis zu einer gewissen Schmerzgrenze toleriert. Growth-Titel laufen jetzt besonders gut; Branchenrotationen sind typisch. Die Bullen dominieren, aber die Bären positionieren sich.
Phase ④	Das Wirtschaftswachstum verlangsamt sich durch Inflationstendenzen (steigende Rohstoffpreise) in dieser Spätphase des einige Jahre lang dauernden Aufschwungs. Der Zinssatz erreicht ein recht hohes Niveau. Es empfiehlt sich, hier und da Gewinne mitzunehmen und verstärkt auf substanzstarke Value-Aktien mit hoher Dividende zu setzen.
Phase ⑤	Die Konjunktur beginnt in dieser letzten Phase zu erlahmen. Die Umsätze und Gewinnmargen schrumpfen, die Zukunftserwartungen sind verhalten. Durch vermehrte Stellenstreichungen steigt die Arbeitslosenquote. Jetzt ist es ratsam, den Aktienanteil etwas zurückzufahren und Cash aufzubauen, um mit beendigter Konjunkturschwäche wieder mutig zukaufen zu können. Die fünfte Phase mündet in die erste Phase eines neuen Konjunkturzyklus – anfangs geprägt von Stagnation bzw. Rezession sowie fallenden Aktienkursen. Im Zuge fortlaufender Zinssenkungen beginnt sich der Aktienmarkt zu erholen.

7.9 Die richtige Strategie bei einem Crashszenario

Die Börse ist keine Einbahnstraße. Es bilden sich Spekulationsblasen, die irgendwann platzen. Dann besteht akute Crashgefahr wie 1929, 1987 oder 2000. Dass es erneut einen Crash geben wird, ist sicher. Wann dies geschieht, ist Spekulation. Ob die sich auftürmenden Blasen platzen, wenn sie noch ziemlich klein oder bereits riesengroß sind, ist nicht verlässlich vorhersagbar, mag sich auch mancher Börsenguru berufen fühlen, Prognosen mit dem Anspruch absoluter Treffsicherheit abzugeben. Zum einen gibt es untrügliche Anzeichen für ein aufziehendes Crashszenario, zum anderen Unwägbarkeiten, die Furcht erzeugen, aber nicht zwangsläufig eintreten.

> Denken wir an die in ihrer Grausamkeit kaum zu überbietenden Terrorakte im September 2001 auf das World Trade Center. Ein Unheil dieser Größenordnung ist künftig ebenso wenig auszuschließen wie atomare Kriegsschläge, Naturkatastrophen oder eine Pandemie z. B. durch Vogelgrippe, indem die Übertragungsbarriere zwischen Tier und Mensch durchbrochen wird. Bei den überschaubaren Risiken sieht die Situation weniger düster aus. Gewisse Anzeichen für sich bildende Immobilien-, Rohstoff- und Energieblasen, eine steigende Staats- und Verbraucherverschuldung, Inflationsgefahr und Währungsturbulenzen, Konjunkturabschwächung mit vermutlich weicher Landung deuten bei der aktuellen Aktienbewertung zwar auf Konsolidierungs- und Korrekturphasen, aber keinen handfesten Crash hin. Weltweit ist viel aufzuarbeiten, bis die alten Höchststände wieder erreicht werden. Der Dow Jones markierte zwar Anfang Oktober 2006 mit 12.000 Punkten nach über sechsjähriger Pause einen neuen Höchststand, aber die Technologiebörse Nasdaq ist noch weit vom Spitzenniveau entfernt. Auch der DAX muss trotz des fünfeinhalbjährigen Hochs von 6.400 im November 2006 noch einen weiten Weg bis zum Allzeithoch von über 8.000 Punkten zurücklegen. Nachdem die meisten AGs ihre Hausaufgaben gemacht, die Kosten gesenkt, Umsatz und Gewinn gesteigert und ihre Marktstellung ausgebaut haben, ist das Kurs-Gewinn-Verhältnis bei zahlreichen führenden Indizes derzeit kaum höher als in der Bodenbildungsphase während des letzten Crashs.

Als Hauptproblem ist zu vermerken, dass der Börsianer alles erst im Nachhinein weiß. Doch Jammern angesichts verpasster Chancen hilft nicht weiter, sondern erzeugt Frustration und lähmt die Tatkraft. Es ist so einfach, hinterher den besten Verkaufszeitpunkt und den idealen Einstiegstermin zu benennen. Im Vorfeld sind Irrtümer kaum zu vermeiden. Dennoch ist es wesentlich besser, etwas verfrüht oder ein wenig zu spät Gewinne mitzunehmen, als gar nichts zu tun und den Crash geduldig auszusitzen. Ebenso ist es wahrscheinlich, den tiefsten Punkt der Bodenbildungsphase zu verfehlen, weil bereits zu früh oder zu spät nachgekauft wird. Doch dies ist das geringere Übel. Hauptsache, der Einstieg erfolgt überhaupt im unteren Bereich und nicht aus Gier und Euphorie ganz oben kurz vor der Trendumkehr. Jeder, der 2002, 2003, 2004 und auch noch 2005 in Qualitätsaktien investiert hat, zählt zu den Siegern und hat es geschafft, frühere Verluste zu reduzieren oder ganz auszugleichen. Wer sich erst im Frühjahr oder Herbst 2006 bei einem Punktestand von 5.500/6.000 den Aktien zugewandt hat, dürfte an seinem Depot nicht ganz so viel Freude empfinden. Zum Trost: In zehn Jahren sieht dies vermutlich positiver aus.

Im Abstand von mehreren Jahren oder einigen Jahrzehnten wird die Börsenwelt von einem Crash heimgesucht – vergleichbar mit einer Sturmflut, einem schweren Erdbeben oder einer Epidemie. Der in seinen Folgen

Bei etlichen Profis geringe Performance für 2006

Über einen Zeitraum von fünf Jahren sieht die Performance bei den weltbesten Aktienprofis durchwachsen, über drei Jahre erfreulich und für 2006 gemischt aus. Von den bei Gurufocus .com gelisteten internationalen 30 Spitzenprofis erreichte bis Spätsommer 2006 nur die Hälfte einen Gewinn. Seth Klarman, im 10-Jahres-Vergleich der Zweitbeste, lag bis dahin abgeschlagen auf dem letzten Platz mit einem Verlust von 9,4 Prozent. Bruce Sherman erzielte als Ranglistenvierter ein Plus von sechs Prozent, Warren Buffett als Elfter lediglich einen mageren Zugewinn von 2,8 Prozent.
Tröstlich bleibt, dass die 20 Besten von den 30 großen Finanzinvestoren im 10-Jahres-Zeitraum im Schnitt 10 bis 20 Prozent Rendite erzielten, Bruce Sherman als Tabellenführer 20,16 Prozent, Warren Buffett als Dritter 19,96 Prozent. Vorangegangene Korrekturphasen machen ein Crashszenario zum gegenwärtigen Zeitpunkt eher unwahrscheinlich. Und selbst wenn es dazu käme: Im Langzeitvergleich bildet ein Börsencrash lediglich eine Delle im langfristigen Aufwärtstrend.

Wann ist die Zeit der „Hoch/Tief-Mutstrategie?“

- bei hoher Schwankungsfreudigkeit (Volatilität)
- bei starker Korrektur und Crash, fundamental nicht begründetem Kursabsturz
- bei unterschiedlichen Auswirkungen auf einzelne Branchen und Sektoren
- bei fehlendem Geld für Zukauf

schlimmste Crash geschah im Oktober 1929 im Zuge der Weltwirtschaftskrise. Der 25. Oktober 1929 ging als „Schwarzer Freitag“ in die Geschichte ein, markierte das Ende eines Börsen-Hypes und ließ einen Großteil der Bevölkerung in Verzweiflung und Armut zurück. Dieser Crash beschränkte sich nicht auf den Schwarzen Freitag, sondern zog sich – ähnlich wie beim letzten Crash vom März 2000 bis Frühjahr 2003 – in Raten bis Juli 1932 hin. Er bescherte dem Dow Jones mit 86 Prozent den höchsten Verlust aller Zeiten – übertroffen nur vom Niedergang des Neuen Marktes mit einer Kurseinbuße beim Nemax 50 von fast 98 Prozent. Stets dominieren im Crash psychologische Faktoren, der von Angst und Panik geprägte Herdentrieb. Während zittrige Hände das Aktiendepot leer fegen, gibt es relativ wenige mutige Antizykliker, die zu Schnäppchenkursen zukaufen. Diese Gruppe couragierter Börsianer macht die Trendwende erst möglich. Aber es ist kein risikoloses Spiel. Niemand weiß, wann die Bodenbildung tatsächlich erfolgt und das sprichwörtliche fallende Messer im Boden steckt und keinerlei Verletzungsgefahr mehr birgt.

„Hoch/Tief-Mutstrategie“ als Alternative in Zeiten einer starken Korrektur

Die am 12. Mai 2006 begonnene scharfe Korrekturphase mit crashartigen Auswirkungen im Rohstoff- und Immobiliensektor sowie bei den erneuerbaren Energien führte bereits binnen acht Tagen zu einem Kursverlust bei zahlreichen Indizes zwischen vier

Für wen ist die „Hoch/Tief-Mutstrategie“ geeignet?

- Fundierte Marktkenntnisse und häufige Marktbeobachtung
- Ausreichend großes Depot und guter Überblick über die Performance
- Gute Kenntnis der Kursentwicklung kaufenswerter Aktien
- Ausgeprägtes Risikobewusstsein, Disziplin und Entschlossenheit
- Aktienbestand mit hohem Buchgewinn, möglichst länger als ein Jahr im Depot
- Zugang zum Onlinebanking oder Telefonhandel
- Gewisser Überziehungsrahmen bei nicht zeitgleichen Käufen/Verkäufen

Wann fehlt die Basis für die „Hoch/Tief-Mutstrategie?“

- Zu kleines und auf den DAX ausgerichtetes Depot
- Mangel an Aktien mit hohem Buchgewinn für Cash-Beschaffung
- Geringe Marktkenntnisse, wenig Lust und Zeit, den Markt ständig genau zu beobachten
- Stark ausgeprägtes Sicherheitsbewusstsein, verbunden mit Mangel an Mut und Entschlossenheit
- Statt überlegtes Handeln Investments abhängig vom „Bauchgefühl"
- Kein Zugang zum Internetbanking bzw. Telefonhandel

und zehn Prozent und bei einzelnen Aktien zwischen 30 und 40 Prozent. Zinserhöhungs- und Inflationsängste, Währungsturbulenzen, Ölpreisvolatilität, Mai-Unbehagen, Leeverkäufe (Short-Selling) seitens der Hedgefondsmanager, Kettenreaktionen durch Stop-Loss-Orders sowie das typische Herdentriebverhalten führten zu dieser negativen Gesamtlage.

Was tun, fragt sich mancher Börsianer. Für beherzte Investoren bietet sich die von mir so benannte „Hoch/Tief-Mutstrategie“ an. Wer Cash aufgebaut hat, hält Ausschau nach fundamental überzeugenden Titeln, deren Kurse dennoch überproportional abgestürzt sind. Wegen der Unsicherheit, wie es weitergeht, ordert er verteilt über einige Tage und Wochen solche Nebenwerte, die sich durch hohes Umsatz- und Gewinnwachstum, attraktiven Buchwert im Verhältnis zum aktuellen Kurs, niedrige Bewertung und eine attraktive Dividendenrendite als zusätzliche Kursstütze auszeichnen. Fehlt es an Anlagekapital, bleibt dennoch ein Aktienkauf auf Kredit tabu. Statt dessen wird das Depot auf Aktien durchgesehen, die kaum verloren haben, über ein Jahr im Depot liegen und einen steuerfreien Gewinn ermöglichen. Es bietet sich zumindest ein Teilverkauf an, um die Schnäppchenkäufe finanzieren zu können. Hier und da kann beim Einkauf auch ein Abstauberlimit gesetzt werden. Das heißt, gekauft wird nur bei weiter fallenden Kursen.

„Hoch/Tief-Mutstrategie" mit Transaktionen ab 18. Mai 2006					
Verkäufe zur Cash-Beschaffung, um danach Käufe zu Tiefkursen zu finanzieren					
Unternehmen	Kaufpreis	Kurs 09.05.2006	Limit Ultimo	Verkaufspreis	Kurs 7.11.2006
Hawesko	11,60 €	21,80 €	21,50 €	21,70 €	19,00 €
Rofin Sinar	20,70 €	43,45 €	43,00 €	43,15 €	48,90 €
Vossloh	28,80 €	43,60 €	43,20 €	43,30 €	50,34 €
Aktienkäufe zu Tiefkursen teils mit Abstauberlimit, um Korrektur zu nutzen					
Unternehmen	52-Wochen-Hoch/Tief	11./18.07.2006	Limit Ultimo	Kaufpreis	Kurs 7.11.2006
Hochtief	59,50 €/32,17 €	38,70 €	39,20 €	38,80 €	50,67 €
MPC	78,90 €/46,67 €	58,40 €	59,00 €	58,60 €	66,99 €
MVV	24,19 €/19,50 €	20,85 €	20,40 €	20,40 €	23,79 €
Salzgitter	87,80 €/36,55 €	59,75 €	60,60 €	60,15 €	86,11 €

Kapitel 8

8. Im billigen Einkauf und teuren Verkauf liegt der Gewinn

Die alte Kaufmannsweisheit gilt auch für die Börse, doch sollte „billig“ nicht mit „preiswert“ verwechselt werden. Aktien sind billig, wenn sie wenig kosten. Dazu gehören somit alle Penny Stocks. Die unter den Wert von einem Euro abgesackten Papiere sind aber nicht preiswert, wenn über dem Unternehmen bereits der Pleitegeier kreist. Gelingt dagegen die kaum mehr erwartete Rückkehr in die Gewinnzone, so ist eine wenig kostende Aktie tatsächlich preiswert, denn ein Kursanstieg ist zu erwarten. Die Aktie von Porsche erscheint teuer, kostet sie doch momentan über 900 Euro. Abgesehen von dem Premiumaufschlag, den das Unternehmen und dessen Aktie verdient, ist die Bewertung dennoch angemessen. Das KGV für 2007 liegt bei 19,1. Im Branchenvergleich gegenüber BMW (11,1), DaimlerChrysler (12,1) und VW (16,3) ist das KGV verständlicherweise etwas höher. Bei einem Splitt von 1:10 oder gar 1:100 würde die Porsche-Aktie nur 90 Euro bzw. 9 Euro kosten. Sie würde optisch viel billiger wirken, obgleich sich der Wert ebenso wenig verringert, wie wenn eine Torte in viele kleine Stücke zerteilt wird. Die Aktie von Borussia Dort-

Auf der Suche nach fairen Bewertungen in Nebenwerte-Indizes (7. November 2006)

Aktie	niedriges KGV 07	Aktie	Kurs/Buchwert	Aktie	hohes KGV 07
Arques	4,7	Koenig & Bauer	25,7/27,2 €	Schwarz Pharma	131
Depfa Bank	8,2	BB Biotech	55,8/56,0 €	Medion	82
IndusHolding	9,1	Medion	8,15/8,92 €	Premiere	65
Hannover Rück	9,2	Indus	28,6/26,9 €	Dt. Wohnen	49
Klöckner & Co	9,2	BayWa	24,5/19,0 €	Aixtron	48
HCI Capital	10,0	Premiere	10,6/9,73 €	Hochtief	36
Jungheinrich	10,9	Thiel Logistics	3,00/2,89 €	Freenet	35
Vivacon	11,0	Dt. Beteiligungen	17,2/13,9 €	Escada	34
Grammer	11,3	EADS	21,1/16,5 €	EM.TV	34

mund, eher als Fanartikel zu betrachten, kostet derzeit 2,20 Euro – auf den ersten Blick billig. Preiswert aber ist dieses Papier mit einem KGV von 110 gewiss nicht! Bei ItN Nanovation, derzeitiger Kurs 23,50, liegt das KGV sogar bei 336 – jenseits von Gut und Böse. Einen Hinweis, ob fair oder hoch bewertet, gibt zusätzlich der Buchwert. Ist der Substanzwert, wozu Eigenkapital, Immobilien, Grundstücke, Fahrzeugpark, Maschinen usw. zählen, höher als der aktuelle Aktienkurs, so deutet dies darauf hin, dass die Aktie derzeit günstig zu haben ist.

8.1 Die Angebote der Regionalbörsen nutzen

Es kann, aber muss nicht unbedingt Frankfurt mit dem Handelssystem XETRA sein, insbesondere zugeschnitten auf die institutionellen Anleger. Die sechs Regionalbörsen Berlin-Bremen, Düsseldorf, Hamburg, Hannover, München und Stuttgart buhlen mit ihrem attraktiven individuellen Service um die Gunst der Privatanleger. Nach der Frankfurter Leitbörse sind Stuttgart und München am besten positioniert. Einige kleinere Regionalbörsen kämpfen um das Überleben und streben vielleicht einen Zusammenschluss an wie Berlin-Bremen.

Die Börse München verfügt mit ihrem modernen Handelssystem MAX-ONE über ein auf den Privatanleger zugeschnittenes vorteilhaftes Marktmodell. Sie garantiert bei liquiden Titeln die sofortige Ausführung. MAX-ONE liefert verbindliche Kauf- und Verkaufskurse mit garantierten Stückzahlen und dem besten Preis aus Anlegersicht. Die bei Privatanlegern mit zusätzlichen Kosten verbundenen und damit unbeliebten Teilausführungen gibt es nicht. Mit der stattlichen Anzahl von über 6.000 Titeln aus 58 Ländern verfügt die bayerische Börse zudem über eine hohe Spezialkompetenz in Auslandsaktien und in Rentenpapieren.

Das 2005 ins Leben gerufene Marktsegment M:access bietet mittelständischen Unternehmen eine passende preiswerte Börsenplattform als Alternative zum Entry Standard (Open Market/

Freiverkehr) und Anlegern die Chance, direkt in mittelständische Firmen zu investieren.

Die Stuttgarter Börse hat bei Anlage- und Hebelzertifikaten sowie bei Optionsscheinen die Nase vorn. Sie ist bei den Derivaten Marktführer vor Frankfurt. Die Stuttgarter Börse bietet über 30.000 derivative Hebelprodukte an, darunter 26.000 Plain-Vanilla-Optionsscheine, über 6.500 Knock-Out-Produkte und 1.400 weitere Produkte. Wer mit Derivaten handeln will, muss die Finanztermingeschäftsfähigkeit nachweisen. Zudem setzt die Depotbank die Risikostufe V voraus.

Alle Regionalbörsen orientieren sich an den Bedürfnissen der Privatanleger. Sie versprechen zum Teil günstigere Handelspreise als XETRA, garantieren den Verzicht auf die lästigen, kostspieligen Teilausführungen. Bei Investmentfonds begnügen sie sich statt des üblichen fünfprozentigen Ausgabeaufschlags oft mit einem niedrigeren Spread, der Preisspanne zwischen Einkauf und Verkauf, dem aus Anlegersicht etwas höheren Briefkurs bei einer Kauforder als dem niedrigeren Geldkurs beim Verkauf. Die Regionalbörsen spezialisieren sich auf bestimmte Anlageformen und handeln bis 20 Uhr oder länger. Zudem bieten sie auf ihren Webseiten einen besonders anlegerfreundlichen und informativen Kundenservice an. Dazu kommen Angebote für Besichtigungen sowie Fort- und Weiterbildungsseminare. Bei Micro und Small Caps ist der Firmensitz mit ausschlaggebend für die Intensität des Handels an bestimmten Regionalbörsen. Viele Privatanleger ordern bayerische Titel bevorzugt in München, die Aktien baden-württembergischer Unternehmen gern in Stuttgart, die Papiere der Hansestädte dagegen in Hamburg oder Berlin-Bremen.

8.2 Vernünftig limitieren beim Kauf und Verkauf

Wer kein Limit setzt, dessen Order läuft unter den Begriffen „billigst" beim Einkauf und „bestens" beim Verkauf. Dies bedeutet aber keineswegs die Garantie, nun etwa zum niedrigsten Kurs zu kaufen oder den höchsten Verkaufspreis zu erzielen. Wer sich vor unangenehmen Überraschungen schützen will, sollte seine Orders limitieren. Dies mag bei deutschen Blue Chips wegen der fortlaufend hohen Umsätze im Sekundenrhythmus mitunter entbehrlich sein, ist aber bei Nebenwerten unverzichtbar. Je geringer die Liquidität bei Micro und Small Caps, umso höher im Allgemeinen die Volatilität! Bei schwankungsfreudigen Aktien sind selbst bei fehlenden Nachrichten zweistellige Kursausschläge innerhalb eines einzigen Handelstages zu beobachten. Das Limit zeigt beim Verkauf den tiefsten und beim Kauf den höchsten Kurs an, den der Privatanleger akzeptiert. Wer sichergehen will, dass die Order ausgeführt wird, limitiert beim Kauf oberhalb und beim Verkauf unterhalb des aktuellen Kurses. In welcher Bandbreite dies geschieht, hängt von den Umsätzen und den jeweiligen Markteinschätzungen ab.

Viele Depotbanken verlangen für limitierte Orders auch dann keine zusätzlichen Gebühren, wenn die Order nicht zustande kommt. Werden Gebühren berechnet, sollte der Anleger dennoch nicht auf ein Limit verzichten, dieses aber realistisch setzen. Fallen keine oder nur ganz geringe Gebühren an, lohnt es sich, bei einem Kauf in fallenden Märkten gelegentlich ein Abstauberlimit deutlich unterhalb des aktuellen Kurses zu platzieren. Umgekehrt bietet es sich im Bullenmarkt beim Verkauf an, das Limit über dem aktuellen

Limit mit Augenmaß

Kauflimit Uzin Utz

Aktueller Kurs	20,20 €
Limit Ultimo	20,50 €
Stop-buy	20,80 €
Abstauberlimit	19,50 €

Verkaufslimit Uzin Utz

Aktueller Kurs	20,20 €
Limit Ultimo	19,90 €
„Bullenlimit“	21,10 €

Im Bärenmarkt tiefer, im Bullenmarkt höher limitieren. Bei großen Orders Marken enger setzen, bei sofortigem Kapitalbedarf das Verkaufslimit tiefer legen.

Kurs zu setzen, vorausgesetzt, das Geld wird nicht sofort benötigt und der Auftrag bezieht sich nicht auf einen einzigen Handelstag, sondern den gesamten Monat (Ultimo), das laufende Quartal usw.

Anhänger der Technischen Analyse greifen mitunter zum Stop-buy, ein Kauflimit oberhalb einer bestimmten Kursmarke. „Warum mehr bezahlen als nötig?", wird sich mancher Anleger fragen. Der Charttechniker will erst kaufen, wenn z. B. eine wichtige Unterstützungslinie hält oder eine Widerstandslinie endlich nach oben durchbrochen wird. Stop-buy knapp über solchen Marken gewährleistet, dass die Order nur ausgeführt wird, wenn sich charttechnisch ein Kaufsignal ergibt.

Was heißt Brief- und Geldkurs? Wenn Sie sich im Internet am Realtimekurs orientieren, werden Ihnen meist zwei Kurse angeboten. Der aus Anlegersicht höhere Briefkurs „B" (Ask) ist der Preis, den Sie beim Kauf zu bezahlen haben. Der niedrigere Geldkurs „G" (Bid) ist der Preis, der für Ihren Verkauf gilt. Fehlt bei einer Kursabfrage der Geld- und Briefkurs, wird – wie bei Einzelaktien oftmals üblich – ein Mischkurs angegeben.

8.3 „Sell in May and go away" nicht stur befolgen!

Für viele Anleger stellt sich die Frage, wie man auf bekanntlich gute und schlechte Börsenmonate reagieren sollte. Soll man im Mai/Juni ganz aus der Börse aussteigen und im Oktober/November wieder einsteigen? Die Börsenweisheit „Sell in May and go away!" beruht nicht auf reiner Willkür, sondern lässt sich statistisch belegen. Allerdings ist das Zahlenwerk nicht so überzeugend, dass sich der mutige, nicht vom Herdentrieb heimgesuchte Börsianer konsequent daran halten müsste. Die Studien über die positiven und negativen Börsenmonate beziehen sich allerdings lediglich auf die großen internationalen Indizes wie DAX und Dow Jones. Nachdem die Leitbörsen auch die Richtung für Small und Mid Caps vorgeben, ist es interessant, einen Blick auf solche Statistiken im Mehrjahresvergleich zu werfen. Alles in allem gesehen beginnt ab Mai oftmals die Sommerflaute und insbesondere der Monat September und danach der August schneiden im Schnitt schlecht ab. 2006 begann die scharfe Korrekturphase Mitte Mai mit dramatischem Einbruch bei vielen Aktien für regenerative Energien wie Solarstrom, Windkraft und Biomasse, ebenso Rohstoffe und Immobilien. Die Performance im August und September war dagegen außergewöhnlich gut. Der DAX legte sechs Prozent, der MDAX neun Prozent, der TecDAX vier Prozent und der SDAX sieben Prozent zu. Von Mai bis September 2006 verloren dagegen der DAX ein Prozent, der MDAX vier Prozent, der TecDAX 13 Prozent und der SDAX acht Prozent.

Über eine Zeitspanne von 30 Jahren wurde nur im September, August und Mai ein Minus erzielt, während sich im Spätherbst und Winter die Börse meist in bester Bullenlaune präsentierte. Die größte Furcht löst zwar der Oktober aus, gab es doch 1929 und 1987 hier die ganz großen Crashszenarien. Bleibt ein dramatischer Absturz aus, startet im Oktober häufig eine dynamische Herbst-Winter-Rallye. Die Konsequenz? Es ist sicherlich nicht gerechtfertigt, im Mai/Juni alle Aktien zu veräußern, denn jede Order ist mit Transaktionskosten verbunden. Zudem geht oftmals die Dividende

DAX-Monatsperformance seit 1990

Januar 1990 bis Januar 2005
11-mal positiv, 5-mal negativ,
Hoch/Tief: +8 %/-12 %

Februar 1990 bis Februar 2005
9-mal positiv, 7-mal negativ,
Hoch/Tief: +11 %/-10 %

März 1990 bis März 2005
8-mal positiv, 8-mal negativ,
Hoch/Tief: +10 %/-9 %

April 1990 bis April 2005
11-mal positiv, 5-mal negativ,
Hoch/Tief: +20 %/-8 %

Mai 1990 bis Mai 2005
10-mal positiv, 6-mal negativ,
Hoch/Tief: +10 %/-4,5 %

Juni 1990 bis Juni 2005
9-mal positiv, 7-mal negativ,
Hoch/Tief: +7 %/-8 %

DAX-Monatsperformance seit 1990 (Fortsetzung)

Juli 1990 bis Juli 2004
7-mal positiv, 8-mal negativ,
Hoch/Tief: +17 %/-12,5 %

August 1990 bis August 2004
8-mal positiv, 7-mal negativ,
Hoch/Tief: +7 %/-17 %

Sept. 1990 bis Sept. 2004
3-mal positiv, 12-mal negativ,
Hoch/Tief: +7,5 %/-24 %

Oktober 1990 bis Oktober 2004
12-mal positiv, 3-mal negativ,
Hoch/Tief: +10 %/-7,5 %

Nov. 1990 bis Nov. 2004
12-mal positiv, 3-mal negativ,
Hoch/Tief: +8 %/-9,5 %

Dezember 1990 bis Dezember 2004
12-mal positiv, 3-mal negativ,
Hoch/Tief: +15 %/-12,5 %

Quelle: *Börsenkalender* 2006

verloren. Wer stets so handelt, kommt nie in den Genuss steuerfreier Kursgewinne, weil keine Aktie ein Jahr lang im Depot verbleibt. Aber es spricht nichts dagegen, hier und da einen Gewinn mitzunehmen und sich während der Bodenbildungsphase im Spätsommer oder Herbst mit dem verfügbaren Cash auf „Schnäppchenjagd" zu begeben. Von einer rigorosen Depoträumung nach dem Motto: „Sell in May and go away" profitieren andere: Börse, Broker und Banken.

Was spricht für die „Sell in May and go away"-Strategie?

1. Wenn viele Börsianer – wie bei der Technischen Analyse zu beobachten – getreu solcher Grundsätze handeln, erfüllt sich die Prophezeiung von selbst.

2. Im Sommer herrscht Urlaubsstimmung, da interessiert die Vermögensanlage weniger, zumal einiges Geld für die „schönsten Wochen des Jahres" aufgewendet wird.

3. Nachdem während des Urlaubs wenig Gelegenheit besteht, das Börsengeschehen regelmäßig zu verfolgen und das Depot zu beobachten, wird zusätzliches Risiko durch neue Investments vermieden.

4. Aus Angst vor einem neuen „Oktober-Crash“ erfolgt ein allmählicher Rückzug aus dem Aktienmarkt, um Gewinne zu sichern und um über genügend Geld für einen späteren Einstieg zu verfügen.

Was spricht gegen die Befolgung der „Sell in May and go away“-Strategie?

1. Möglicherweise wird das Börsengeschehen durch wesentliche fundamentale Indikatoren überlagert, sodass sich die Prophezeiung nicht erfüllt.

2. Befolgen zu viele Börsianer den Rat, verschiebt sich das jahreszeitlich geprägte Anlegerverhalten allmählich nach vorn, denn niemand will zu spät aussteigen.

3. Den Langzeitanleger berühren die jahreszeitlich bedingten Kursschwankungen kaum. Nur der Kurzzeitanleger ist von den Auswirkungen stärker betroffen.

4. Wer seine Aktien im Frühsommer verkauft und erst im Herbst wieder einsteigt, kann Veräußerungsgewinne nie steuerfrei einstreichen. Es gibt wohl kaum eine Aktie, die nach Ablauf der einjährigen Spekulationsfrist noch im Depot verweilt.

„Wenn sich alle bearish verhalten, muss der Markt nach oben gehen, denn es sind keine Verkäufer übrig. Im umgekehrten Fall, wenn alle bullish sind, muss der Markt nach unten gehen, denn es gibt keine Käufer mehr.“

Quelle: *Börsenkalender* 2004

5. Viele Unternehmen halten ihre Hauptversammlungen im Mai/Juni/Juli ab und zahlen am nächsten Werktag die Dividende aus. Wer „Sell in May and go away“ befolgt, verzichtet unnötig auch auf attraktive Gewinnausschüttungen.

6. Bei einem größeren Depot erweist sich der massive Ein- und Ausstieg als echter Gebührenfresser.

7. Wer über einen Sparplan sein Geld in Aktienfonds oder Indexzertifikate anlegt, für den verlieren wegen des Cost-Average-Effekts die jahreszeitlich bedingten Ein- und Ausstiegsaktivitäten ihren Sinn. Bei niedrigen Kursen werden mehr, bei hohen Kursen weniger Anteile ins Depot gebucht.

8.4 Aktiensplit: Was tun, wenn Aktien Junge bekommen?

Auch bei Aktien gibt es Nachwuchs. Die Kapitalerhöhung aus Gesellschaftsmitteln in Verbindung mit neuen Stückaktien wird als ein erfreuliches Ereignis wahrgenommen. Trotz einer gewissen optischen Täuschung, die Gratisaktien vielleicht auslösen, sind Aktiensplits bei den Anlegern beliebt. Zwar ändert sich der absolute Wert nicht, denn der Anteil am Grundkapital bleibt gleich. Aber die Stückelung zeigt an, dass das Unternehmen an seine Zukunft glaubt. Dreht bereits der Pleitegeier seine Runden, stückelt sich das Papier von selbst – jetzt mit Wertverlust. Meist werden Aktien nur gesplittet, wenn der Kurs zuvor kräftig gestiegen ist. Letztlich ist ein Split vergleichbar mit einer Torte. Solange sie nicht aufgegessen wird, ändert sich die Menge nicht, einerlei, ob ich die Torte in mehrere Stücke aufteile oder nicht. Kleine Stückchen sind praktisch. Für den Börsianer wird der Handel einfacher, wenn die Liquidität zunimmt und die einzelne Aktie nicht so teuer ist wie bei Porsche, die derzeit über 900 Euro notiert. Angepasst an das Split-Verhältnis, z. B. 1:1, 1:3, 1:5, verringert sich pro Anteilschein die Dividende, doch wird oft zugunsten des Aktionärs aufgerundet.

Ob und wie oft Aktien gestückelt werden, hängt insbesondere von der Kursentwicklung und dem allgemeinen Börsentrend ab. Zudem spielt die landes- und konzernübliche Mentalität eine große

Rolle. In Japan kostet eine einzige Aktie umgerechnet oft einige Tausend Euro. Aktiensplits sind eher selten. Im krassen Gegensatz dazu notieren in Hongkong viele Titel im einstelligen Bereich. In den USA stückeln die meisten Unternehmen ihre Aktien, sobald der Kurs die 100-Dollar-Marke überschreitet.

Bei einer Stückelung von 1:1 wie bei Fuchs Petrolub und ElringKlinger wird pro gehaltener Aktie eine weitere ins Depot gebucht. Statt 100 Stück besitzt der Aktionär nun 200 Stück. Bei einem Aktiensplit von 1:2 wie bei Conergy, Leoni oder Fortec kommen zwei weitere, von 1:3 wie bei United Internet drei neue und von 1:9, wie kürzlich bei KWS Saat geschehen, gibt es für jede alte Aktie neun weitere, sodass der Aktionär jetzt über zehn Stück verfügt. Die einzelne Aktie kostet nicht mehr rund 750 Euro, sondern lediglich 75 Euro. Transaktionskosten werden nicht berechnet und die Spekulationsfrist wird dadurch nicht berührt. Ein Aktiensplit im vernünftigen Rahmen ist als gute Nachricht zu verbuchen. Dennoch lohnt es sich nicht, nur auf eine solche Ankündigung hin den Titel zu ordern. Es müssen sich gute Fundamentaldaten hinzugesellen und auch die Technische Analyse sollte Kaufsignale liefern.

Der Reversesplit als negative Umkehrung findet eher im Bärenmarkt und bei akuten Zahlungsproblemen statt. Das Kapital wird herabgesetzt z. B. im Verhältnis von 10:1 wie zweimal bei Intershop geschehen, dem früheren Highflyer vom Neuen Markt. Wer zuvor 100 Papiere für einige Hundert Euro pro Stück gekauft hat, besitzt jetzt noch eine einzige Aktie, die bei 1,50 Euro notiert. Quasi ein Totalverlust! Wer danach die Kapitalerhöhung mitmacht, wirft oft gutes Geld dem schlechten hinterher. Hier ist der schmerzhafte Ausstieg im Allgemeinen die bessere Alternative.

8.5 Wie auf Kapitalerhöhungen und Bezugsrechte reagieren?

Kündigt eine AG eine Kapitalerhöhung gegen Bareinzahlung an, reagiert die Börse in aller Regel negativ. Wegen des durch die

Ausgabe junger Aktien bedingten Verwässerungseffekts droht gewöhnlich ein Kursverlust. Anders verhält es sich bei einer Kapitalerhöhung aus Gesellschaftsmitteln in Verbindung mit einem Aktiensplit. Kehren wir zur Kapitalerhöhung mit oder ohne Bezugsrechte für Altaktionäre zurück. Abhängig davon, wofür die Finanzspritze vorgesehen ist und wie erfolgreich die Platzierung erfolgt, sind hernach auch positive Reaktionen denkbar, so geschehen Anfang 2006 bei dem MDAX-Titel Norddeutsche Affinerie. Als die Kapitalerhöhung ohne Bezugsrechte für Privatanleger gemeldet wurde, büßte der Kurs zunächst gut fünf Prozent ein. Wenige Tage später gab es wegen der erfolgreichen Platzierung bei den institutionellen Investoren für das marktführende Kupferwerk ein neues Allzeithoch. Generell kann eine Kapitalerhöhung mit Bezugsrechten deutlich unter dem aktuellen Kurs, aber auch mit Bezugsrechtsausschluss für Altaktionäre nahe dem aktuellen Börsenkurs erfolgen. Darüber wird in der Hauptversammlung abgestimmt, oft als Vorratsbeschluss.

Hauptmotive für eine Kapitalerhöhung gegen Bareinzahlung

1. Das operative Geschäft soll gestärkt und das organische Wachstum finanziert werden.

2. Oft geht es um die Finanzierung des externen Wachstums durch Fusionen, Kooperationen, freundliche und feindliche Übernahmen.

3. Durch eine höhere Eigenkapitalquote soll die Bilanzstruktur verbessert werden.

4. Vorrangig erscheint die Reduzierung der eigenen Verbindlichkeiten, also der Abbau von Schulden.

5. Durch Ausgabe junger Aktien und eine Erhöhung des Streubesitzes (Free Float) wird seitens der Unternehmen für mehr Liquidität an der Börse gesorgt. Dieser Schachzug erfolgt auch, wenn Firmen Aufstiegsambitionen haben und eine Listung im SDAX, MDAX oder TecDAX anstreben.

Zwei in Auszügen wiedergegebene Depotinformationen über eine Kapitalerhöhung gegen Bareinzahlung (siehe Kasten Seite 207) sowie eine Kapitalerhöhung aus Gesellschaftsmitteln (siehe Kasten Seite 208) sollen den Unterschied und die jeweilige Handhabung verdeutlichen:

Kapitalerhöhung gegen Bareinzahlung

VIB Vermögen AG Inhaber-Aktien Nennwert/Stück

WKN: 245751 ISIN: DE0002457512 500 Stück

Die Gesellschaft hat per Ex-Tag 03.07.2006 eine Kapitalerhöhung beschlossen. Alle für Sie wichtigen Informationen sind in der nachfolgenden Übersicht dargestellt.

Bezugsverhältnis:	25:6
Bezogener Titel:	VIB Vermögen AG Junge Inhaber-Aktien WKN: A0H52R ISIN: DE000A0H52R0
Bezugspreis:	Ein Bezugsrechtshandel ist nicht vorgesehen.
Bezugsfrist:	03.07.2006 bis 17.07.2006
Bezugsrechte:	VIB Vermögen AG Inhaber-Bezugsrechte
Zahlbarkeitstag:	17.07.2006
Dividendenberechtigt ab:	01.01.2007
Verfügbare Bezugsrechte:	500 Stück

Für eine Aktie erhalten Sie ein Bezugsrecht. 25 Bezugsrechte berechtigen zum Bezug von sechs Aktien zum Preis von je 7,20 Euro.
Anmerkung: 500 Stück = 20 x 6 Aktien = Bezug von 120 neuen Aktien möglich.
Die Auftragserteilung erfolgte über das beiliegende Antwortformular.

Kapitalerhöhung aus Gesellschaftsmitteln

Conergy AG Inhaber-Aktien	Nennwert/Stück
WKN: 604002 ISIN: DE0006040025	20 Stück

Die Gesellschaft führt eine Kapitalerhöhung aus Gesellschaftsmitteln im Verhältnis 1:2 durch. Sie erhalten für je eine Aktie Ihres Bestandes zwei weitere Aktien kostenfrei eingebucht. Die neuen Stücke werden wir direkt nach Eingang Ihrem Depot gutschreiben. Ein Auftrag ist Ihrerseits nicht notwendig.

Anmerkung: Der Gesamtdepotbestand beträgt nun 60 Stück.

Wann Bezugsrechte wahrnehmen? Wann besser verzichten?

Empfehlung: Mitmachen! Überzeugt das Unternehmensziel bzw. das Hauptmotiv, ist zu überlegen, sich noch vor Beginn der Kapitalerhöhung mit diesem Titel einzudecken. Voraussetzung dafür ist, es gibt Bezugsrechte für Altaktionäre und der Preis für die jungen Aktien liegt deutlich unter dem aktuellen Kurs. Ein Abschlag zwischen 10 und 30 Prozent ist üblich. So wurden im Oktober 2006 von Carl Zeiss Meditec die jungen Aktien für 10,10 Euro zum Bezugsverhältnis von 2:3 angeboten. Der Kurs der alten Aktien bewegte sich um 14 Euro, stieg nach Abschluss der zu 99,9 Prozent wahrgenommenen Kapitalerhöhung rasch auf über 15 Euro an. Als Privatanleger sollten Sie sich beteiligen, wenn davon eine als günstig angesehene Übernahme finanziert, wichtige Investitionen getätigt, weitere Absatzmärkte erschlossen und neue Produktlinien aufgebaut werden. Sie müssen aber einen Blick auf die Gewichtung und Ihre Finanzlage werfen. Bei einem Bezugsverhältnis von 1:1, 1:2, 1:3 und darüber könnte Ihre Finanzdecke knapp werden.

Empfehlung: Besser Hände weg! Dient die geplante Kapitalerhöhung dazu, die Schulden herunterzufahren, um die drohende Insolvenz abzuwenden, sollten Sie nicht nachlegen, sondern sich besser von dem Titel trennen. Seien Sie misstrauisch, wenn Ihnen für eine einzige alte Aktie 10 bis 40 junge Aktien angeboten werden. Es droht ein riesiger Verwässerungseffekt wie kürzlich bei Feedback (Verhältnis 1:38) geschehen.

Kurzinformation zur Rechtslage: Eine Kapitalerhöhung ist nur möglich, wenn auf der Hauptversammlung mindestens 75 Prozent des vertretenen Aktienkapitals (für jede Aktie eine Stimme) dieser Maßnahme zustimmen.

8.6 Spekulative Investments mit „gefallenen Engeln" bzw. Penny Stocks

Ein Investment in die um oder unter einem Euro notierenden Penny Stocks ist nicht jedermanns Sache und nur als Depotbeimischung für spekulative Trader mit bevorzugtem Kurzzeitspektrum anzuraten. Nicht jeder „gefallene Engel" steht wieder auf und präsentiert eine erfolgreiche Turnaround-Story. Vorsicht und ein gewisses Misstrauen sind angezeigt. Mitunter treiben Börsengurus die marktengen, niedrig kapitalisierten Titel hoch, nachdem sie selbst zu Tiefstkursen eingestiegen sind. Sie verbreiten Gerüchte und erwecken Gier mit geschönten Aussagen und übertriebenen Prognosen. Nach erfolgter Kursexplosion streichen sie ihre satten Gewinne ein. Die zuletzt aufgesprungenen Aktionäre sind die großen Verlierer einer solchen Spekulation, wie sie zuletzt bei De Beira Goldfields, Informica, Feedback und BinTec stattfand. Wem frühzeitig Informationen zugespielt wurden, erzielte binnen weniger Tage beeindruckende Kursgewinne. Wer zu spät zugriff, erlebte, wie seine Aktie dem Totalverlust bedenklich nahe kam. Viele „gefallene Engel" sind frühere Highflyer vom Neuen Markt. Das reichlich eingesammelte Kapital aus

> *„Die Börse hat einen empfindlichen Magen, der verdorbenes Zeug sofort ausspuckt."*
>
> John Kenneth Galbraith

Kein deutsches Unternehmen startet als Penny Stock

Ein solch starker Kursrückgang spiegelt ein erfolgloses Geschäftsmodell und Insolvenzgefahr wider. Die Chance, sich künftig im Markt zu behaupten, ist eher gering. Nur wenn die Sanierung und Etablierung in einer Marktnische gelingen, zahlt sich das Investment aus. Das meiste Kapital wird bereits nach ihrem Börsengang verbrennt. Manches Unternehmen schafft es, mit einem veränderten Geschäftsmodell und rigorosen Kostensenkungsmaßnahmen wieder Fuß zu fassen und sich in einer Marktnische zu behaupten. Aber dies gelingt nicht immer und möglicherweise nicht dauerhaft. Funktioniert die Neuausrichtung des Geschäftsmodells, winken allerdings üppige Kursaufschläge, siehe z. B. Utimaco, Arques oder Artec.

Es ist unsinnig, so zu argumentieren: „Mit Penny Stocks kann ich nicht viel verlieren. Die Aktien sind spottbillig und schon tief im Keller!" Wer Penny Stocks kauft, legt sich nicht ein paar Stück ins Depot wie bei Porsche. Er wird in der Regel mehr als 1.000 Stück ordern, damit sich die Gebühren rechnen.

Penny Stocks waren in Deutschland vor der Kapitalvernichtung am Neuen Markt unbekannt. Die US-Technologiebörse Nasdaq verbannt sie aus dem Index. In der Endphase des Nemax 50 wurden sie ebenfalls nicht mehr geduldet und verkamen zum Spielball hartgesottener Spekulanten. Mittlerweile haben sich einige Börsenbriefe auf das Trading mit Penny Stocks spezialisiert. Gelingt der Turnaround, sind in Kürze üppige Kursgewinne denkbar. Löst sich die Vision in heiße Luft auf, droht ein Totalverlust.

Welche Penny-Stock-Strategie bietet sich an?

Befolgen Sie keine Stammtischtipps und marktschreierischen Anpreisungen von Börsengurus. Legen Sie nur mit nicht benötigtem „Spielgeld" und als spekulative Depotbeimischung in einzelne Penny-Stock-Aktien an. Ein solches Investment ist Vertrauenssache und setzt Seriosität voraus.

Bei stark ausgeprägtem Sicherheitsbewusstsein, schwachem Nervenkostüm und geringer Börsenerfahrung verzichten Sie auf ein solches Investment am besten ganz. Begrenzen Sie den Einsatz pro Titel auf etwa ein bis zwei Prozent des Gesamtdepotwertes und legen Sie insgesamt nicht mehr als ungefähr zehn Prozent an.

Setzen Sie sogenannte „mentale Stoppkurse“ zur Gewinnabsicherung und Verlustbegrenzung und steigen Sie im Bedarfsfall beherzt und zügig aus.

Platzieren Sie etwaige Stoppkurse nicht zu eng, da die Schwankungsfreudigkeit (Volatilität) wegen der sehr geringen Marktkapitalisierung extrem hoch ist. Ein zweistelliger Kursauf- und Abschlag innerhalb eines Tages ist nicht selten.

Denken Sie daran, dass eine Stop-Loss-Order keine Ausführung zu diesem Preis garantiert. Bei einem abrupten Kursabsturz wird zum Preis der nächsten Kursstellung verkauft. Möglicherweise geschieht dies deutlich unterhalb des gesetzten Stoppkurses.

Widerstehen Sie beim Verpassen eines frühzeitigen Einstiegs in eine aussichtsreiche Penny-Stock-Story unbedingt der Gier und dem Herdentrieb. Warten Sie geduldig auf günstige Nachkaufchancen. Trösten Sie sich gegebenenfalls damit, dass es noch zahlreiche andere verborgene Perlen gibt.

Vor dem Untergang oder vor dem Turnaround?

52-Wochen-Hoch/Tief und aktueller Kurs Mitte November 2006

Eutex	11,55 €/1,00 €/1,43 €
Telekomdienstl.	WKN: 556 532
Betonusa	10,73 €/0,90 €/0,98 €
Glücksspiele	WKN: A0B 921
Gericom	3,60 €/0,81 €/0,81 €
Notebook Markt	WKN: 565 773
WCM	0,57 €/0,07 €/0,07 €
Beteiligungen	WKN: 780 100
IM Internat.	1,20 €/0,35 €/0,35 €
Medien/Kinofilme	WKN: 548 880
Hucke	3,40 €/0,72 €/0,72 €
Mode	WKN: 609 510

8.7 Auf der Suche nach ethischen Maßstäben – Nachhaltigkeitsrating interessiert viele Anleger

Das Hauptmotiv, Aktien zu kaufen, ist die Aussicht auf Kapitalvermehrung. Daran führt kein Weg vorbei. Aber für viele Anleger erscheint das Streben nach schnödem Mammon nur dann nicht verwerflich und mit gutem Gewissen und ruhigem Schlaf vereinbar, solange das betreffende Unternehmen wichtige sozial-ethisch-ökologische Wertmaßstäbe verinnerlicht. Es gilt, die Spielregeln und die Anforderungen des von den führenden Rating-Agenturen aufgestellten Nachhaltigkeitsratings zu erfüllen. Eine Kontrolle, ob dies geschieht, ist bei den großen Standardwerten eher gewährleistet. Wie Pilze schießen seit einigen Jahren die Research-Agenturen für Nachhaltigkeit aus dem Boden, wächst doch das Interesse der Anleger an solchen Informationen ständig. Es ist mittlerweile nicht mehr schwierig, Indizes, Fonds und Zertifikate aufzuspüren, die diese Kriterien erfüllen. Dagegen steht so mancher Anleger im Regen, wenn es um die Beurteilung einer bestimmten Aktie aus dem Nebenwertesektor geht. Was ist zu tun? Die Durchsicht des Geschäftsberichts, Fragen im Rahmen von Wortmeldungen auf der Hauptversammlung, auf Investoren- und Analystenkonferenzen schärfen den Blick, inwieweit sozialethische Standards eingehalten werden. Unternehmen, die Vorbildliches leisten, sind aufgerufen, über ihre beispielgebende Unternehmenskultur zu berichten. Die sozialethischen und ökologischen Standards beziehen sich auf ordentliche Arbeitsbedingungen weltweit, den schonenden Umgang mit Ressourcen, die umwelt- und kulturverträgliche Produktion sowie die Einhaltung von Menschenrechten.

Nachhaltige Vermögensanlagen sind nicht nur ein berechtigtes Anliegen der Kirchen sowie ihrer Ordensgemeinschaften, haben sie doch sehr viel Kapital zu verwalten, um die Altersversorgung ihrer Klosterschwestern und -brüder zu sichern. Um einen Platz in den kirchlichen Portfolios zu finden, müssen die Firmen ein strenges ethisch-ökologisches Rating erfüllen. Dazu zählen sozialverträgliche Arbeitsbedingungen, Abwendung von Gefahren für Gesundheit und Leben, umweltfreundliche Technologien, Schadstoffverringerung und Recycling. Rüstungskonzerne, Zigarettenhersteller, Produzenten alkoholischer Getränke und Glücksspielunternehmen scheiden aus. Wer befürchtet, dass ethisch-ökologische Geldanlagen weniger Rendite abwerfen, irrt gewaltig.

„Nachhaltigkeitsratings wecken Verständnis bei den Investoren für Zusammenhänge und Wechselwirkungen zwischen ökonomischen, ökologischen und sozialen Faktoren. Vor allem in Betrieben, die damit noch nicht sehr vertraut sind, wirken sie als Initialzündung, Nachhaltigkeit zu integrieren. Anleger können davon ausgehen, dass sie mit ihren Geldanlagen, die auf seriösen Ratings basieren, auch über diese Ratings auf Unternehmen einwirken. Das gibt ihnen mehr Sicherheit, dass sie mit ihrer Anlage das erreichen, was sie wollen."

Quelle: *Handelsblatt*, Nr. 223

Gerade in mittelständischen börsennotierten Aktiengesellschaften gibt es verschiedentlich sehr originelle, nachahmenswerte Beispiele für Unternehmenskultur, Mitarbeiterzufriedenheit und soziale Aktivitäten. Damit sind nicht nur die betriebseigenen Kinderbetreuungsstätten, Mitarbeiterbeteiligungen, Prämiensysteme sowie Weiterbildungsaktivitäten gemeint. Gerade die kleineren Unternehmen bieten für ihre Mitarbeiter oft einige Besonderheiten, wie ein gemeinsames Frühstück, Obsttag, Babyzuschuss, Massage und Gymnastik, Hausaufgabenhilfe für die Kinder, Urlaubsbuchungen in eigenen Häusern, Kfz-Werkstatt, Spiel und Sport in der Freizeit usw. an. Bei einem Krankenstand von kaum einem Prozent, wie ihn z. B. Mensch & Maschine sowie Artec Technologies erreichen, muss offensichtlich das Betriebsklima stimmen, um seelisch und körperlich so gesund

und leistungsfähig zu sein. Herausragend bei etlichen Mittelständlern ist auch das Engagement zum Aufbau einer bleibenden Kundenbindung.

Nachhaltigkeit von Aktienanlagen
Kriterien für sozial-ethisch-ökologische Wertmaßstäbe

Soziale Verantwortung der Aktiengesellschaft für den Menschen für die Gesellschaft für die Umwelt	**Sozial-ethisch-ökologisches Rating** Sozialverträglichkeit Kulturverträglichkeit Umweltverträglichkeit	**Sozial-/Kulturverträglichkeit** Keine Kinderarbeit, Ausbeutung und Diskriminierung, kein Verstoß gegen die Menschenrechte, keine Niedrigstlöhne
Im Fokus: Mitarbeiter- und Kundenzufriedenheit	Im Fokus: Auswirkungen der Demografie und des Klimawandels	**Umweltverträglichkeit** Entwicklung alternativer, erneuerbarer Energien, Schadstoffvermeidung, Schutz für die bedrohte Tier- und Pflanzenwelt

Kapitel 9

9. Stoppkurse – Licht und Schatten bei Nebenwerten

Stoppkurse gelten allgemein als unverzichtbar. Kein Wunder, verdienen doch daran die fünf großen B: Börse, Broker, Banken, Börsenmagazine und Börsenjournalisten. Erstere profitieren von den Transaktionen. Sie mehren sich, je enger Stoppkurse gesetzt und nachgezogen und damit Titel aus dem Depot geschmissen und später diese oder andere Aktien nachgekauft werden. Die Börsenmagazine mit ihren Journalisten versorgen die Anleger mit Stoppkursempfehlungen. Niemand will auf diese Verdienstquelle verzichten. Dennoch sei die Frage erlaubt: Sind Stoppkurse aus dem Blickwinkel der Privatanleger tatsächlich von so großem Nutzen? So viel ist sicher: Wer sein Depot nicht regelmäßig überwacht, sei es, dass es an Zeit oder Lust fehlt, eine Dienstreise, der Urlaub oder ein Krankenhausaufenthalt anstehen, den bewahren Stoppkurse vor unangenehmen Überraschungen. Gewinne werden abgesichert und Verluste begrenzt. Ebenso sind Stop-Loss-Orders für all jene Aktionäre dringend anzuraten, denen es an Konsequenz, Selbstkontrolle und Disziplin mangelt, ihre Verluste frühzeitig zu begrenzen, statt sie zu verdrängen und vielleicht bis zum Totalverlust auszusitzen. Wo viel Licht ist, gibt es Schatten. Bezüglich Stop-Loss-Orders ist zu differenzieren. Wo sind sie notwendig? Wie tief, in welcher prozentualen Bandbreite sind sie zu setzen? Volatile, wenig liquide kleine Titel werden bei sehr enger Platzierung zu oft ausgestoppt, sodass die Gebührenfalle zuschlägt. Der Bullenmarkt, geprägt von steigenden Börsenkursen, verlangt ein anderes Stop-Loss-Verhalten als der Bärenmarkt. Würden die Kurse nicht allgemein sinken, gäbe es keine Baisse. Bei der Gewinnabsicherung ist zu bedenken, wann die Spekulationsfrist abläuft und ein Gewinn steuerfrei vereinnahmt werden kann und wann die Dividende ausgezahlt wird. Ein sturer Stop-Loss-Automatismus ist jedenfalls nicht zu empfehlen – schon gar nicht bei schwankungsfreudigen Nebenwerten! Werbeparolen wie „Trading mit garantiertem Stop-Loss" sind kritisch zu hinterfragen. Ein Stoppkurs gewährleistet keinen bestimmten Ausführungspreis. Möglicherweise fallen für den Stoppkurs-Service monatliche Gebühren an.

Über die Notwendigkeit, seine Verluste zu begrenzen und bei Bedarf rasch und konsequent die Reißleine zu ziehen, herrscht Einmütigkeit. Ob die gewünschte Gewinnabsicherung und die für den Börsenerfolg so wichtige Verlustbegrenzung jedoch mithilfe von Stoppkursen automatisch oder über „mentale" Stoppkurse flexibel, dynamisch und situationsbezogen vorgenommen wird, hängt von der Persönlichkeitsstruktur und Interessenlage des Anlegers ab. Dabei lassen sich Stop-Loss-Orders durchaus mit einer Versicherung gegen Schadensfälle vergleichen. Jede Absicherung hat ihren Preis – in diesem Fall die Transaktionskosten. Aber so wie nicht jede Versicherung notwendig ist, gilt es auch hier zu untersuchen, wo und wann Stoppkurse wirklich nützlich sind, wie mit ihnen am besten umzugehen ist und welche Alternativen sich anbieten.

Stoppkursstrategie überzeugt im Bärenmarkt

Bei starker Korrektur und in einem Crashszenario bewähren sich Stoppkurse, wenngleich sie keinen bestimmten Ausführungskurs garantieren. Bricht der Markt oder ein einzelner Wert zusammen, wird zum nächstmöglichen Kurs verkauft. Liegt der Stoppkurs beispielsweise nur 10 bis 15 Prozent unterhalb des aktuellen Kurses, ist im Extremfall der realisierte Verlust möglicherweise weitaus größer, so vielleicht geschehen in der ersten Oktoberwoche beim Motorenhersteller Thielert und am 12. Oktober bei Bijou Brigitte. Hier stürzten binnen weniger Stunden die Kurse um 20 bis 25 Prozent ab. Grundsätzlich bewähren sich Stop-Loss-Orders wie in der Phase des tückischen „Salamicrashs" vom März 2000 bis zum Frühjahr 2003. Gleiches gilt für die scharfe Korrekturphase von Mai bis Juli 2006, die insbesondere die Aktien von Rohstoffen, regenerativen

Energien und Immobilien in den Börsenkeller trieben. Während des dreijährigen Crashszenarios zu Beginn dieses Jahrtausends vollzog sich der Kursabsturz scheibchenweise. Da war es vernünftig, mithilfe von Stoppkursen vorhandene Gewinne abzusichern und die sich abzeichnenden Verluste zu begrenzen, bevor das Minus riesengroß wurde und die Kapitalvernichtung so manchen Aktionär finanziell in den Ruin stürzte. Die Stoppkursstrategie erwies sich als schonend für Geldbeutel und Nerven. Wer jedoch sein frisches Geld zu früh für den Nachkauf einsetzte und erneut ein- oder mehrmals ausgestoppt wurde, bei dem summierten sich sowohl die Verluste im Depot als auch die Transaktionskosten. Dieser Zusammenhang wird selten aufgezeigt, stört er doch das positive Gesamtbild.

Schattenseiten der Stoppkursstrategie im Bullenmarkt

In der Hausse, wenn die Bullen dominieren und die Bären aus der Börsenarena vertreiben, kann es für den kompetenten Börsianer, dem es weder an Mut, Entschlossenheit, Disziplin, Selbstkontrolle, noch an Zeit und Lust mangelt, den Markt ständig zu beobachten, effizienter sein, dynamisch zu handeln und Stoppkurse mental zu setzen. Bei fundamental schlechten Nachrichten, unterstützt von Verkaufssignalen aus der Technischen Analyse, trennt er sich rasch von seinen enttäuschenden Titeln. Er gibt die Entscheidung also nicht aus der Hand, verkauft nicht „computergesteuert", sondern handelt situationsbezogen.

Was spricht für eine Strategie mit mentalen Stoppkursen? Schwankungsfreudige Werte, die oft nur durch „Sippenhaft" abgestraft werden, weil der Marktführer mit seinen Zahlen enttäuscht oder die Gerüchteküche brodelt, werden nicht infolge einer übertriebenen, vom Herdentrieb geleiteten Anlegerreaktion unnötig ausgestoppt. Ebenso passiert es nicht, dass versehentlich Aktien mit einem hohen

Buchgewinn kurz vor Ablauf der Spekulationsfrist aus dem Depot verschwinden und der Gewinn steuerpflichtig ist.

Und das Ärgernis, kurz vor der Gewinnausschüttung ausgestoppt zu werden, kommt nun auch nicht vor. Nebenbei ist in die Kalkulation mit einzubeziehen, ob die Depotbank monatlich für Stop-Loss-Orders Gebühren berechnet. Diese können pro Titel bei fünf Euro liegen. Bei einem großen Depot kommt mit der Zeit einiges zusammen.

Wie die nebenstehende eigene Recherche bestärkt, sind automatische Stoppkurse die richtige Strategie im Bärenmarkt, weil dieser insgesamt sinkende Kurse erzeugt. Im Bullenmarkt, dessen Merkmal steigende Aktienkurse zumindest bei den Qualitätstiteln sind, zeigt die sich auf ein Jahr beziehende statistische Auswertung ein ernüchterndes Bild. Hier wären dynamische bzw. mentale Stoppkurse normalerweise die bessere Alternative, es sei denn, der Aktionär kann sein Depot nicht fortlaufend überprüfen, weil er vielleicht auf Dienstreise, im Urlaub oder im Krankenhaus liegt. Gute Aktien, dies gilt uneingeschränkt auch für Nebenwerte, erholen sich nach einem Kurseinbruch wieder. Wäre es anders, würden die Bullen nicht die Bären verjagen, ist doch eine Hausse stets von steigenden Kursen geprägt.

Stoppkurse im Bullenmarkt am Beispiel von 58 Aktien

Gewinnabsicherung	
Stoppkurse neutral	5,2 %
Stoppkurse günstig	8,6 %
Stoppkurse ungünstig	32,8 %
Verlustbegrenzung	
Stoppkurse neutral	6,9 %
Stoppkurse günstig	8,6 %
Stoppkurse ungünstig	37,9 %
Ergebnis insgesamt	
Stoppkurse neutral	12,1 %
Stoppkurse günstig	17,2 %
Stoppkurse ungünstig	70,7 %
Spekulationsfrist	
unterschritten, steuerpflichtig	81,7 %
überschritten, steuerfrei	18,3 %

Wie werden Stoppkurse bestmöglich gesetzt?

Sie erteilen Ihrer Depotbank die Stop-Loss-Order zum gewünschten Kurs und teilen ihr die evtl. nachgezogenen Stoppkurse zur Gewinnabsicherung mit. Falls Sie es bei einer dynamischen Gewinnentwicklung vergessen, Stoppkurse anzugleichen, kann es bei einem schweren Kursabrutsch geschehen, dass Sie zum Tiefstkurs nahe der Bodenbildung verkaufen. Dies ist ärgerlich und muss vermieden werden. Wenn Sie Stoppkurse setzen, vergessen Sie nicht, diese auch anzupassen. Das Hauptproblem ist das richtige Timing. Wer Stop-Loss-Orders zu eng, etwa in einer Bandbreite von 10 bis 15 Prozent setzt, wird in einer unruhigen, angespannten Marktlage unnötig oft ausgestoppt. Dies treibt die Transaktionskosten in die Höhe. Wer tief gesetzte Stoppkurse vorzieht, kommt bei massiven Verlusten nicht so glimpflich davon, zumal es keine Garantie für einen Ausführungspreis an der gesetzten Marke gibt. Der Orderumfang spielt eine wichtige Rolle. Wer 10.000 Euro für einen Titel einsetzt, verliert bei 15 Prozent bereits 1.500 Euro. Wer sich mit 1.000 oder 2.000 Euro Einsatz begnügt, erleidet in einem breit gestreuten Depot bei 15 Prozent Kursverlust keinen Beinbruch. Ebenso ist die Volatilität der Branche zu beachten. Die Aktien der erneuerbaren Energien steigen gewöhnlich mehrmals im Jahr binnen weniger Tage zweistellig z. B. um 10 bis 30 Prozent, um hernach wieder deutlich zu korrigieren. Wer seine Stop-Loss-Orders bei 15 Prozent platziert, wird in diesem Sektor relativ häufig ausgestoppt.

Was spricht für Stop-Loss-Orders?

In einem von fallenden Kursen geprägten Bärenmarkt sind Stoppkurse die richtige Antwort, das Erfolgsrezept. In der Baisse neigen die Aktienkurse dazu, weiter zu sinken, anstatt sich rasch zu erholen. Stop-Loss-Orders sind also die logische Konsequenz. Die ersten Verluste sind noch verhältnismäßig gering und somit weniger schmerzhaft und psychisch eher zu verkraften. Auch an reduzierten

Gewinnmitnahmen verarmt kein Börsianer. Der Anleger muss sein Depot nicht ständig überwachen und kann sich unbesorgt z. B. auf Dienstreise oder in den Urlaub begeben. Bei Abwesenheit wirken Stoppkurse beruhigend – insbesondere bei spekulativen Titeln mit hohem Rückschlagpotenzial.

Bei fehlender Konsequenz, Disziplin und Entscheidungsfreude werden notwendige Verlustbegrenzungen nicht zögerlich beiseite geschoben und verdrängt. Mit Cash aus Verkäufen lässt sich das Depot preiswert wieder aufstocken. Auf diese Weise ist auch im Abwärtstrend mittelfristig zumindest ein Kapitalerhalt möglich. Die schlechten Werte belasten nicht länger das Depot und schaffen Platz für chancenreiche neue Titel oft zu Schnäppchenpreisen. Bei veränderter Markteinschätzung bietet sich ein Rückkauf der zuvor ausgestoppten Aktien an.

Was spricht gegen Stop-Loss-Orders?

Ein Merkmal der Hausse sind steigende Kurse. Qualitätsaktien erholen sich nach einer Korrektur bei Fortdauer des Aufwärtstrends. Der Anleger überträgt seine Entscheidungskompetenz auf das elektronische Verkaufssystem unabhängig davon, ob dies im Einzelfall sinnvoll oder unklug erscheint. Er ist nicht mehr Herr eigener Entscheidungen. Die marktengen, volatilen Micro und Small Caps geraten kurzfristig oft böse unter die Räder. Ausgestoppte Titel können sich nicht mehr erholen. Der empfohlene Nachkauf unterbleibt psychisch bedingt, zumal erneute Transaktionskosten anfallen.

Solange die Spekulationsfrist noch gilt und ein steuerfreier Veräußerungsgewinn möglich ist, sinkt durch den Stoppkurs-Mechanismus die Chance, Aktien über ein Jahr lang im Depot zu haben. Manchmal ist ein etwas geringerer Gewinn günstiger als die volle Besteuerung. Öfters wird durch ausgelöste Stop-Loss-Orders die Gewinnausschüttung verpasst, was bei attraktiver Dividende ärgerlich ist. Ein Stoppkurs ist keine limitierte Verkaufsorder. Der Anleger verkauft seine Aktien „bestens“ ohne Preisgarantie.

Einige Banken verlangen pro Stop-Loss-Order eine Monatsgebühr bis zu fünf Euro. In einem großen Depot summieren sich die Kosten.

Wer insbesondere im Bärenmarkt das frische Kapital für den verfrühten Wiedereinstieg nutzt, läuft Gefahr, erneut ausgestoppt zu werden. Die Verluste weiten sich aus.

Da die Anleger die Stopps an markanten Tiefpunkten setzen, tragen sie unbewusst dazu bei, dass die Aktien in einer Art Kettenreaktion weiter abstürzen. Leerverkäufer nutzen dies rigoros aus und verstärken anfangs den Abwärtstrend, danach wegen der Rückkaufverpflichtung an der Börse die Kurserholung.

Kapitel 10

10. Mit Augenmaß die Wertpapierorders vornehmen

10.1 Vom Online- und Telefonbanking profitieren

Voraussetzung für erfolgreiches Stock-Picking mit den schwankungsfreudigen und teilweise marktengen Nebenwerten ist das preiswerte und praktische Online- und Telefonbanking. Da muss es oft fix gehen. Sie sind als Anleger unabhängig von den Banköffnungszeiten, müssen keinen Termin mit Ihrem Bankberater vereinbaren und sich auf den Weg machen, können Ihre Orders bequem und kostengünstig auch in Arbeitspausen, vor und nach Arbeitsschluss, im Urlaub oder bei Dienstreisen aufgeben. Beim Internetbanking werden Ihnen wichtige Zusatzinformationen zuteil: Realtimekurse, Musterdepots mit aktueller Kursentwicklung, Aktiencharts, neueste Börsennachrichten usw. Den besten Onlinebroker für jeden Börsianer gibt es nicht. Die individuellen Bedürfnisse sind entscheidend für die richtige Wahl. Vielleicht entspricht auch der Internet- und Telefonservice Ihrer Hausbank Ihren Wünschen. Ihnen steht die maßgeschneiderte Beratung durch den Ihnen persönlich bekannten Bankberater offen. Stellt Sie der Service vollauf zufrieden, kommen Sie ohne Discountbroker aus. Viele Börsianer schätzen eine exzellente Beratungsqualität als wichtigstes Kriterium ein und akzeptieren dafür etwas höhere Gebühren. Sofern Sie erst jetzt das Onlinebanking beantragen, wählen Sie vorsorglich die Risikostufe V und

versäumen Sie nicht, zugleich Ihre Finanztermingeschäftsfähigkeit zu dokumentieren.

Gut zwei Drittel aller Deutschen haben einen Internetzugang. Wie die Grafik zeigt, ist das Interesse an Onlinebanking, Börsen- und Wirtschaftsnachrichten sowie Börsengeschäften groß. Da nimmt es nicht wunder, dass etliche große Onlinebroker im Wettbewerb mit den Hausbanken um die Gunst der kompetenten Privatanleger buhlen. Das Angebot der Banken, Sparkassen und Onlinebroker ist groß, umfasst Aktien, Investmentfonds, Exchange Traded Funds, Anlage- und Hebelzertifikate, Optionsscheine und Sparpläne. Jeder Discountbroker hat seine speziellen Stärken, aber auch Schwächen. Deshalb gibt es die beste Bank für jeden Börsianer nicht. Steht Ihre Entscheidung erst an, sollten Sie nicht nur die Gebührenstruktur genau vergleichen, sondern Ihr Augenmerk auf den Gesamtservice richten. Bei einem Vieltrader oder Investor mit großem Depot ohne Beratungsbedarf sieht die beste Onlinebank grundlegend anders aus als bei einem Gelegenheitsanleger mit kleinem Depot, hohem Beratungsbedarf, Vorliebe für Sparpläne und Fonds, aber fehlendem Interesse am außerbörslichen Handel und für sonstigen Spezialservice.

Es empfiehlt sich, vor der Entscheidung die Webseiten der führenden Onlinebroker aufzurufen und die Leistungen zu vergleichen.

Entscheidungskriterien bei der Wahl des Onlinebrokers

- Wie viele Transaktionen tätigen Sie gewöhnlich im Monat, Vierteljahr, Jahr? Gibt es einen Viel-Trader-Bonus?
- Wie hoch ist Ihr durchschnittliches Ordervolumen? Wird auf gestaffelte Preise verzichtet oder bestimmt der Umfang der Transaktion den Gebührensatz?

Ein Blick auf den Service

- Verlässliche Erreichbarkeit
- Schnelle und zuverlässige Orderabwicklung
- Kundenfreundlicher, kulanter und kompetenter Service
- Benutzerfreundliche Anwendungen (Ordermaske, Infotools)
- Große Produktvielfalt
- Faire, ausgewogene Gebührenstruktur
- Attraktive Sonderleistungen, erstklassiger Service
- Auf Wunsch qualifizierte individuelle Beratung
- Zugang zu ausländischen Börsenplätzen
- Evtl. außerbörslicher Handel

- Wie sieht das Angebot für Blue Chips, Nebenwerte, deutsche und ausländische Titel aus?
- Bestehen Sonderkonditionen für bestimmte Börsenplätze und Zusatzleistungen wie den außerbörslichen Handel und Leerverkauf?
- Werden für Stop-Loss-Orders, limitierte Kauf- und Verkaufsorders, für nicht berücksichtigte Zeichnungsaufträge, unausgeführte Orders und für die einzelnen Titel Depotgebühren berechnet? Wird ein Zuschlag bei etwaigen Teilausführungen erhoben?
- Darf das Depotkonto zu einem moderaten Soll-Zinssatz überzogen werden? Wie hoch ist der Haben-Zinssatz bei Guthaben auf dem Depotkonto? Ab wann greift dieser?
- Zu welchen Bedingungen werden Sparpläne und Aktienfonds angeboten?
- Ist auf Wunsch eine qualifizierte, individuelle Beratung möglich?

Wollen Sie öfters Neuemissionen zeichnen, empfiehlt es sich, ein zweites Depot bei einer Großbank einzurichten, die häufig bei einem IPO die Konsortialführung übernimmt.

Vorsicht: Online-Trickbetrüger auf Datenfang

Lange Zeit galten unerwünschte Spam-Mails zwar als lästig, aber doch eher harmlos. Die Betrüger haben nun auch den virtuellen Postverkehr für sich entdeckt. In sogenannten Phishing-Mails geben sie sich als Bank aus und fragen die Konto- und

Geheimnummern wie PIN und TAN ab. Noch einen Schritt weiter gehen die Kriminellen beim Pharming. Der Nutzer wird auf Internetseiten umgeleitet, die den echten täuschend ähnlich sehen. Die eingegebenen Daten aber landen beim Betrüger. Im Jahr 2005 haben sich die Verluste durch Betrug im Onlinebanking nahezu verdoppelt.

Gefahr droht auch beim Öffnen von offiziell wirkenden E-Mails unbekannter Absender mit sehr allgemein gehaltenem Betreff (z. B. Ihre Steuerhinterziehung, Wichtige Bankauskunft, Der Staatsanwalt ermittelt, Anklage wegen Fahrerflucht, Frohe Weihnachten, Ein erfolgreiches neues Jahr, Ein Supergewinn für Sie, Ihre Bestellung – Zahlungserinnerung usw.). Wer hier einen Anhang öffnet, verseucht seinen Computer womöglich mit gefährlichen Viren oder Trojanern. Nachrichten von Staatsanwaltschaft, Finanzamt, Banken und anderen Institutionen oder Behörden erfolgen nicht per E-Mail, sondern auf dem Postweg.

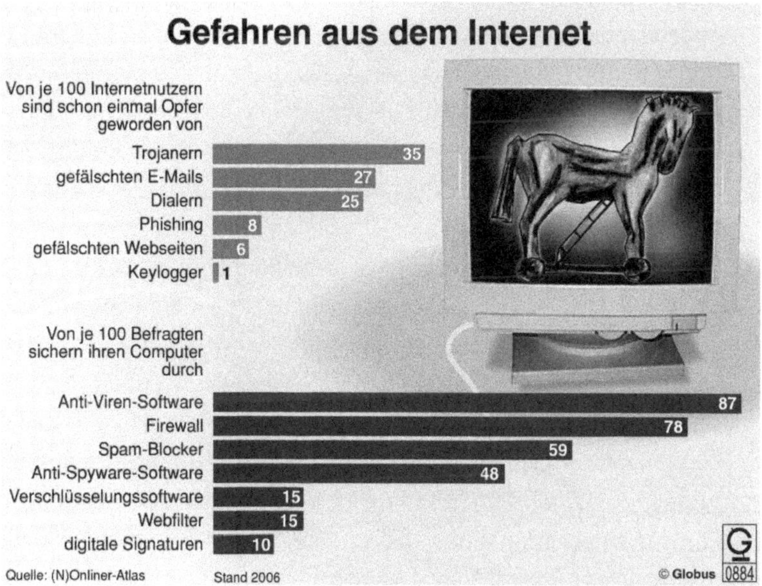

Mittlerweile sind sich die meisten Computernutzer dieser Gefahren bewusst und haben ihrerseits „aufgerüstet“. 85 Prozent der Internet-Anwender haben mittlerweile eine Anti-Viren-Software und 78 Prozent einen Firewall auf ihrem Rechner installiert. Und 59 Prozent der Surfer lassen unerwünschte E-Mails direkt durch einen Spam-Blocker aussortieren.

Im schlimmsten Fall werden auf der Festplatte wertvolle Daten manipuliert bzw. gelöscht oder die Betrüger verschaffen sich Zugang zu Passwörtern und anderen persönlichen Daten. Fast jeder Internetnutzer ist auf die eine oder andere Weise schon einmal Ziel solcher böswilligen Attacken geworden, zumal der Kreativität der Computerkriminalität kaum Grenzen gesetzt zu sein scheinen.

10.2 Ein Blick auf die neue ISIN und die alte WKN

Eigentlich sollte die sechsstellige Wertpapierkennnummer (WKN) nach Einführung der zwölfstelligen ISIN (International Securities Identification Number) im Frühjahr 2003 nur noch für eine gewisse Übergangszeit gelten. Die ISIN ermöglicht die eindeutige Identifikation eines Wertpapiers auch international. Aber die ISIN ist sowohl bei vielen Privatanlegern als auch etlichen Bankhäusern unbeliebt. Das umständliche, schwer einprägsame Gemisch aus Buchstaben und Zahlen mit Verwechslungsgefahr bei D und 0 sowie G und 6 begeistert nicht. Bei deutschen Aktien besteht gegenüber ausländischen Titeln immerhin der große Vorteil, dass der Kern der ISIN noch mit der alten WKN übereinstimmt.

Sinn der ISIN ist es, genügend Erweiterungspotenzial für die stetig wachsende Anzahl von Aktien, Anlage- und Hebelzertifikaten, Optionsscheinen, Fonds und Anleihen sowie anderen Anlageprodukten zu schaffen und so Überschneidungen z. B. mit ausländischen Wertpapieren zu vermeiden.

Von der sechsstelligen WKN zur zwölfstelligen ISIN

Struktur der ISIN am Beispiel der Nemetschek-Aktie

D	E	0	0	0	6	4	5	2	9	0	7

Länderkennung	Neunstellige, alphanumerische Kennung: In Deutschland ist dies die WKN im Anschluss an drei Nullen.	Prüfziffer

10.3 Ordnung und Übersicht im eigenen Aktiendepot

Wer nur eine Handvoll Aktien in seinem Depot hält, was zwar risikoreich, keineswegs aber bei deutschen Aktionären ungewöhnlich ist, braucht keinen großen Aufwand zu betreiben. Bei so wenigen Titeln besteht nicht die Gefahr, den Überblick zu verlieren. Es genügt, alle Unterlagen am besten alphabetisch sortiert in einem Ordner abzuheften und möglichst als Gedächtnisstütze zu notieren, wann die Spekulationsfrist abläuft. Bei einem zahlenmäßig ansehnlichen Depot ist es praktisch, am Computer in Tabellenform eine Liste mit den wichtigsten Angaben zu führen, diese Aufstellung als Handzettel auszudrucken und bei Bedarf zu aktualisieren. Steht eine Verkaufsentscheidung an, genügt ein Blick auf die Liste, um zu sehen, wann und zu welchem Kurs gekauft wurde und ob die Spekulationsfrist schon überschritten ist. Ebenso ist ein Split, eine ungewöhnlich hohe Dividendenrendite oder eine Abspaltung einzutragen. Auch wenn ein Teilverkauf oder Zukauf geplant ist, hilft diese Aufstellung bezüglich Umfang und Gewichtung. Zwar bietet Ihnen auch Ihre Depotbank bzw. Ihr Online-Dienstleister die Führung eines Musterdepots mit der aktuellen Kursentwicklung an, dennoch ist es praktisch, davon unabhängig eine eigene Liste gemäß den individuellen Wünschen und Bedürfnissen zu führen. Wie diese tabellarische Übersicht in etwa aussehen kann, zeigt das folgende Beispiel.

Ausschnitt: Private Aktiendepot-Buchführung am PC					
Zahl, Aktie, ISIN/WKN	Kauftag, Kaufpreis	Steuerfrei ab	Verkaufstag, Kurs	Bemerkungen	Gesamtbestand Gewinn/Verlust
K. 320 Baader DE000 508 810 8	28.01.2004 3,45 (6,90) €	29.01.2005			320
V. 160 Baader DE000 508 810 8	28.01.2004 6,90 €	29.01.2005	17.03.2006 10,20 €	Steuerfreier Gewinn: 528,00 € - Gebühr	Rest 160 St.
K. 300 (150) Baader DE000 508 810 8	16.03.2004 3,00 (6,00) €	17.03.2005		Aktiensplit 2006: 1:1	620 (310)
K. 100 Bechtle V. 100 Bechtle DE000 515 870 3	16.02.2004 12,60 €	17.02.2005	12.10.2006 17,30 €	FIFO steuerfrei, Gewinn 470,00 € - Gebühren	0
K. 100 Bechtle DE000 515 870 3	20.09.2004 13,20 €	21.09.2005		Dividendenrendite 3,8 % (0,50 €)	100
K. 100 Bechtle DE000 515 870 3	26.08.2005 16,90 €	27.08.2006		Dividendenrendite 3 % (0,50 €)	200
K. 50 Boss Vz. V. 50 Boss Vz. DE000 524 553 4	03.04.2001 32,50 €	04.04.2002	10.10.2006 36,40 €	FIFO steuerfrei, Gewinn 195 € - Gebühren	0
K. 200 Boss Vz. DE000 524 553 4	24.02.2003 11,40 €	25.02.2004		Dividendenrendite 7,8 % (1,01 €)	200

10.4 Die Order muss sich lohnen – 10 bis 20 Titel sind wünschenswert

Wer einen Blick auf die Transaktionen an den verschiedenen deutschen Börsenplätzen wirft, kommt bei Nebenwerten gelegentlich aus dem Staunen kaum heraus. Selbst bei Aktien, die deutlich unter zehn Euro notieren, werden gar nicht so selten nur bis zu fünf Stück gekauft. Die Ordergebühren übersteigen den Aktienwert deutlich. Wie soll da noch ein Veräußerungsgewinn möglich sein? Altmeister

André Kostolany stellte sich einst die Frage, ob es mehr Aktien oder Schwachsinnige gäbe. So oft, wie Miniorders platziert werden, kommen dennoch Zweifel auf. Dominieren hier andere Motive, als mit Aktien Geld verdienen zu wollen? Mit einem Minimaleinsatz von unter 50 Euro ist ein Verlust vorprogrammiert. Meist wissen die Akteure, was sie tun. Sie zählen zur Gruppe der „räuberischen" Aktionäre oder „Abstauber". Die einen kaufen oft nur ein einziges Stück, um durch eingereichte Klagen oder nach 100 gestellten Fragen für künftiges Schweigen mit Geld abgefunden zu werden. Die anderen besuchen die Hauptversammlung nur wegen der Bewirtung. Diese Unsitten ausgeklammert muss der Orderumfang groß genug sein, um nach Abzug von Provision und Spesen für Kauf und Verkauf noch einen ordentlichen Gewinn einfahren zu können. Als Richtschnur gilt: Kleinanleger mit geringer Kapitaldecke sollten in volatile, hochspekulative Titel mindestens 500 Euro und in die weniger riskanten Papiere ab 1.000 Euro investieren. Das durchschnittliche Ordervolumen des Bundesbürgers liegt bei 5.000 Euro für Penny Stocks entschieden zu viel, es sei denn, der Leser ist Millionär. Eine Ein-Wert-Strategie verstärkt das Risiko. 10, 15 oder 20 Titel aus unterschiedlichen Branchen, Indizes und Ländern sollten es schon sein.

Wer sich unsicher fühlt, gegenwärtig einen sehr günstigen Einkaufspreis zu erwischen, kann in zwei oder drei Tranchen ordern, bis er das geplante Ordervolumen erreicht hat. Das erste Investment ab 1.000 Euro befriedigt gewissermaßen die Gier. Steigt danach der Kurs erheblich an, wird der geplante Zukauf zumindest vorläufig zurückgestellt oder ganz gestrichen. Geht der Kurs trotz fundamental überzeugender Daten wegen Branchenrotation und sonstiger externer Einflussfaktoren weiter südwärts, wird ein- oder zweimal mit gleich hohem Einsatz nachgelegt. So wird – wie beim Sparplan stets als Vorteil gepriesen – der Cost-Average-Effekt genutzt.

Gewinnentwicklung bei kleiner und großer Order

Rational

Kauf am 15. Juni 2006:
Kurs: 126,00 €
Verkauf am 10. Oktober 2006:
Kurs 158 € = Kursgewinn 25,5 %

1 Aktie: Der Kursgewinn von 25,5 Prozent bzw. 32 Euro wird durch die Ordergebühren aufgefressen.

50 Aktien: Kursgewinn 1.600 €
100 Aktien: Kursgewinn 3.200 €

Steuerpflicht:
Halbeinkünfteverfahren innerhalb Spekulationsfrist

Cost-Average-Effekt bei Bijou Brigitte, WKN 522 950

Kauf: 4. Juli 2006
10 Stück á 221 € = 2.210 €

Kauf: 13. Oktober 2006
13 Stück á 169 € = 2.197 €

Kauf: 16. Oktober 2006
15 Stück á 149 € = 2.235 €

Der Privatanleger kauft, etwa gleich hohen Einsatz vorausgesetzt, bei niedrigen Kursen mehr und bei höheren Kursen weniger Anteile und erzielt auf diese Weise einen geringeren Durchschnittspreis. Um eine Übergewichtung wegen ein oder zwei preisgünstiger Nachkäufe zu vermeiden, empfiehlt es sich, beim ersten Kauf nur die Hälfte des für diesen Titel eingeplanten Kapitals einzusetzen. Möglicherweise bleibt der Titel untergewichtet, wenn sich keine günstigen Zukaufgelegenheiten mehr ergeben bzw. andere Aktien künftig attraktiver erscheinen.

Wie viel und welche Aktien ins Depot?

Auch als überzeugter Nebenwertefan ist es nicht gerechtfertigt, völlig auf die Blue Chips in DAX, Dow Jones, Euro Stoxx 50, Nikkei usw. zu verzichten. Die großen Standardwerte lassen sich gut abdecken über Einzelaktien, ETFs, Indexzertifikate und Fonds. Diversifikation bleibt oberstes Gebot und bezieht sich sowohl auf Indizes und Branchen als auch auf den Zeitpunkt. Beim Durchschnittsaktionär in Deutschland liegen an Einzelaktien weniger als fünf

Titel im Depot. Damit ist eine ausreichende Streuung nicht möglich. Besser ist da schon – abhängig von der Kapitaldecke, aber auch von Zeit, Lust, Marktkenntnis und Anlagehorizont – ein Bestand von 10 bis 20 Titeln. Wer noch mehr Einzelaktien in seinem Depot wünscht, kann viel besser streuen, muss aber aufpassen, dass er nicht den Überblick verliert und die rechtzeitige Verlustbegrenzung vernachlässigt.

Broker mit besten Nebenwertanalysen 2006

MDAX-Werte

1. Oppenheim Research
2. Kepler Equities
3. Helaba Trust
4. Bankhaus Metzler
5. Credit Suisse
6. Bankhaus Lampe

TecDAX-Werte

1. Dresdner Kleinwort
2. HVB Corporates & Mark.
3. Oppenheim Research
4. Kepler Equities
5. UBS
6. WestLB Capital Markets

SDAX-Werte

1. Ca Cheuvreux
2. HVB Corporates & Mark.
3. LBBW
4. Berenberg Bank
5. Deutsche Bank Sec.
6. Bankhaus Lampe

Quelle: *Handelsblatt* Nr. 200/06

Welche Gewichtung ist angemessen?

Im Hinblick auf eine vernünftige Gewichtung der einzelnen Titel gilt der Grundsatz: Je spekulativer die Aktie, je größer das Risiko, umso geringer der prozentuale Anteil im Depot. Bei einer hochriskanten Aktie droht im ungünstigsten Fall der Totalverlust. Umgekehrt ist auch binnen kurzer Zeit ein dreistelliger Kursgewinn möglich. Also lässt sich pro Risikotitel schon mit einem prozentualen Anteil von ein bis zwei Prozent des Gesamtdepots ein ansehnlicher Gewinn erzielen. Unter 500 Euro pro Titel fressen dagegen die Ordergebühren den Gewinn oft auf. Für die Standardwerte erscheint ein Depotanteil zwischen vier und acht Prozent vertretbar. Hier sollte die einzelne Order ein Volumen von mindestens 1.000 Euro haben. Bei einem sechsstelligen Aktiendepot kann es gut und gerne auch eine Null mehr sein.

10.5 Sprachgewirr bei Kauf- und Verkaufsempfehlungen

Eigentlich würden für die Aktieneinschätzung drei Begriffe genügen, damit sich der Anleger orientieren kann: kaufen – halten – verkaufen. Wer eine stärkere Differenzierung nach Art des Schulnotensystems bevorzugt, käme mit sechs Formulierungen aus wie: starker Kauf – kaufen – übergewichten – halten – untergewichten – verkaufen. Aber warum einfach, wenn es auch kompliziert geht? Ein Blick auf die Empfehlungslisten zeigt ein kaum überschaubares und letztlich überflüssiges Begriffsgestrüpp: Ich habe mehr als 30 unterschiedliche Formulierungen entdeckt, wo drei oder sechs ausreichen würden. Ein besonderer Nutzen für den Anleger ist nicht ersichtlich, mag Sprachvielfalt auch ansonsten ein sehr wertvolles und unbedingt zu pflegendes Kulturgut sein. In der Welt der Anlage- und Hebelzertifikate bricht bereits eine solche Flut von Fachbegriffen über den Investor herein, dass Anleihen aus der Tierwelt unverzichtbar erscheinen. Sie brauchen nur an Chamäleon- oder Schmetterlingszertifikate zu denken. Mögen die folgenden Definitionen zu etwas mehr Klarheit im Begriffswirrwarr führen.

Kauflimit: Der höchste Preis, der beim Kauf akzeptiert wird. Das Limit kann für diesen Tag, den laufenden Monat, ein Quartal usw. gesetzt werden.

Verkaufslimit: Der Mindestpreis, der beim Verkauf erzielt werden soll. Bei Platzierung unter dem aktuellen Kurs ist die Ausführung wahrscheinlich.

Stop-buy: Der Anleger kauft erst oberhalb einer charttechnisch wichtigen Marke, weil damit in der Technischen Analyse ein Kaufsignal ausgelöst wird.

Stop-Loss: Stoppkurse sichern Gewinne ab und begrenzen Verluste. Stop-Loss-Marken garantieren keine Ausführung zu diesem Preis.

Bestens: Ein unlimitierter Verkaufsauftrag mit hoher Ausführungschance.

Billigst: Eine unlimitierte Kauforder mit hoher Ausführungswahrscheinlichkeit. Bei kleinen volatilen Titeln besteht die Gefahr, dass zu viel bezahlt wird.

Brief (Ask): Aus Anlegersicht der höhere Kaufpreis gegenüber dem Verkaufskurs.

Geld (Bid): Aus Anlegersicht der niedrigere Verkaufspreis gegenüber dem Kaufkurs.

10.6 Der Einfluss von Börsenbriefen

Es gibt unzählige Börsenbriefe, die dem Anleger Mühe und Arbeit bei der Auswahl der richtigen Aktien abnehmen wollen, seriöse wie unseriöse, solche mit geballtem Expertenwissen wie auch mit oberflächlichem, von Eigennutz geprägtem Research. Manche Online- und Print-Börsenbriefe versprechen nicht mehr Performance, als sie im Schnitt tatsächlich erreichen. Andere wecken völlig unrealistische Erwartungen. Treffen die vollmundigen Ankündigungen nicht ein, ist die Frustration umso größer. Börsenbriefe sind gutzuheißen, wenn sie das Risikobewusstsein des Anlegers möglichst verlässlich treffen. Sie leisten gute Hilfe, wenn es an Grundwissen und Entscheidungsfreudigkeit sowie an Zeit und Lust mangelt, sich ausgiebig mit dem Börsengeschehen zu befassen. Der Bezug eines Börsenbriefes erscheint dann sinnvoll, wenn die Kapitaldecke groß genug ist, um die Kosten für das Abonnement aufzufangen. Kostet der Börsenbrief jährlich 500 bis 1.000 Euro, kommt der Aufwand bei einem Depotvolumen von 10.000 oder 20.000 Euro kaum herein bzw. die Gebühren fressen den Gewinn auf. Bei einem großen, sechsstelligen Depot können sich sogar zwei oder drei Börsenbriefe mit unterschiedlicher Ausrichtung lohnen. Wer z. B. einen auf Nebenwerte, Turnaround-Aktien, Penny Stocks, Biotechaktien, Rohstoff- und Energiewerte spezialisierten Börsenbrief bezieht, muss die übrigen Bereiche eigenständig abdecken. Ein einseitiges Depot gerät leicht in Schieflage, sodass das Risiko unnötig steigt. Bei einer

Börsenbriefe

Hauptvorteil: aktuelle, zielorientierte Informationen mit Musterdepot, Dispoliste, konkreten Handlungsanweisungen und fortlaufender Betreuung und Beratung
Hauptgefahr: kaum nachvollziehbare Kursbewegungen bei marktengen, hochriskanten Titeln durch Herdentrieb und Kursmanipulation

Kündigungsfrist von drei Monaten sind falsche Entscheidungen eher korrigierbar als bei einem Jahr.

Die früher üblichen Print-Börsenbriefe verlieren durch den Siegeszug des Internets an Bedeutung. Durch Drucklegung, Versand und Postweg büßen sie gegenüber den Online-Versionen an Aktualität ein. Zudem sind sie in Herstellung und Vertrieb teurer. Erreicht die gedruckte Börseninformation einmal wöchentlich oder monatlich den Anleger, so sind die Nachrichten alles andere als taufrisch und damit nur noch bei langfristigem Anlagespektrum interessant. Nachdem zwei Drittel aller Bundesbürger über einen Internetanschluss verfügen, geht der Trend eindeutig zum Online-Börsenbrief verbunden mit E-Mail- und Telefon-Beratungsdienst. Damit der Anleger risikolos testen kann, ob der Börsenbrief seinen Investmentzielen und dem Anlagehorizont entspricht, ist eine einmonatige kostenlose Testphase üblich. Wird vergessen, fristgerecht zu kündigen, verlängert sich der Vertrag meist um drei Monate oder ein Jahr.

Börsenbriefe: Für wen nützlich? Für wen unrentabel?	
Überlegenswerte Alternative	Entbehrlich, rechnet sich nicht
Große Kapitaldecke, Anlagekapital über 20.000 €, möglichst mehr als 50.000 €; sechsstelliges Depot als ideale Basis	Zu geringe Kapitaldecke; bei kleinem Depot unter 20.000 € fressen die Abonnementkosten etwaige Gewinne meist auf.
Zahlreiche Börsenaktivitäten, im Schnitt mehrere Kauf- und Verkaufsorders monatlich	Mengen- und wertmäßig nur gelegentliche Börsentransaktionen
Wenig verfügbare Zeit und Lust für eine ständige aufmerksame Marktbeobachtung	Genug Zeit und Interesse, das Börsengeschehen selbst intensiv zu verfolgen

Überlegenswerte Alternative	Entbehrlich, rechnet sich nicht
Zu geringe Fachkompetenz, um komplizierte Sektoren und Marktsegmente selbst qualifiziert beurteilen und situationsbezogen optimal nutzen zu können	Umfassende Börsen- und Marktkenntnisse, um ohne Hilfe erfolgreich traden und interessante Indizes, Marktsegmente und Branchen kompetent abzudecken
Erwünschte Auswahl und Entscheidungshilfen durch ausgewiesene Börsenexperten mit fortlaufender Betreuung	Kein Interesse, sich von einem Profi führen zu lassen und die eigenen Anlageentscheidungen aus der Hand zu geben
Interesse an Erfahrungsaustausch mit anderen Lesern in Form von Börsen- und Messebesuchen, Seminaren, Mitgliedertreffen und anderen Aktionen	Bei starkem Bedürfnis nach Erfahrungsaustausch und Kommunikation erscheint ein Aktienklub, sofern räumlich nahe, die bessere Alternative.
Interesse am gebotenen Experten-E-Mail- und Telefon-Beratungsservice und an der Chefredakteur-Sprechstunde	Zu starke Belastung durch Familie und Beruf, um konkrete Handlungsanweisungen umgehend umsetzen zu können
Weitgehende Übereinstimmung mit Zielsetzung, Risikoneigung, Anlagehorizont, Investmentformen und Strategie	Kein Interesse, sich auf ein bestimmtes Marktsegment und die damit verbundene Strategie festlegen zu wollen
Bei fehlender Entschlossenheit und Verdrängungsneigung klare Anweisungen für Gewinnsicherung und Verlustbegrenzung	Vorhandene Entschlossenheit, Disziplin und Selbstkontrolle als Voraussetzung für rechtzeitige Verlustbegrenzung
Hinführung zu komplizierteren Investmentformen wie Anlage- und Hebelzertifikate, Optionsscheine etc.; Betreuung im Derivatehandel z. B. durch Eilmeldungen	Entweder kein Interesse an Derivaten oder genügend Fachkompetenz, um ohne fremde Hilfe erfolgreich mit Anlage- und Hebelzertifikaten fachkundig zu traden
Abdeckung bestimmter Marktsegmente durch den Börsenbrief, die mangels Fachwissen sonst unberücksichtigt blieben, z. B. Rohstoffsektor, Derivate	Freiheitsanspruch, Entwicklung einer eigenen Anlagestrategie mit Abdeckung bestimmten Märkte, Segmente, Branchen mit Indexzertifikaten, Fonds, ETFs usw.
Abonnementskosten bei einer ansehnlichen Vermögensdecke kein Hindernis	Kein Interesse, sich an einen Börsenbrief für mehrere Monate binden zu wollen

Anmerkungen zum Musterdepot des Börsenbriefs „Nebenwerte Telegramm“

• Die Performance schließt Dividenden ein. Transaktionskosten werden nicht berücksichtigt, da sie unterschiedlich hoch ausfallen.

• Wie das Musterdepot zeigt, wird ein langfristiger Vermögensaufbau angestrebt. Das Musterdepot ist vorrangig auf die Bedürfnisse

Musterdepot des Börsenbriefs „Nebenwerte Telegramm"

Unternehmen	ISIN/WKN	Kauftag	Kaufkurs	13. Okt. 2006	Performance
MPC Capital	DE000 518 760 3	10.05.2004	44,85 €	68,42 €	+77,1 %
Funkwerk	DE000 575 314 9	15.05.2004	28,50 €	13,54 €	-49,0 %
Marseille-Kliniken	DE000 778 300 3	23.06.2004	8,48 €	15,38 €	+86,1 %
Sartorius Vz.	DE000 716 563 1	28.06.2004	11,30 €	32,00 €	+191,5 %
Leoni	DE000 540 888 4	30.06.2004	14,33 €	27,70 €	+96,2 %
Fuchs Petrolub Vz.	DE000 579 043 0	14.07.2004	19,33 €	46,85 €	+155,8 %
Bijou Brigitte	DE000 522 950 4	18.08.2004	74,00 €	167,00 €	+137,2 %
Masterflex	DE000 549 293 8	03.11.2004	28,20 €	21,20 €	-19,1 %
Hans Einhell	DE000 565 493 3	05.01.2005	26,75 €	53,95 €	+106,5 %
GESCO	DE000 587 590 0	28.06.2005	24,80 €	39,80 €	+64,1 %
Bechtle	DE000 515 870 3	12.08.2005	19,00 €	17,05 €	-7,6 %
ISRA Vision	DE000 548 810 0	28.12.2005	19,20 €	19,80 €	+3,1 %
Comp. Links	DE000 544 880 7	12.01.2006	11,85 €	13,00 €	+12,7 %
Musterdepot: Start am 10. Mai 2004 mit 50.000 Euro				89.757 €	+79,5 %

des chancenorientierten Privatanlegers ausgerichtet. Interessant ist die zeitliche Diversifikation bereits beim Start des Musterdepots.

• Der Chefredakteur verzichtet auf Stop-Loss-Orders. Es bleibt den Börsenmitgliedern freigestellt, trotzdem Stoppkurse zu setzen, sofern sie bei der Verlustbegrenzung diese Strategie bevorzugen.

• Es gibt eine Dispoliste, die auch spekulative Nebenwerte-Aktien aufführt, teilweise sogar Mantelspekulationen. Die Dispoliste spricht vor allem den Kurzzeittrader mit hoher Risikoneigung an. Die höchste Performance aus der Dispoliste erzielten die im Mai 2005 gekaufte Röder-Aktie mit 104 Prozent und der im November 2005 erworbene, damals noch zu den Penny Stocks zählende Titel von Rücker Immobilien mit 251 Prozent. Gründlich daneben ging die Spekulation mit CDV Software im Dezember 2005 zu 8,90 Euro, heute das triste Dasein als Penny Stock fristend mit einem Minus von 89 Prozent. Fast ebenso erfolglos mit einem Verlust von 84 Prozent verlief das Engagement bei AEE. In beiden Fällen war eine frühzeitige Verlustbegrenzung angezeigt.

Niemand sollte nur Nebenwerte ordern und sich auf deutsche Aktien beschränken. Diversifikation ist das A und O für den Börsenerfolg und schließt ein Investment von in- und ausländischen Blue Chips aus verschiedenen Branchen mit ein.

10.7 Ein kleiner Streifzug durch das Aktiensteuerrecht – Altbestände bleiben steuerfrei

Die Zeiten, in denen es ziemlich unwahrscheinlich war, als Privatanleger vom Finanzamt wegen nicht gemeldeter Veräußerungsgewinne erwischt und zur Rechenschaft gezogen zu werden, dürften durch das neue „Steuerehrlichkeitsgesetz" schon jetzt erschwert und spätestens ab dem 1. Januar 2009 endgültig vorbei sein. Ab dann sind Aktiengewinne nicht mehr nach dem Halbeinkünfteverfahren und dem persönlichen Steuersatz steuerpflichtig, sondern werden pauschal mit 25 Prozent belastet. Hinzu gesellen sich Solidaritätszuschlag und Kirchensteuer. Verluste können wie bisher üblich gegengerechnet werden. Das Halbeinkünfteverfahren fällt ebenso weg wie die einjährige Spekulationsfrist. Bislang steuerfreie Altbestände werden jedoch auch künftig nicht besteuert, selbst wenn der Aktionär die Gewinne erst etliche Jahre später realisiert. Als sicher gilt, dass die Veräußerungsgewinne bei all jenen Aktien noch steuerfrei bleiben, die bis zum Jahresschluss 2008 gekauft und mindestens ein Jahr gehalten werden, denn die Spekulationsfrist erlischt erst bei Käufen ab 2009. Auch für Dividenden entfällt ab dem 1. Januar 2009 im Rahmen der Gleichstellung mit Zinserträgen das Halbeinkünfteverfahren. Dies ist bitter für die Aktionäre und bedeutet grundsätzlich eine Schlechterstellung, zumal ab dem 1. Januar 2007 der Freibetrag auf lediglich

750 Euro für Singles und 1.500 Euro für gemeinsam veranlagte Eheleute halbiert wird. Ob es ab dem Jahr 2009 die Freigrenze in Höhe von 512 bzw. 1.024 Euro noch gibt, ist nicht endgültig entschieden. Es ist zu befürchten, dass die Freigrenze ebenfalls der Reform zum Opfer fällt. Werbungskosten sind künftig nur noch mit einem Pauschalbetrag absetzbar. Fazit: Das von Börsenaltmeister André Kostolany empfohlene langfristige Halten von Aktien gewinnt im Hinblick auf die Besteuerung an neuer Bedeutung.

Die zum 31. Mai eines jeden Jahres vorzulegende Einkommensteuererklärung zählt zu den als besonders unangenehm empfundenen Pflichten eines jeden Steuerzahlers, mag das Ausfüllen der Formulare durch Online-Datenerfassung auch vereinfacht worden sein. Die weitgehende Aufhebung des Bankgeheimnisses drückt dabei zusätzlich aufs Gemüt. Seit 2005 gilt das sogenannte „Steuerehrlichkeitsgesetz“. Es erlaubt dem Finanzamt bei der ersten Abfrage die Einsicht der Kontostammdaten, aber noch nicht die Überprüfung der einzelnen Kontostände und Kontobewegungen. Dies ist erst dann rechtmäßig, wenn sich bei der ersten Abfrage Verdachtsmomente ergeben. Dies liegt nahe, wenn beispielsweise mehrere Konten angezeigt werden, aber bislang niemals Zinserträge oder Kapitalveräußerungsgewinne versteuert wurden. Jetzt darf das Finanzamt alle Kontostände und Kontobewegungen konkret abfragen, um in Richtung Steuerhinterziehung zu ermitteln. Über solche Maßnahmen ist der Steuerpflichtige zu unterrichten. Erhärtet sich der Verdacht auf Steuerunehrlichkeit bzw. bleibt das Auskunftsersuchen an den Steuerpflichtigen erfolglos, so wird das Bankgeheimnis voll aufgehoben. Die Steuerbe-

„Die Kunst der Besteuerung liegt darin, die Gans so zu rupfen, dass sie unter möglichst wenig Geschrei so viele Federn wie möglich lässt!“

Jean Baptiste Colbert, französischer Staatsmann

hörde hat nun uneingeschränkten Zugriff auf alle steuerrechtlich interessanten Finanzdaten und es drohen harte Sanktionen. Mit der Reform des Aktiensteuerrechts und die dann geltende 25-prozentige Abgeltungssteuer erübrigt sich die Kontoabfrage.

Kurzinformation zur Besteuerung von Kursgewinnen und Dividenden

FIFO-System: Wer zu unterschiedlichen Zeiten und zu unterschiedlichen Kursen Aktien von einem bestimmten Unternehmen, z. B. Leoni, Fuchs Petrolub, Nemetschek oder Uzin Utz, gekauft hat, für den gilt: „First in – first out!“ Die zuerst gekauften Aktien gelten auch als zuerst verkauft – eine klare, eindeutige Regelung.

Verrechnung von Verlusten: Wer seine Kursverluste noch vor Ablauf der 12-monatigen Spekulationsfrist realisiert, kann diese bis zum Jahresschluss 2008 mit Veräußerungsgewinnen ebenfalls innerhalb der Spekulationsfrist verrechnen. Allerdings geht dies nur solange, wie steuerpflichtige Gewinne vorhanden sind. Geld zurück gibt es für den Anleger nicht. Ab dem 1. Januar 2009 entfällt die Spekulationsfrist. Verluste dürfen aber auch künftig mit Gewinnen gegengerechnet werden.

Freigrenze über 512 bzw. 1.024 Euro: Die zumindest noch bis Ende 2008 geltende Freigrenze ist kein Freibetrag. Wird sie auch nur um einen einzigen Euro überschritten, so ist der gesamte Wertpapierertrag steuerpflichtig. Dabei gelten immer die zuerst gekauften Aktien auch als zuerst verkauft.

Wann ist steuerrechtlich gesehen der beste Verkaufszeitpunkt?

Bei üppiger Performance empfiehlt es sich, seine Aktiengewinne erst nach Ablauf der noch bis Ende 2008 geltenden einjährigen

Spekulationsfrist zu realisieren. Bei einem hohen persönlichen Steuersatz ist selbst ein Kursabschlag von 10 bis 20 Prozent im Rahmen einer scharfen Korrekturphase noch keine Tragödie.

Jede Aktie, die Sie sich 2006, 2007 und auch noch 2008 in Ihr Depot legen, eröffnet Chancen auf steuerfreien Veräußerungsgewinn selbst über das Jahr 2009 hinaus. Danach entfällt dieser Vorteil. Ab 2009 besteht zwar „Vertrauensschutz" für Altbestände. Jede Aktie, die jedoch ab dem 1. Januar 2009 ins Depot wandert,

Gewinnmitnahmen eines verheirateten Privatanlegers	
1. Kauf 100 Rational-Aktien: 08.04.2003 zu 33,00 € (ohne Gebühren)	3.300 €
2. Kauf 50 Rational-Aktien: 22.12.2004 zu 66,00 € (ohne Gebühren)	3.300 €
3. Kauf 25 Rational-Aktien: 15.06.2006 zu 126,00 € (ohne Gebühren)	3.150 €
Verkauf 100 Rational-Aktien: 19.10.2006 zu 156,00 € (ohne Gebühren)	15.600 €
Kursgewinn vom 1. Kauf nach FIFO-System (First in – first out)	12.300 €
Keine Steuerpflicht: Verkauf außerhalb der Spekulationsfrist	0 €
Verkauf 30 Rational-Aktien: 25.02.2005 zu 90,00 € (ohne Gebühren)	2.700 €
Generell steuerpflichtiger Aktiengewinn (vom 2. Kauf: 22.12.2004)	720 €
Keine Steuerpflicht: Freigrenze 2005 als Ehepaar nicht überschritten	
Als Lediger wären alle 720 Euro steuerpflichtig, weil die Freigrenze ausgeschöpft ist.	0 €

Gewinnmitnahmen eines ledigen Privatanlegers	
1. Kauf 800 Artec-Aktien: 25.09.2006 zu 6,50 € (ohne Gebühren)	5.200 €
2. Kauf 400 Artec-Aktien: 02.10.2006 zu 6,10 € (ohne Gebühren)	2.440 €
Verkauf 800 Artec-Aktien: 14.11.2006 zu 9,50 € (ohne Gebühren)	7.600 €
Kursgewinn vom 1. Kauf nach FIFO-System (First in – first out)	2.400 €
Steuerpflichtiger Veräußerungsgewinn innerhalb der Spekulationsfrist	1.200 €
nach Überschreitung der Freigrenze (Ledige: 512 €, Verheiratete: 1.024 €)	
Halbeinkünfteverfahren; Steuerhöhe gemäß persönlichem Steuersatz	

wird dann grundsätzlich mit 25 Prozent Abgeltungssteuer zuzüglich Solidarzuschlag und Kirchensteuer belegt. Im Hinblick auf eine sinnvolle Verlustbegrenzung ist momentan noch ein Verkauf innerhalb der 12-monatigen Spekulationsfrist insofern günstig, als solche Verluste mit steuerpflichtigen Gewinnen verrechenbar sind. Ab 2009 gibt es zwar keine Spekulationsfrist mehr, Verluste dürfen aber dennoch gegengerechnet werden.

Bevor Sie verkaufen, vergewissern Sie sich, wann die Hauptversammlung stattfindet und damit die Dividende fällig wird. Auf eine attraktive Ausschüttung, die am ersten Werktag nach der Hauptversammlung ausbezahlt wird, sollten Sie nicht verzichten. 2007 und 2008 gilt noch das Halbeinkünfteverfahren, während der Freibetrag bereits ab 2007 empfindlich zusammengestrichen wird – auf dürftige 750 Euro für Ledige und 1.500 Euro für gemeinsam veranlagte Eheleute. Selbst wer die Aktie erst am Tag der Hauptversammlung erwirbt, bekommt die volle Ausschüttung.

Aktienaltbestände mit hohem Kursgewinn gewinnen an Attraktivität

Wer sich bis Ende 2008 ein Depot mit Spitzenaktien aufbaut, sollte seine Kursraketen nicht verkaufen. Meistens bleiben die Sieger auch künftig Performancespitzenreiter. Selbst drei- und vierstellige Kursgewinne sind bei den Altbeständen dauerhaft steuerfrei.

Kapitel 11

11 Glossar

A

Abgeltungssteuer 2009 – Aktiensteuerrecht: Ab Jahresbeginn 2009 gelten für Aktienkursgewinne innerhalb der einjährigen Spekulationsfrist nicht mehr das Halbeinkünfteverfahren und der persönliche Steuersatz. Alle Veräußerungserträge werden künftig pauschal mit einer 25-prozentigen Abgeltungssteuer zuzüglich Solidaritätszuschlag und Kirchensteuer belegt. Verluste können weiterhin gegengerechnet werden. Die Spekulationsfrist wird zum 1. Januar 2009 aufgehoben. Die Veräußerungsgewinne von Aktien-Altbeständen bleiben auch dann steuerfrei, wenn der Verkauf erst zu einem späteren Zeitpunkt erfolgt. Jede Aktie, die spätestens bis Ende 2008 ins Depot wandert und mindestens zwölf Monate gehalten wird, unterliegt auch künftig nicht der Steuerpflicht. Dividenden werden ab 2009 mit Zinserträgen gleichgesetzt. Auch hier entfällt das Halbeinkünfteverfahren und es gilt ebenfalls die 25-prozentige Abgeltungssteuer.

Ad-hoc-Publizität: Das Wertpapierhandelsgesetz verpflichtet die Wertpapieremittenten, alle kursbeeinflussenden Tatsachen wie Vorstands- und Aufsichtsratwechsel, Umsatz- und Gewinnrückgang, Übernahmen, Fusionen und Großaufträge unverzüglich zu veröffentlichen.

Aktie: Der Anteilseigner ist Miteigentümer der Gesellschaft und ist berechtigt, die Hauptversammlung zu besuchen, eine Wortmeldung abzugeben und über Beschlüsse abzustimmen. Die Aktie verbrieft dem Inhaber einen Anteil am Grundkapital der AG. Nach Art der Rechte ist zwischen Stamm- und Vorzugsaktien zu unterscheiden. Stammaktien gewähren das volle Stimmrecht, Vorzugsaktien bieten meist eine höhere Dividende, aber es gibt kein oder nur ein eingeschränktes Stimmrecht. Nach Art der Übertragung ist abzugrenzen zwischen formlos übertragenen Inhaberaktien und Namensaktien, bei denen die Eigentumsübertragung im elektronischen Aktienregister der AG vermerkt wird. Namensaktien werden wegen der gebotenen Kommunikationsmöglichkeit immer beliebter. Bei vinkulierten Namensaktien muss die AG der Aufnahme neuer Aktionäre zustimmen.

Aktienrückkauf: Den Rückkauf eigener Aktien muss die Hauptversammlung genehmigen. Es gilt, die Menge der umlaufenden Papiere zu verringern bzw. mit dieser Akquisitionswährung eine geplante freundliche Übernahme mittels Aktientausch zu finanzieren.

Aktiensplit: Sobald ein Unternehmen eine Kapitalerhöhung aus Gesellschaftsmitteln vornimmt, also seine Aktien splittet, ist das betreffende Papier liquider und wirkt optisch billiger. So könnten etwa statt einer Aktie für rund 750 Euro jetzt zehn Aktien für je 75 Euro im Depot liegen. Der Wert ändert sich bei einer solchen Aktienstückelung nicht. Ein Aktiensplit deutet im Allgemeinen darauf hin, dass das Management von weiterem Wachstum ausgeht. Kreist der Pleitegeier über der AG, so stückelt sich der Aktienkurs von selbst – in diesem Fall mit Werteinbuße. So freuen sich die Aktionäre meist über jeden Split. Bereits die Ankündigung weckt Kursfantasie, mitunter wird bei der Dividende großzügig aufgerundet.

Aktiensteuerrecht: vgl. Abgeltungssteuer

Aktionärsschützer: Die Aktionärsschützer von der Schutzgemeinschaft der Kapitalanleger (SdK), der Deutschen Schutzvereinigung für den Wertpapierbesitz (DSW) sowie der Kritischen Aktionäre verstehen sich als Anwälte der Privatanleger. Sie besuchen die

Hauptversammlungen, geben hier vorwiegend kritische Statements ab und setzen sich für Verbesserungen im Interesse ihrer Mitglieder ein.

All-Time-High: Dies ist der historisch höchste Kurs einer Aktie oder eines Index. Nicht selten verkaufen Privatanleger in der irrigen Meinung, die Aktie sei nun überbewertet und es könne nicht weiter aufwärts gehen. Siegeraktien bleiben meist die Gewinner; eine Trendfortsetzung ist wahrscheinlicher als eine Trendumkehr. Erreicht ein Titel sein Allzeithoch, gibt es keine den Aufwärtstrend gefährdende Widerstandslinie mehr. Charttechnisch ist dies ein Kaufsignal. Bei guten Unternehmensnachrichten und positivem Ausblick winken weitere Kursgewinne – im Nebenwertesektor wegen der höheren Volatilität besonders ausgeprägt.

Analysten: Die Mehrheit der Wertpapieranalysten aus den großen Bankhäusern konzentriert sich auf die Blue Chips und beurteilt bestenfalls noch die Schwergewichte im MDAX und TecDAX. Etliche Titel im SDAX sowie außerhalb der Indizes im Prime und General Standard fristen ein Mauerblümchendasein. Nachdem die Nebenwerteindizes aber seit Jahren trotz warnender Stimmen aus Bankkreisen eine bessere Performance erzielen als der DAX, wollen sich fortan die Analysten auch verstärkt dem Nebenwertesektor zuwenden – bevorzugt dem MDAX.

Anlagebetrug: Alle Warnlampen sollten aufleuchten, wenn ein Anlageberater – obwohl vom Gesetzgeber verboten – unangemeldet anruft, ungewöhnlich hohe und meist steuerfreie Traumrenditen bei niedrigem Risiko verspricht, ein „exklusives Supergeschäft" vorgaukelt, über sein dubioses Produkt nur ausweichend informiert, als Geschäftssitz eine ausländische Steueroase angibt, Zeitdruck aufbaut, auf ein Gesprächsprotokoll verzichtet, ein schwer verständliches, umfassendes Vertragswerk mit nachträglichen Kopiergelegenheiten vorlegt und einen baldigen Börsengang bestimmter Nebenwerteaktien anpreist.

Anlagestrategie: Wichtig für den Börsenerfolg auch mit Nebenwerten ist eine auf die Risikoneigung zugeschnittene Anlagestrategie, bei der Anlageziel und Anlagezeitraum, Vermögensdecke, Lebensalter und Familienverhältnisse einzubeziehen sind. Wer in Nebenwerte investiert, sollte chancenorientiert bzw. risikobewusst sein, denn insbesondere bei Micro und Small Caps ist zwar die Chance auf üppige Kursgewinne größer als bei Blue Chips, aber ebenso das Risiko, Rückschläge zu erleiden.

Anlegerschutzverbesserungsgesetz: Das seit 2004 geltende Gesetz will den Anleger vor Missbrauch auf Unternehmensebene schützen. Bereits der Versuch, Aktienkurse mit Scheingeschäften oder geschönten Geschäftsberichten nach oben zu treiben oder mit böswilligen Gerüchten ein Absturzszenario einzuleiten, um selbst billig einsteigen zu können, ist strafbar. Wichtige Insiderinformationen sind unverzüglich zu melden. Ebenso müssen Vorstände, Aufsichtsräte und deren Angehörige private Transaktionen mit Aktien ihres Unternehmens mitteilen.

Antizyklisches Handeln: Dies bezeichnet ein mutiges Handeln entgegen dem herrschenden Trend: Kaufen bei Angst, im Bereich der Bodenbildung bei scharfer Korrektur und Crash, sofern die fundamentalen Daten überzeugen. Verkaufen bei Hoffnung, auf dem Hausse-Gipfel, bei drohendem Platzen von Spekulationsblasen. Bei Nebenwerten im Biotech-, Nanotechnologie- und Rohstoffsektor sowie erneuerbaren Energien wie Solarstrom, Windkraft und Biomasse sind größere Kursschwankungen üblich. Diese gilt es zu nutzen.

Ask, Briefkurs: Der Hinweis Ask oder „B“ für Briefkurs zeigt den Angebotskurs der Börse an, zu dem ein Investor ein bestimmtes Wertpapier kaufen kann. Aus dem Blickwinkel des Anlegers bezeichnet der Briefkurs den höheren Kaufpreis. Der Geldkurs „G“, auch Bid genannt, stellt den niedrigeren Verkaufspreis dar.

Ausländische Nebenwerte: Wer auf die am Stammtisch oder von Börsengurus angepriesenen ausländischen Nebenwerte zugreift, z. B. niedrig kapitalisierte, schwankungsfreudige südamerikanische oder afrikanische Minenaktien, muss damit rechnen, dass es künftig so gut wie keine Nachrichten gibt. Er erfährt über das Unternehmen kaum mehr als die aktuelle Kursentwicklung. Da sind die Empfehlungen seriöser Börsenbriefe die bessere Alternative. Hier bekommen die Leser vom Chefredakteur wichtige Informationen über die Geschäftsentwicklung, verbunden mit jeweils aktuellen Handlungsanweisungen.

Außerbörslicher Handel: Der ebenfalls an das Wertpapierhandelsgesetz gebundene Handel außerhalb der offiziellen Börsenhandelszeiten läuft bevorzugt online ab. Einige Unternehmen haben sich darauf spezialisiert. Sie bieten im Vorfeld von Börsengängen bestimmte Aktien zum Kauf an und stellen Kurse vor Börseneröffnung. Die im vorbörslichen Handel erzielten Preise dienen bei Neuemissionen vor deren Erstnotiz als wichtige Orientierungshilfe. Liegt der Preis im außerbörslichen Handel unterhalb der Bookbuildingspanne, ist mit Kursabschlägen zu rechnen und ein preiswerter Einkauf zu einem etwas späteren Zeitpunkt denkbar.

B

Baisse, Bärenmarkt: Damit ist ein länger anhaltender Kursrückgang an der Börse gemeint, ausgelöst durch einen zuvor explodierenden Ölpreis, eine sich anbahnende Konjunkturabschwächung, Währungsturbulenzen, stark ansteigende Leitzinssätze, politische Krisen, schwere Terroranschläge, Kriegs- und Seuchengefahr usw. Der mutige Anleger nutzt solche Talsohlen, wie sie im dreijährigen Crash von März 2000 bis Frühjahr 2003 sowie bei der scharfen Korrektur von Mai bis Juli 2006 entstanden, um jetzt in niedrig bewertete Titel einzusteigen bzw. nachzukaufen.

Behavioral Finance, Börsenpsychologie: Dieser moderne Forschungszweig schlägt eine Brücke zwischen Ökonomie und Psychologie. Behavioral Finance untersucht den Einfluss irrationaler Verhaltensweisen auf Anlageentscheidungen wie Herdentrieb, Bauchgefühl, begrenzte Sichtweise, Angst vor Gesichtsverlust, Verdrängung, Suche nach Sündenböcken, Problematik runder Zahlen, unvernünftiges Verhalten wegen Angst, Panik, Euphorie und Gier.

Benchmark: Sie bezeichnet eine Ziel- und Vergleichsmarke, wichtig für den Performancevergleich von Nebenwertefonds und MDAX, Hightechfonds und TecDAX, Small-Cap-Fonds und SDAX usw. Da etliche aktiv gemanagte Aktienfonds deutlich schlechter als die Benchmark abschneiden, bietet sich für kompetente Privatanleger als vielversprechende Alternative eine Stock-Picking-Strategie mit Nebenwerten an.

„Bestens“: Dieser Zusatz zeigt eine unlimitierte Verkaufsorder an, meist nur gültig für einen Tag. Die Aktie soll zum höchstmöglichen Kurs, also bestens, verkauft werden. Unlimitierte Verkaufsaufträge werden gewöhnlich schnell ausgeführt, aber oft zu einem niedrigeren Kurs als dies mit Limit geschehen wäre. Nebenwerte sollten nur limitiert geordert werden, um unangenehme Überraschungen zu vermeiden. Das Limit sollte beim Kauf angemessen über dem aktuellen Kurs, beim Verkauf etwas darunter gesetzt werden.

Bezugsrecht, Bezugsverhältnis: Im Zuge einer Kapitalerhöhung gegen Bareinzahlung geht es um das Verhältnis zwischen der Anzahl der alten und der neu emittierten Aktien. Ein Bezugsverhältnis von 6:1 bedeutet, dass der Altaktionär für je sechs gehaltene Aktien eine junge Aktie angeboten bekommt. Dies kann bei einem substanzstarken Unternehmen trotz gewisser Verwässerung attraktiv sein, wenn der Bezugspreis deutlich unter dem aktuellen Kurs liegt. Bei einem Bezugsverhältnis von 1:30 bis 1:40, wie bei einigen Mantelspekulationen praktiziert, kann der Anleger für eine gehaltene alte Aktie z. B. 40 junge Aktien erwerben. Als Anreiz gilt ein niedriger Bezugspreis von vielleicht einem Euro. Die vielen jungen Aktien ziehen jedoch einen starken Verwässerungseffekt nach sich, sodass sich die Annahme, einen Schnäppchenkauf zu landen, nicht selten als verlustreicher Trugschluss erweist.

Bid, Geldkurs: Der Hinweis Bid oder „G“ für Geldkurs zeigt den Nachfragekurs der Börse an, zu dem der Investor ein bestimmtes Wertpapier veräußern kann. Aus Anlegersicht handelt es sich beim Geldkurs um den niedrigeren Verkaufspreis, beim Briefkurs um den etwas höheren Kaufpreis. Stößt der Geldkurs nicht auf ein entsprechendes Angebot bzw. besteht lediglich eine Nachfrage seitens der Börse, wird der Kurszettel mit dem Zusatz „G“ versehen.

„Billigst“: Wird auf ein Limit verzichtet, versieht die Bank den in aller Regel auf einen Börsentag begrenzten Kaufauftrag mit dem Vermerk „billigst“. Dies bedeutet jedoch keine Garantie auf den niedrigsten Kaufpreis. Ein unlimitierter Auftrag, eigentlich nur für umsatzstarke DAX-Titel geeignet, ist insofern vorteilhaft, als er sehr wahrscheinlich ausgeführt wird. Umgekehrt besteht der Nachteil, dass für eine schwankungsfreudige Aktie möglicherweise zu viel bezahlt wird. Für marktenge Titel wird ein nahe am aktuellen Kurs gesetztes Limit empfohlen, um unangenehme Überraschungen zu vermeiden. Statt „billigst" ist es besser, das Limit bei umsatzschwachen Titeln auf den laufenden Monat (ultimo) oder noch länger auszudehnen.

Biomasse-, Biokraftstoff-, Ethanolaktien: Der meist aus Rohrzucker, Raps und neuen Maiszüchtungen gewonnene Biotreibstoff Ethanol rückt als Zukunftsmarkt in den Fokus der Anleger. Allerdings dürften sich Ethanol und Biodiesel als beigemischter Autokraftstoff erst in einigen Jahren richtig durchsetzen, hapert es doch noch an infrastrukturellen Maßnahmen. Außerdem bereitet die geplante höhere Besteuerung Sorge. Bekannte Nebenwertetitel sind Schmack Biogas, CropEnergies, Verbio und EPO Biodiesel. Im Hinblick auf die mit regenerativen Energien erzielten Umsätze von rund 16 Milliarden Euro im Jahr 2005 führte Biomasse eindeutig mit 5,85 Milliarden Euro vor Windkraft, Solarenergie, Wasser und Geothermie.

Biotech-Nebenwerte: Die Biotechnologie zählt zu den hoffnungsvollsten Branchen. Aussichtsreiche Biotechunternehmen haben mehrere Produkte in der Pipeline, sind in die klinischen Phasen II und III vorgestoßen, verfügen bereits über ein margenstarkes Präparat am Markt oder in Lizenzvergabe. Allerdings scheitern 38 Prozent aller Medikamente in der klinischen Phase I, 63 Prozent in der Phase II und noch 45 Prozent in der entscheidenden klinischen Phase III. Erfolgreiche Biotechfirmen sind Kooperationspartner großer Pharmakonzerne und werden mit Meilensteinzahlungen unterstützt. Die Biotech- und Pharmabranche profitiert von der steigenden Lebenserwartung. Ein 90-Jähriger schluckt viermal mehr Tabletten als ein 40-Jähriger, und die Biotech-Krebstherapie gewinnt immer mehr an Bedeutung.

Bookbuildingspanne: Vor dem Börsengang wird die Preisspanne festgelegt, zu der Zeichnungsangebote für eine Neuemission möglich sind. Nach dem Desaster am Neuen Markt zeichnen die kritischer agierenden Privatanleger längst nicht mehr alles, was auf den Markt kommt. Großinvestoren versuchen, die Kursspanne nach unten zu drücken, um selbst günstig einzusteigen und nach der Erstnotiz weiteres Kurspotenzial zu erschließen. Inwieweit Neuemissionen eher niedrig oder ambitioniert bewertet auf den Markt kommen, hängt von Börsenklima und Konjunktur ab.

Börsenbriefe: Insbesondere für ausländische Nebenwerte ist die Nachrichtenlage spärlich. Da kann ein Nachrichtenmagazin, ein guter Aktienfonds, aber auch ein spezieller Börsenbrief mit einem versierten Chefredakteur sehr hilfreich sein. Es mangelt allerdings nicht an fragwürdigen Produkten, die mit aggressiver Werbung und übertriebenen Performanceversprechen falsche Hoffnungen wecken.

Börsengang, IPO: Eine Aktiengesellschaft geht vor allem an die Börse, um sich Kapital für die Erschließung neuer Märkte, die Ausweitung des Geschäftsmodells, die Einführung neuer Produktlinien, geplante Übernahmen und Fusionen zu beschaffen. Je nach Größe des Unternehmens, Firmenstruktur und Finanzkraft erfolgt das Listing im Prime Standard mit den strengsten Zulassungsbedingungen, im General Standard mit milderen Auflagen oder im am wenigsten regulierten Open Market/Freiverkehr, sei es im Entry Standard der Frankfurter Börse oder im M:access an der Münchener Börse. Für familiengeführte, eigentümerdominierte Firmen bietet sich eine zusätzliche Notierung im GEX an. Wichtig für die Vertrauenswürdigkeit ist, dass das beim IPO (Initial Public Offering) eingesammelte Kapital nicht nur in die Taschen der Altaktionäre wandert, sondern dem Unternehmen zugeführt wird, damit es wachsen, profitabel wirtschaften und seine Marktposition verbessern kann. Dient der Börsengang hauptsächlich dazu, Schulden abzubauen, sollten Privatanleger die Finger davon lassen.

Branchenrotation: Damit ist gemeint, dass mal konjunkturabhängige zyklische Aktien, dann wieder weniger konjunkturabhängige nichtzyklische Aktien, mal Rohstofftitel oder Biotechwerte, danach vielleicht Maschinenbauer, Finanzdienstleister oder Chemie- und Pharmawerte besonders gut oder schlecht laufen. Hauptsächlich bestimmen konjunkturelle Faktoren den Trend. Ebenso beeinflussen Herdentrieb und Aktivitäten der Hedgefondsmanager das Marktgeschehen. Das frühzeitige Reagieren auf die Branchenrotation ist schwierig. Da es oft zu spät für den bestmöglichen Ein- und Ausstiegszeitpunkt ist, sollten Langzeitanleger die besten Titel unabhängig von der Branchenrotation halten und kursschwache Tage für den Zukauf nutzen. Damit steigt auch die Chance auf steuerfreie Kursgewinne.

Break-even: Rentabilitäts- bzw. Gewinnschwelle eines in Zahlungsschwierigkeiten geratenen Unternehmens.

Briefkurs: vgl. Ask

Buchwert, Substanzwert: Dazu zählen bebaute und unbebaute Grundstücke, Anlagen, Maschinen, Fahrzeuge usw. Beim Kurs-Buchwert-Verhältnis interessiert der Buchwert, also die Summe der Vermögensgegenstände abzüglich Verbindlichkeiten und immaterieller Vermögenswerte. Befinden sich Aktienkurs und Buchwert nahe beieinander, deutet dies auf eine faire Bewertung hin. Liegt der aktuelle Kurs deutlich unter dem Buchwert, dürfte die Aktie eher unterbewertet sein.

Bullenmarkt: vgl. Hausse, Rallye

Bullen- und Bärenfalle: Charttechnisch liefert dieBullenfalle ein falsches Kaufsignal. Umgekehrt deutet bei einer Bärenfalle zunächst charttechnisch alles fälschlich auf sinkende Kurse hin. Es empfiehlt sich, Kauf- und Verkaufsentscheidungen nie allein von charttechnischen Signalen abhängig zu machen, sondern ebenso den Blick auf fundamentale Daten zu richten.

C

Cashflow: Diese Kennziffer gibt Aufschluss über die Zahlungskraft eines Unternehmens, indem Geldein- und auszahlungen (Jahresüberschuss, Abschreibungen, Rückstellungen sowie Einkommen- und Ertragssteuer etc.) in einem bestimmten Zeitraum gegenübergestellt werden.

Chart, Charttechnik: Ein Chart stellt die Kursentwicklung über einen bestimmten Zeitraum grafisch mithilfe von Linien, Kurven, Balken, Kerzen usw. dar. Aus der Kursentwicklung der Vergangenheit lassen sich Rückschlüsse auf die Zukunft ableiten, unterliegt doch das menschliche Verhalten wiederkehrenden Gesetzmäßigkeiten. Wichtig für die Orientierung am Trendkanal sind die untere Unterstützungs- und die obere Widerstandslinie. Wird die Unterstützungslinie nach unten durchbrochen, ist dies ein Verkaufssignal, das Durchstoßen der oberen Widerstandslinie gilt als Kaufsignal.

Cost-Average-Effekt: Wer in zwei oder drei Tranchen mit etwa gleich hohem Einsatz Aktien kauft, bekommt im fallenden Markt mehr und im Aufwärtstrend weniger Papiere in sein Depot gebucht. So wird ein günstigerer Durchschnittspreis erzielt. Ein Beispiel: Im Frühjahr 2001 kauft ein Anleger 50 Boss-Aktien zu 33 Euro und bezahlt dafür 1.650 Euro (ohne Gebühren). Im Februar 2003 erwirbt er 150 Boss-Aktien zu je elf Euro und bezahlt dafür ebenfalls 1.650 Euro. Im Januar 2005 ordert er weitere 75 Boss-Aktien zu je

22 Euro, setzt also erneut 1.650 Euro ein. Im November 2006 bekommt er für rund 1.650 Euro lediglich 41 Stück, denn mittlerweile kostet eine Boss-Aktie um die 40 Euro. Der Durchschnittspreis beträgt 20,89 Euro (6.600 Euro dividiert durch 316 Stück).

Crash: Damit ist ein massiver Kurseinbruch auf breiter Front gemeint wie der eine Weltwirtschaftskrise auslösende Schwarze Freitag im Oktober 1929. Bei den deutschen Indizes vollzog sich von Frühjahr 2000 bis März 2003 der größte Crash, bei dem binnen drei Jahren der DAX von über 8.000 auf 2.200 Punkte absackte und der Nemax 50 annähernd 98 Prozent verlor. Wer gute Nerven hat, trennt sich nicht aus Angst von all seinen Aktien, sondern steigt während der Bodenbildung schrittweise ein und nutzt die Chancen auch im Nebenwertesektor.

D

DAXplus Export Strategy: Dieser Index wurde im Herbst 2005 von der Deutschen Böse AG gegründet und setzt sich aus den zehn exportstärksten Unternehmen aus DAX und MDAX zusammen.

Demografische Entwicklung: Im Fokus steht die wirtschafts- und sozialpolitische Bevölkerungsbewegung. Eine besonders große wirtschaftliche Rolle spielt die Entwicklung der Altersstruktur der Bevölkerung. Bei sinkender Geburtenrate (in Deutschland aktuell 1,3 Kinder pro Frau) steigt die Lebenserwartung weiter an. Frauen werden über 81 und Männer über 76 Jahre alt. Heute Neugeborene dürften im Schnitt noch zehn Jahre länger leben. Profiteure dieser Entwicklung und damit für die Aktienanlage besonders interessant sind der Biotech- und Pharmasektor, die Medizintechnik, private Kliniken, Betreiber von Seniorenresidenzen etc.

Discountbroker: Viele kompetente Börsianer, die ihre Wertpapiere im Internet, über Fax oder telefonisch ordern, führen ihr Wertpapierdepot wegen der Gebührenersparnis bei einem Discountbroker bzw. einer Direktbank. Der scharfe Wettbewerb hat zu Preisdruck und mehr Service geführt. Kriterien für die Wahl sind: Produktvielfalt, Gebührenstruktur, Service mit Sonderleistungen, außerbörslicher Handel, Zugang zu ausländischen Börsenplätzen etc.

Diversifikation: Ein nach Indizes, Ländern, Branchen und zeitlich breit gestreutes Aktienportfolio mindert das Risiko und erhöht die Chance auf eine langfristig erfolgreiche Anlagestrategie. Zukunftsfelder wie erneuerbare Energien, Bio-, Medizin- und Nanotechnologie sind ebenso abzudecken wie Rohstoffe oder der Hightech-, Internet-, Chemie- und Pharmabereich etc. Bei aller Vorliebe für Nebenwerte sind internationale Blue Chips nicht zu vernachlässigen.

Dividende: Die Dividende ist der jährlich auf eine Aktie entfallende Reingewinn. Die Dividende ist bei Vorzugsaktien meist höher als bei Stammaktien und wird am nächsten Werktag nach der Hauptversammlung ausgezahlt.

Dividendenrendite: Die Dividendenrendite ergibt sich aus der Division der Dividende durch den aktuellen Aktienkurs multipliziert mit 100. Sie gibt die Verzinsung des investierten Aktienkapitals je Aktie in Prozent an.

E

Einzelanalyse: Der Analyst überprüft im Rahmen der Fundamentalanalyse das Unternehmen auf Herz und Nieren. Neben der Leistungsfähigkeit und Glaubwürdigkeit des Managements geht es bei einer solchen Studie vorrangig um die Finanzdaten mit Augenmerk auf folgende Kennziffern: das Kurs-Gewinn-Verhältnis (KGV), das Kurs-Buchwert-Verhältnis (KBV), das Kurs-Cashflow-Verhältnis (KCV), das Kurs-Umsatz-Verhältnis (KUV), das EBIT und EBITDA (Gewinn vor Zinsen, Steuern bzw. auch Abschreibungen), die Dividendenrendite, das operative Geschäft sowie Marktstellung und Zukunftschancen der AG.

Emerging Markets: Darunter sind die Wertpapiermärkte junger, aufstrebender Volkswirtschaften wie Lateinamerika, Asien und Afrika gemeint. Die Volkswirtschaftler erwarten für die Emerging Markets weiterhin starkes Wirtschaftswachstum. Diese Märkte lassen sich am besten mit Fonds abdecken, denn Nachrichten über Einzelaktien sind äußerst dürftig und über Nebenwerte fehlen sie völlig. Hier hilft ein seriöses Magazin oder ein guter Börsenbrief weiter.

Entry Standard: Im Oktober 2006 feierte der Entry Standard seinen ersten Geburtstag. Das neue Segment im Freiverkehr (Open Market) wurde von der Deutschen Börse AG für kleinere Mittelständler bzw. Start-ups gegründet. Der Entry Standard als Nachfolger des Nemax All Share dient Börsenneulingen auch als Übungsbecken für einen späteren Wechsel in den Prime Standard. Börsengänge im Entry Standard kosten einmalig nur ungefähr 50.000 bis 100.000 Euro, in den regulierten Marktsegmenten eher 200.000 bis 500.000 Euro. Der Entry Standard ist vergleichbar mit M:access der Börse München, ein transparentes Qualitätssegment für kleinere Unternehmen. Beide Segmente im Freiverkehr bieten einen Anreiz für mutige Anleger, nach verborgenen Perlen zu fischen.

Erneuerbare Energie: Ob Solarstrom, Biomasse, Windkraft oder Geothermie: Immer mehr Anleger interessieren sich für Investments in die zukunftsweisende erneuerbare (regenerative) Energie, zumal diese Wachstumsbranche ökologische Standards erfüllt, ständig neue Arbeitsplätze schafft, weitgehend profitabel wirtschaftet, die Marktstellung ausbaut und erfolgreich exportiert. Mittlerweile machen erneuerbare Energien in Deutschland schon zehn Prozent des Stromverbrauchs aus – Tendenz steigend. Wem es zu riskant ist, in Einzeltitel zu investieren, kann alternativ den 30 Titel umfassenden PPVX-Solarstromaktienindex wählen. Im Jahr 2005 wurden in Deutschland Umsätze von rund 16 Milliarden Euro mit erneuerbaren Energien erzielt, und zwar mit Biomasse (5,85 Mrd. Euro), Windkraft (4,5 Mrd. Euro), Solarenergie (4,25 Mrd. Euro), Wasser (1,17 Mrd. Euro) und Geothermie (0,28 Mrd. Euro).

Exportorientierung: Im Nebenwertebereich gibt es viele wendige Schnellboote, die flexibler als die Dickschiffe im DAX auf die Marktgegebenheiten reagieren, sich in margenstarken Nischen behaupten, ihre Marktposition in Euroland, den neuen EU-Ländern und Ostasien ausweiten und weniger abhängig von Währungsturbulenzen, Ölpreisspekulationen etc. sind. Die neue Zuordnung im Index DAXplus Export Strategy mit acht MDAX- und lediglich zwei DAX-Titeln bei jeweils gleicher Gewichtung von zehn Prozent beweist die Exportstärke zahlreicher Mittelständler.

F

FIFO-System: Wer zu unterschiedlichen Zeiten und zu unterschiedlichen Kursen Aktien von einem bestimmten Unternehmen gekauft hat, für den gilt steuerrechtlich: „First in – first out!" Dies besagt, dass die zuerst gekauften Aktien auch immer als zuerst verkauft gelten – eine klare, unmissverständliche Regelung. Das FIFO-System ist vorteilhaft, wenn es darum geht, steuerfreie Gewinne nach Ablauf der Spekulationsfrist auch über das Jahr 2009 einstreichen zu können, dagegen nachteilig, wenn die Verlustverrechnung für verkaufte Aktien ansteht und der Anleger noch Altbestände führt.

Finanzgeschäftsfähigkeit: Wer sich ein Depotkonto einrichtet bzw. zu einem Discountbroker oder einer Direktbank überwechselt, sollte sich sogleich die Risikostufe V und die Finanzgeschäftsfähigkeit dokumentieren lassen. Etliche Aktien aus dem Nebenwertebereich gelten als spekulativ und erfordern die höchste Risikostufe V. Zu den Transaktionen, für die eine Finanzgeschäftsfähigkeit nachzuweisen ist, zählen Derivate, also Hebelzertifikate, Optionen, Futures und Optionsscheine. Die Bank ist vor der Abwicklung des ersten Geschäfts dieser Art verpflichtet, über die besonderen Risiken solcher Transaktionen aufzuklären, dem Kunden eine Informationsschrift auszuhändigen und sich dies schriftlich bestätigen zu lassen.

Free Float, Streubesitz: Dies bezeichnet den Anteil frei handelbarer Aktien, die sich nicht in festen Händen des Staates (z. B. Dt. Telekom und Dt. Post) oder von Großaktionären befinden. Für die Gewichtung in den deutschen Indizes ist neben der Marktkapitalisierung (Börsenwert) nur noch der Streubesitz ausschlaggebend.

Freibetrag – Freistellungsauftrag: Der Freibetrag wurde ab 2007 für Alleinstehende von 1.421 Euro auf 750 Euro und für Verheiratete von 2.842 Euro auf 1.500 Euro abgesenkt. Sofern der Bank ein Freistellungsauftrag vorliegt, werden Dividendenerträge ohne Abzug der 20-prozentigen Kapitalertragsteuer ausgezahlt. Ebenso entfällt bei Zinseinkünften der 30-prozentige Zinsabschlag (ZASt) und der Solidaritätszuschlag. Der Anleger kann den Freibetrag bis zur Höhe von 750/1.500 Euro auf mehrere Banken aufteilen. Niemand kann hier noch mogeln, ohne vom Finanzamt erwischt zu werden. Da nur für Dividenden, nicht aber für Zinserträge bis zum Jahresschluss 2008 das Halbeinkünfteverfahren gilt (eine 50-prozentige Versteuerung nach persönlichem Steuersatz), empfiehlt es sich, bei Aufteilung des Freibetrags das Aktiendepotkonto zu bevorzugen.

Freigrenze: Für realisierte Kursgewinne von Aktien, die unter zwölf Monaten im Depot liegen, gilt zumindest bis zur Reform des Aktiensteuerrechts ab 2009 als Freigrenze ein Betrag bis zu 512 Euro für Ledige und bis zu 1.024 Euro für gemeinsam veranlagte Eheleute. Nach dem Halbeinkünfteverfahren ist die Hälfte vom Ertrag zu versteuern, wenn der erzielte Veräußerungsgewinn pro Kalenderjahr über 512 Euro liegt. Eine Verrechnung mit Verlusten ist zulässig. Bleiben Aktien über ein Jahr im Depot, so sind die nach Ablauf der Spekulationsfrist erzielten Kursgewinne steuerfrei. Für Altbestände wird auch ab dem 1. Januar 2009 keine Steuer erhoben. Für jedes neue Investment wird ab 2009 eine 25-prozentige Abgeltungssteuer fällig. Die Freigrenze ist kein Freibetrag. Wird sie auch nur um einen Euro überschritten, so ist der gesamte Kursgewinn nach dem persönlichen Steuersatz steuerpflichtig.

Freiverkehr: In der deutschen Börsenlandschaft wird zwischen dem am strengsten regulierten Marktsegment Prime Standard, die Voraussetzung für eine Notierung in die deutschen Indizes DAX, MDAX, TecDAX und SDAX, dem mit erleichterten Zulassungsbedingungen versehenen General Standard und dem Open Market (Freiverkehr), das am wenigsten regulierte Marktsegment, unterschieden. Dem Freiverkehr zugeordnet ist an der Frankfurter Börse der Entry Standard für kleinere Mittelständler sowie M:access, das Qualitätssegment für Small und Mid Caps an der Börse München. Dazu gehören bei einem öffentlichen Angebot ein von der BaFin genehmigter Emissionsprospekt und bei Privatplatzierung ein vom Unternehmen verfasstes Exposé. Für den Entry Standard gilt zusätzlich ein testierter Jahresabschluss nach HGB, ein Firmenporträt auf der Homepage, die sofortige Bekanntgabe kursbewegender Nachrichten auf der Webseite sowie die Verpflichtung, Halbjahresberichte zu veröffentlichen.

Fundamentalanalyse: Das Unternehmen und die Einflussfaktoren auf die Kursentwicklung werden von den Analysten genau untersucht, wobei die Schwerpunkte auf den Kennziffern Kurs-Gewinn-Verhältnis (KGV), Kurs-Umsatz-Verhältnis (KUV), Kurs-Buchwert-Verhältnis (KBV), Kurs-Cashflow-Verhältnis (KCV), Bilanzierung, Zukunftschancen und Geschäftstätigkeit liegen. Beim Branchenvergleich überprüfen die Analysten, ob die Aktie eher über- oder unterbewertet erscheint und treffen eine Zukunftsaussage. Kernpunkt für die Beurteilung einer AG und ihrer Aktie im Rahmen der Fundamentalanalyse sind die Global-, Branchen- und Einzelanalyse. Oft wird nicht nur eine Empfehlung „Kaufen – Halten – Verkaufen" abgegeben, sondern in Zwischenstufen formuliert und ein Kursziel für einen bestimmten Zeitraum genannt. Im Bullen- wie im Bärenmarkt werden die meisten Aktien auf „Kaufen" gestellt. Hier mag eine gewisse Rücksicht auf die Auftraggeber mitspielen.

Fusionen – feindliche und freundliche Übernahmen: Ein Firmenzusammenschluss soll Synergieeffekte nutzen, Kosten senken, die Marktstellung verbessern und die Absatzchancen erhöhen. Nicht selten geht es auch darum, lästige Mitbewerber auszuschalten. Jedoch ist Größe nicht alles und zahlreiche Übernahmen scheitern an unterschiedlichen Firmenkulturen und dem Profilverlust beim eigenen Kunden. Die Wirtschaftsprüfungsgesellschaft Ernst & Young geht davon aus, dass jede zweite Übernahme Firmenwert vernichtet und nur in jedem dritten Fall erheblicher Wertzuwachs erfolgt. Meist steigt bei einer angekündigten Übernahme der Aktienkurs der Zielfirma zweistellig, während das Papier der Bieterfirma eher sinkt.

G

Geldkurs: vgl. Bid

Genehmigtes Kapital: Eine Aktiengesellschaft darf nur dann ihr Grundkapital aufstocken, also durch die Ausgabe „junger“ Aktien ihr Kapital erhöhen, wenn auf der Hauptversammlung ein entsprechender Beschluss gefasst wird. Vorratsbeschlüsse für das vielleicht erst später benötigte genehmigte Kapital widersprechen nicht dem Aktienrecht. Diese Regelung wird gern angewendet, um bei einer Akquisition handlungsfähig zu sein.

General Standard: Im März 2003 nahm die im DAX gelistete Deutsche Börse AG die Neusegmentierung der Indizes vor. Den Anstoß bildete vornehmlich das Desaster am Neuen Markt. Seitdem gibt es den Prime Standard mit strengen Anforderungen, wozu der DAX, der MDAX, der TecDAX als Nachfolger vom Nemax 50 und der SDAX zählen. Den Unterbau bildet der General Standard mit milderen Auflagen und geringeren Kosten. Mit dem am wenigsten regulierten, erst im Oktober 2005 gegründeten Entry Standard für kleinere Unternehmen erwächst dem General Standard eine ernst zu nehmende Konkurrenz.

Gewinnerwartung: Interessant ist der Einfluss der Gewinnerwartung auf Kursentwicklung und Marktwert. Eine Studie der Unternehmensberatung Stern Stewart besagt, dass im Schnitt 40 Prozent des Marktwertes der Top 100 börsennotierten deutschen Unternehmen allein auf den Erwartungen über die künftige Gewinnentwicklung beruhen. Die Analyse der MDAX-Firmen zeigt, dass die Erwartungswerte hier sogar noch etwas höher liegen als beim DAX.

Gewinnschwelle: vgl. Break-even

Gewinnwarnung: Hier wird nicht vor einem Gewinn gewarnt, sondern angezeigt, dass die Gewinne oder Umsätze niedriger ausfallen, als zuvor von den Analysten geschätzt. Im Nebenwertebereich führen solche Enttäuschungen oft zu einem massiven Kurseinbruch.

GEX: Seit dem 1. Januar 2005 gibt es einen neuen Index im Prime Standard, den GEX (German Entrepreneurial Index). Für die Auswahl der mehr als 120 dort gelisteten AGs gelten folgende Kriterien: Es sind eigentümerorientierte Familienunternehmen ohne Brancheneinschränkung, die 25 bis 75 Prozent der Stimmrechte besitzen. Der Börsengang darf höchstens zehn Jahre zurückliegen. Der GEX ist der erfolgreichste deutsche Index.

Gratisaktien, Berichtigungsaktien: Sobald eine AG eine „Kapitalerhöhung aus Gesellschaftsmitteln" vermeldet, werden Unternehmensrücklagen in dividendenberechtiges Grundkapital umgewandelt. Der Anteilseigner erhält weitere Aktien im Verhältnis 1:2, 1:3, 1:5 usw. Die Bezeichnung Gratisaktien ist irreführend. Zwar kosten die neuen Aktien nichts, doch dafür verringert sich der Wert der einzelnen Aktie durch den Verwässerungseffekt. Der Anteil am Grundkapital bleibt bezogen auf den Gesamtbestand unverändert.

Grauer Kapitalmarkt: Schätzungsweise 20 bis 40 Milliarden Euro versickern alljährlich in den Anlageprodukten des grauen Kapitalmarkts. Viele Investoren, die sich im Verlauf des Börsencrashs vom Aktienmarkt verabschiedet haben, vertrauten dubiosen Vermögensberatern ihr Kapital an und gelangten vom Regen in die Traufe. Bei einem Haustürgeschäft ist ein Rücktritt binnen zwei Wochen möglich. Wie arbeiten Anlagebetrüger? Sie nehmen über Cold Calls, also unaufgeforderte Anrufe, den Kontakt auf oder verweisen auf Freunde und Bekannte, deren Adresse sie kennen. Sie zeigen gewandte Umgangsformen, brillieren mit Statussymbolen, bauen Zeitdruck auf, reden dem Anleger eine Bedenkzeit aus, versprechen außergewöhnlich hohe Gewinnchancen bei geringem

Risiko. Die Vertragsbedingungen sind kompliziert. Typisch sind überteuerte oder vorgetäuschte Investments und Umsätze, aus der Luft gegriffene Börsengänge von aussichtsreichen in- und ausländischen Nebenwerten und Bankgarantien. Der Geschäftssitz liegt meist in einer Steueroase. Oft handelt es sich um Briefkastenfirmen. Die erste Gewinnausschüttung bei einer kleinen „Anbeißtransaktion" wird geleistet, um Vertrauen aufzubauen und das große betrügerische Geschäft einzuleiten.

Growth: Mit Growth sind konjunkturabhängige, auf Wachstum ausgerichtete zyklische Aktien gemeint, wie etwa die Hightech-, Biotech-, Internet-, Photovoltaik- und Windkraftwerte im TecDAX. Dauerhaft lässt sich mit einer Kombination aus fair bewerteten, substanzstarken Value-Titeln klassischer Branchen, z. B. Maschinenbau, Finanzdienstleistungen, industrielle Produktion, wie sie MDAX, SDAX und Entry Standard aufweisen, und den Wachstumstiteln z. B. aus dem TecDAX die beste Performance erzielen. Ansonsten gilt: Bei Konjunkturschwäche auf Value-Titel setzen, denn gegessen, getrunken etc. wird immer. Bei den ersten Frühindikatoren für ein anspringendes Wirtschaftswachstum empfiehlt es sich, zyklische Werte übergewichten und auch die Branchenrotation zu beobachten.

H

Halbeinkünfteverfahren: Die Hälfte der Bruttodividende bzw. des Aktiengewinns aus dem erzielten Veräußerungsertrag ist steuerpflichtig. Depotgebühren, Börsenliteratur oder Reisekosten zur Hauptversammlung sind umgekehrt nur zur Hälfte steuermindernd absetzbar und zählen ab Januar 2009 zu den Werbungskosten. Nach Ablauf der bis 2009 noch geltenden zwölfmonatigen Haltezeit (Spekulationsfrist) sind Aktiengewinne überhaupt nicht zu versteuern. Altbestände bleiben auch ab 2009 steuerfrei. Für Aktienverkäufe innerhalb der Spekulationsfrist besteht eine Freigrenze von 512 Euro, vorausgesetzt, dieser Betrag wird nicht erreicht oder überschritten.

Halten: Hinter der Analystenempfehlung „Halten" verbirgt sich aus Rücksichtnahme gegenüber Auftraggebern oder wichtigen Kunden nicht selten eine versteckte Verkaufsempfehlung. Es ist also wichtig, sich ein eigenes Urteil zu bilden und bezüglich „Halten" oder „Verkaufen" auch die noch bis 2009 geltende Spekulationsfrist, eine etwaige Gewinnausschüttung nach der Hauptversammlung sowie den Kapitalbedarf für Neuinvestments mit einzubeziehen.

Hauptversammlung: Die alljährlich stattfindende Hauptversammlung bietet den Aktionären die Gelegenheit, sich über die Geschäftsentwicklung, die Leistungsfähigkeit des Managements und die Zukunftserwartungen zu informieren. Ebenso gehört dazu, über wichtige Beschlüsse wie Kapitalerhöhungen, Aktienrückkaufprogramme usw. abzustimmen, Vorstand wie auch Aufsichtsrat zu entlasten und mithilfe einer Wortmeldung Anmerkungen zu machen und Fragen zur Tagesordnung zu stellen. Der Stammaktionär hat pro Wertpapier eine Stimme. Wer am Tag der Hauptversammlung die Aktie besitzt, bekommt die volle Dividende.

Hausse, Bullenmarkt: Nur bei einem länger andauernden starken Kursanstieg wird von einer Hausse gesprochen. Eine kurze technische Erholung rechtfertigt diese Bezeichnung nicht. Kluge, antizyklisch handelnde Aktionäre realisieren einen Teil ihrer Aktiengewinne auf dem vermeintlichen Höhepunkt des Bullenmarktes und kaufen im sich dem Ende zuneigenden Bärenmarkt schrittweise zu mit Augenmerk auf niedrig bewertete, substanzstarke Nebenwerte.

I

Inflation, Inflationsrate: Sobald die Konjunktur boomt und die Nachfrage das Angebot übertrifft, steigen in aller Regel die Preise. Auch ein Ungleichgewicht zwischen Dollar, Euro und Yen, explodierende Rohstoffpreise, allem voran Erdöl, überproportional ansteigende Immobilienpreise und Arbeitskosten heizen die Inflationsrate an. Die Notenbanken reagieren auf die Geldentwertung bzw. den Kaufkraftverlust mit Zinserhöhungen. Dies macht Aktien gegenüber Anleihen weniger attraktiv. Sanft ansteigende Zinssätze verkraftet die Börse, nicht aber unerwartet große Zinsschritte und Umschwenken in eine Hochzinspolitik. Die EZB hat bislang den Leitzinssatz moderat erhöht. Er liegt gegenwärtig bei 3,0 Prozent, in den USA dagegen bereits bei 5,25 Prozent (Stand: November 2006).

Insider, Insidergeschäfte, Insiderhandel: Wer wegen seiner beruflichen Position als Vorstand, Aufsichtsrat, Analyst bzw. seiner vertraglichen Stellung als Wirtschaftsprüfer usw. über Insiderinformationen verfügt (geplante Übernahmen, Wechsel in der Führungsspitze, unerwartete Gewinnwarnungen, Rating-Herabstufungen), muss sich mit eigenen Investments und Vorabinformationen zurückhalten. Er darf sein Wissen nicht vor der erfolgten Veröffentlichung an andere Personen weitergeben oder Empfehlungen aussprechen. Ebenso ist es gesetzlich verboten, schon vorher die betreffende Aktie zu handeln. Insiderdelikte werden mit einer Geld- oder Freiheitsstrafe geahndet. Zu den Aufgaben der Bundesanstalt für Finanzdienstleistungsaufsicht (BaFin) gehört es, Insidergeschäfte zu verhindern, aufzudecken und zu verfolgen.

Insolvenz: Bei Zahlungsunfähigkeit droht Totalverlust. Selbst ein verlustreicher Verkauf ist dann in aller Regel besser als braves Aussitzen. Gelegentlich aber gelingt der Turnaround, denn die Erhaltung und nicht der Untergang einer Firma ist das Ziel eines jeden tüchtigen Insolvenzverwalters.

Internetbanking, Onlinebanking: Erfolgreiches Stock-Picking mit Nebenwerten verlangt rasches Reagieren, macht deshalb das praktische Online- und/oder Telefonbanking notwendig. Der Anleger kann bequem und kostengünstig unabhängig von den Banköffnungszeiten seine Orders jederzeit aufgeben. Beim Internetbanking gibt es wichtige Zusatzinformationen wie: Realtimekurse, Musterdepots, aktuelle Kursentwicklungen, Aktiencharts, Börsennachrichten usw.

Internet-Kriminalität: Online-Trickbetrüger geben sich in Phishing-Mails als Bank aus und fragen die Konto- und Geheimnummern ab in der Absicht, Überweisungen auf eigene Konten zu tätigen. Banken fragen jedoch nie Daten per E-Mail ab! Noch einen Schritt weiter gehen die Kriminellen beim Pharming. Der Nutzer wird auf Internetseiten umgeleitet, die den echten Webseiten täuschend ähnlich sehen. So landen die eingegebenen Daten beim Betrüger. Allein 2005 haben sich die Verluste durch Betrug beim Onlinebanking nahezu verdoppelt.

IPO: vgl. Börsengang

ISIN (International Securities Identification Number): Seit Frühjahr 2003 gilt die zwölfstellige ISIN statt der sechsstelligen Wertpapierkennnummer (WKN). Die ISIN macht es möglich, ein Wertpapier international eindeutig zu identifizieren.

J

Junge Aktien: Verbunden mit einer Kapitalerhöhung gegen Bareinzahlung werden neue Aktien mit oder ohne Bezugsrechte für

Altaktionäre ausgegeben. Bezüglich der Dividende erfolgt oft eine Gleichstellung mit den alten Aktien. Mit der Ausgabe junger Aktien ist ein unterschiedlich großer Verwässerungseffekt verbunden, abhängig davon, welches Bezugsverhältnis gilt.

K

Kapitalerhöhung: Sofern ein entsprechender Hauptversammlungsbeschluss über genehmigtes Kapital vorliegt, kann eine AG ihr Kapital aufstocken, um Investitionen oder Akquisitionen zu tätigen oder die Schuldentilgung voranzutreiben. Zu diesem Zweck erhöht sie ihr Grundkapital mit Bezugsrechten oder Bezugsrechteausschluss für die Altaktionäre durch Ausgabe junger Aktien, Wandelanleihen oder Genussscheinen. Ob es für einen Privatanleger zweckmäßig ist, sich an einer Kapitalerhöhung gegen Bareinzahlung zu beteiligen, hängt von der geplanten Kapitalverwendung wie auch den Details für die Kapitalerhöhung ab.

Kaufen: Einerlei ob Hausse, Baisse oder Sägezahnmarkt, stets überwiegen die Kaufempfehlungen der Analysten gegenüber „Halten“ und „Verkaufen“. Einerseits wird vielleicht Rücksicht auf Auftraggeber und Großkunden genommen. Andererseits führt „Kaufen“ zu mehr Transaktionen, also höherem Umsatz. Nur ein Wertpapier, das zuvor geordert wurde, kann wieder verkauft werden. Obwohl im Nebenwertesektor nur relativ wenige Analysten aktiv sind, sollte sich der Anleger niemals auf eine einzige Kaufempfehlung verlassen. Besser ist es, vor dem Kauf mehrere Informationen aus unterschiedlichen Quellen zu studieren und sich ein eigenes Urteil zu bilden.

Konjunkturverlauf: Der mehrere Jahre umfassende Konjunkturzyklus verläuft wellenförmig. Jeder Konjunkturaufschwung wird etwas früher oder später von einem Abschwung abgelöst. Entscheidend für das Börsenklima sind Heftigkeit und Dauer des Auf- oder Abschwungs. Eher unproblematisch ist in der Abschwungphase der „V"-Verlauf. Die Wirtschaft erholt sich rascher als von Pessimisten befürchtet. Der „U"-Verlauf ist dramatischer. Die konjunkturelle Talsohle bis hin zur Rezession wird nur langsam überwunden. Das „W" symbolisiert die enttäuschende Double-Dip-Situation. Nach kurzem Aufbäumen folgt ein neuerlicher Abschwung. Erst danach setzt ein länger anhaltendes Wirtschaftswachstum ein. Gefährlich ist der „L"-Verlauf. Weder Zins- noch Steuersenkungen bringen die Wirtschaft auf Trab. Es droht eine von Kaufzurückhaltung und Preissenkungen geprägte Deflation, wie sie in Japan jahrelang vorherrschte. In einem solch negativen Wirtschaftsumfeld häufen sich Insolvenzen. Die Arbeitslosenquote steigt, die Staatsverschuldung nimmt wegen hoher Sozialleistungen und geringerer Steuereinnahmen zu. Bei nachlassendem Umsatz- und Gewinnwachstum sinken die Aktienkurse. Nervöse Anleger trennen sich von ihren Papieren, mutige Investoren greifen zu Schnäppchenpreisen zu.

Konsolidierung – Korrektur: Bei einem länger andauernden, aber eher mäßigen Abwärtstrend wird von Konsolidierung, bei einem stärkeren Kursabsturz, wie er von Mitte Mai bis Ende Juli 2006 zu beobachten war, von Korrektur gesprochen. Die Grenzen sind fließend. Eine scharfe Korrekturphase zeigt in manchen Branchen crashartige Züge, angeheizt von Leerverkäufen, Herdentrieb, Angst und einer durch Stop-Loss-Orders ausgelösten Kettenreaktion. Ein extrem heftiger Börseneinbruch wie 1929, 1987 oder von 2000 bis März 2003 gilt als Crash.

Kurs-Gewinn-Verhältnis (KGV): Die wohl wichtigste und auch von den Privatanlegern am meisten beachtete Kennziffer zur Bewertung einer Aktie ist das Kurs-Gewinn-Verhältnis. Das KGV zeigt, mit welchem Vielfachen des Jahresgewinns eine Aktie gehandelt wird. Formel: Aktueller Kurs dividiert durch die Gewinnerwartungen für das laufende, das nächste oder auch übernächste Geschäftsjahr. Besonders aussagekräftig ist das KGV im Branchenvergleich. Ist es niedrig, deutet dies auf eine faire Bewertung, vielleicht sogar eine Unterbewertung hin. Jenseits von Gut und Böse erscheint ein dreistelliges KGV. Hier wird nicht die Realität, sondern ein Zukunftstraum gehandelt, also hochspekulativ! Ein negatives KGV zeigt an, dass das Unternehmen überhaupt noch keine Gewinne erzielt, gar nicht so selten bei Nebenwerten im Biotech- und Nanotechnologiebereich.

Kurszusätze: Insbesondere bei kleineren marktengen, wenig liquiden Titeln aus dem Nebenwertesektor klären die Kurszusätze B und G das Verhältnis von Angebot und Nachfrage ab. Der Zusatz B (Brief, Ask) bedeutet, dass von der Börse zum genannten Kurs Aktien angeboten werden, aber keine Nachfrage auf der Anlegerseite besteht. G (Geld, Bid) besagt, dass es zwar seitens der Börse Kaufwünsche gibt, aber ein Angebot auf der Investorenseite fehlt. Aus Anlegersicht ist B (Brief, Ask) der etwas höhere Kaufkurs, G (Geld, Bid) der etwas niedrigere Verkaufskurs. Der Hinweis exD (ohne Dividende) zeigt die Kursnotierung am Tag des Dividendenabschlags.

L

Leerverkauf: Dieses von den USA herübergeschwappte und mittlerweile weitverbreitete Spekulationsverfahren setzt auf fallende Wertpapierkurse vorrangig von zuvor hochgepushten, überbewerteten Titeln. Hedgefonds setzen dieses Finanzinstrument häufig ein. Auch Privatanlegern stehen solche Transaktionen neuerdings offen. Der Short Seller veräußert an der Börse Aktien, die er momentan gar nicht besitzt. Also leiht (mietet) er sich die Papiere gegen Zahlung einer Gebühr von einem Broker. Er spekuliert darauf, sie später billiger zurückzukaufen. Darin liegt sein Gewinn. Bei unerwartetem Kursanstieg geht die Rechnung nicht auf. Der Short Seller muss die geliehenen Aktien innerhalb einer bestimmten Zeit an der Börse zurückkaufen, selbst wenn dies nur zu höheren Preisen möglich ist. Short Seller erzielten in den letzten Jahren nur eine Rendite von 1,1 Prozent.

Limit, Limitierung: Bei der Order umsatzstarker DAX-Aktien ist ein Limit nicht zwingend, wohl aber, um unangenehme Überraschungen zu vermeiden, bei allen marktengen Nebenwerten. Dies gilt für die Small Caps außerhalb der Indizes, aber auch für etliche Titel im SDAX, TecDAX und MDAX. Beim Kauf ist das Limit der höchste, beim Verkauf der niedrigste Preis, den der Anleger akzeptiert. Wird das Limit zu knapp gesetzt, droht bei schwankungsfreudigen Papieren die Gefahr, dass die Transaktion nicht zustande kommt. Der Anleger kann den Zeitrahmen auf einen Tag oder das Monatsende (ultimo) begrenzen, ebenso eine noch weitere Zeitspanne wählen. Besteht keine Eile und ist die Gier nach einem bestimmten Titel nicht allzu groß, ist beim Kauf hier und da ein Abstauberlimit deutlich unter dem aktuellen Kurs eine spannende Sache. Umgekehrt ist nichts gegen ein höheres Verkaufslimit einzuwenden, wenn das Geld nicht dringend gebraucht wird und die Geschäftszahlen eher für einen Kursanstieg sprechen.

M

M:access: Das von der Börse München 2005 ins Leben gerufene neue Marktsegment M:access bietet kleineren Unternehmen als Gegenstück zum Entry Standard der Frankfurter Börse eine preiswerte und transparente Börsenplattform im Freiverkehr. M:access versteht sich als attraktives Einstiegssegment beim „Going Public" wie beim „Being Public" für bereits börsennotierte Mittelständler, die ihre Chancen am Kapitalmarkt erhöhen wollen.

Mantelspekulation: Die gleichermaßen riskante wie chancenreiche Spekulation mit bislang leblosen Börsenmänteln zieht manche Börsianer an wie das Licht die Motten. Das Konzept ist einfach: Selbst wenn ein Unternehmen insolvent ist, werden dessen Aktien oft an der Börse weiter gehandelt. An solchen Börsenmänteln sind kleinere Firmen interessiert, die börsennotiert sein wollen, aber die Mühen, Auflagen und relativ hohen Kosten scheuen, die ein IPO mit sich bringt. Oft wird der alte Name vorerst weitergeführt, aber später geändert, falls er nicht zur Branche und der eigenen Marke passt.

Marktkapitalisierung: Der Börsenwert zeigt an, wie teuer ein Unternehmen an der Börse gehandelt wird. Er ist entscheidend für die Aufnahme und Gewichtung einer Aktie in den Indizes. Mithilfe des Börsenwertes ist abschätzbar, welche Summe bei einer Übernahme mindestens zu stemmen wäre. Niedrig kapitalisierte AGs sind gefährdet, Opfer einer feindlichen Übernahme zu werden. Fusionsfantasien treiben den Kurs des Zielunternehmens zweistellig nach oben. Im Nebenwertesektor kommt es gehäuft zu Akquisitionen – ein nicht zu unterschätzendes Argument, hier zu investieren. Die Marktkapitalisierung lässt sich errechnen aus der Aktienanzahl multipliziert mit dem aktuellen Börsenkurs. Niedrig kapitalisierte Firmen sind schwankungsfreudig. Sie sind anfällig für Kursmanipulationen, wie sie einige Börsengurus aus Eigennutz vornehmen. Sie pushen die Kurse der selbst billig erworbenen Aktien mit geschönten Aussagen nach oben, steigen selbst zum Höchstpreis aus und treiben den Kurs danach in den Keller.

Mentale Stoppkurse: Wer Stop-Loss-Orders eingibt, gibt das situationsbezogene eigenständige Entscheiden aus der Hand. Wer über genügend Disziplin verfügt, kann sich mit „mentalen“ Stoppkursen begnügen. Mentale Stoppkurse ersparen die von einigen Bankhäusern erhobenen Stop-Loss-Gebühren und bedeuten die Freiheit, in jedem Einzelfall selbst zu entscheiden, ob ein Verkauf ratsam erscheint oder nicht. Umgekehrt besteht die Gefahr, dass die Verkaufsentscheidung verdrängt und hinausgezögert wird.

MDAX: Nach dem deutschen Leitindex DAX mit 30 Werten umfasst der MDAX die Aktien der nächstgrößeren 50 klassischen Titel aus dem In- und Ausland. Zweimal pro Jahr erfolgt der Auf- und Abstieg. Im MDAX überwiegen Value-Titel mit attraktiver Dividendenrendite.

Medizintechnikunternehmen: Die Medizintechnik, zu den weltweit innovativsten Wachstumsbranchen zählend, profitiert von einem wohl unumkehrbaren Trend: Die Weltbevölkerung wächst und die Menschen werden immer älter. Dies erfordert eine intensive medizinische Versorgung. Altersbedingte Verschleißerscheinungen treten vermehrt auf. Schwere Krankheiten nehmen zu. In Deutschland verursacht ein 80-Jähriger im Schnitt 12.000 Euro Gesundheitsausgaben – zwölfmal so viel wie ein jüngerer Erwachsener.

Micro Caps: Die kleinen Titel mit einer Marktkapitalisierung von weniger als 50 Millionen Euro werden von Fondsmanagern wegen ihrer geringen Liquidität meist gemieden und auch von den Analysten der großen Bankhäuser kaum beachtet. Micro und Small Caps befinden sich mangels Information und geringem Bekanntheitsgrad nur in wenigen Pivatanlegerdepots. Dabei erzielen die noch verborgenen Perlen mit einstelligem KGV und attraktiver Dividende mitunter dreistellige Kursgewinne binnen eines Jahres.

Umgekehrt droht bei einer negativen Ad-hoc-Meldung ein abrupter Kursabsturz. Die meisten niedrig kapitalisierten Neuemissionen werden heutzutage im Entry Standard bzw. im M:access gelistet.

Mid Caps: Die im Prime Standard gelisteten größeren in- und ausländischen Unternehmen sind bei klassischer Ausrichtung in dem 50 Werte umfassenden MDAX gelistet. Der TecDAX, Nachfolger vom Nemax 50, nimmt nach dem DAX die 30 größten Hightech-, Biotech- und Internettitel aus dem In- und Ausland auf. Er wird dominiert von fünf Firmen aus der Photovoltaikbranche. Einige MDAX-Titel melden bezüglich Marktkapitalisierung DAX-Ambitionen an.

N

Nachhaltigkeitsrating: Die führenden Rating-Agenturen stellen heute Nachhaltigkeitsratings auf. Sie sollen bei den Investoren Verständnis für die Zusammenhänge und Wechselwirkungen zwischen ökonomischen, ökologischen, ethischen und sozialen Faktoren wecken und die Unternehmen anregen, mehr Augenmerk auf eine intakte Unternehmenskultur zu legen. Dazu zählt die Mitarbeiterzufriedenheit ebenso wie der Umweltschutz und ein soziales bzw. kulturelles Engagement. Viele Investoren, nicht nur Kirchen und Glaubensgemeinschaften, achten heutzutage auf die Nachhaltigkeit von Aktienanlagen. Sie wollen mit gutem Gewissen anlegen und erwarten deshalb, dass sozial-ethisch-ökologische Wertmaßstäbe beachtet werden. Gerade unter den Mittelständlern fehlt es nicht an nachahmenswerten Beispielen für Mitarbeiter- und Kundenzufriedenheit. Schwerpunkte bilden die soziale Verantwortung für den Menschen, die Gesellschaft und die Umwelt. Erfreulicherweise wird die Einhaltung wichtiger Nachhaltigkeitskriterien mit einem Performance-Bonus belohnt.

Nanotechnologie: Der für zahlreiche Produktionsprozesse nutzbaren Querschnittswissenschaft mit ihren Strukturen in Nanometergröße – dies ist der millionste Teil eines Millimeters – werden sagenhafte Eigenschaften nachgesagt. Die deutsche Nanotechnologie zählt mit zur Weltspitze, mag der Pfad zur Serienproduktion auch weit, unwegsam und steinig sein. In der Branche herrscht Aufbruchstimmung. Die Kursentwicklung einiger Titel ist ebenso bemerkenswert wie deren Volatilität. In Deutschland gibt es annähernd 500 Unternehmen, deren Geschäftsmodell einen Bezug zur Nanotechnologie aufweist, z. B. Medizintechnik, Produktentwickler, Hersteller, Zulieferer und Dienstleister. Bis diese Technologie in verschiedenen Industriebereichen profitabel einsetzbar ist, dürften jedoch noch einige Jahre vergehen. Nachdem sich die Börse an den Zukunftsaussichten orientiert, sollten sowohl die hohen Risiken als auch die großen Chancen gesehen werden.

Nasdaq: Die US-Technologiebörse listet Hightech-, Biotech-, Internet-, Telekommunikations- und Medienaktien, schließt aber Penny Stocks nach kurzer Übergangszeit aus. Von Frühjahr 2000 bis Spätherbst 2002 vollzog sich mit einem Minus von 65 Prozent der größte Kursabsturz gegenüber dem Allzeithoch, um sich seitdem moderat zu erholen. Der Nasdaq Composite notiert gegenwärtig, Mitte November 2006, mit 2.460 Punkten im Jahreshochbereich. Die US-Technologiebörse liefert die Vorgaben für den deutschen Hightechindex TecDAX ebenso wie der Dow Jones für den DAX und den Euro Stoxx 50.

Nebenwerte: Dieser weitumspannende Begriff schließt vom Micro Cap bis zum Mid Cap alle Aktien börsennotierter Gesellschaften ein, einerlei, ob sie dem Freiverkehr, dem General oder Prime Standard angehören, im Entry Standard, SDAX, MDAX oder TecDAX gelistet sind. Die mittelständischen börsennotierten Gesellschaften sind mit wendigen, manövrierfähigen Schnellbooten vergleichbar, die oft flexibler und schneller auf Markttrends reagieren als die Dickschiffe im DAX und Dow Jones. Das vierte Jahr in Folge entwickelten sich allen Warn- und Unkenrufen zum Trotz die Aktienkurse im SDAX und MDAX besser als im DAX. Dies geschah nicht zuletzt deshalb, weil der viertel- bis halbjährige Auf- und Abstieg für Blutauffrischung durch erfolgreiche Neuemissionen sorgt, kein Tabu für ausländische AGs besteht und die Abhängigkeit vom Ölpreis sowie dem Wechselkurs Euro/Dollar geringer ist. Die substanzstarken Mittelständler besetzen oft margenstarke Marktnischen, in denen sie höhere Kosten wegen steigender Rohstoffpreise oder der Mehrwertsteuererhöhung leichter an ihre Kunden weitergeben können. So legte der DAX binnen 52 Wochen bis Ende November 2006 um 24,0 Prozent, der TecDAX um 20,4 Prozent, der MDAX um 25,8 Prozent und der SDAX um 26,0 Prozent zu.

Neuemission: Kündigt eine AG ihren Börsengang an, kann der Investor die Aktie innerhalb einer bestimmten Zeitspanne zeichnen. Chancen auf Zuteilung bestehen bei begehrten Papieren nur, wenn die Depotbank zu den Konsortialführern zählt. Das Bookbuilding-Verfahren legt die Preisspanne fest, zu der Zeichnungsangebote zulässig sind. Die Handelsspanne ist abhängig von Konjunktur und Börsenklima. Nach der Durststrecke 2003 ohne ein einziges IPO gab es 2004 eine Handvoll und 2005 bereits 22 Neuemissionen. Diese Zahl wurde 2006 deutlich überboten. Die meisten Anleger haben aus früheren Fehlschlägen gelernt und zeichnen nicht mehr blindlings. Gefordert wird eine faire Bewertung verbunden mit der Erwartung, dass das Kapital aus dem IPO großteils in das Unternehmen selbst statt in die Taschen der Altaktionäre fließt.

New Economy: Ende der 90er Jahre, als Internet-, Hightech-, Telekommunikations- und Biotechtitel einen ungeahnten Boom an der Börse entfachten und Analysten bewährte Bewertungsmaßstäbe als völlig antiquiert über Bord warfen, wurde für den Hightechbereich ein neues Zeitalter eingeläutet: die New Economy. Ihr sollte die Zukunft gehören, versprach sie doch eine dauerhafte Hochkonjunktur. Dies alles konnte die „Old Economy" nicht bieten. Doch viele Erwartungen stürzten wie Kartenhäuser zusammen. Heute grenzen wir nicht mehr zwischen New und Old Economy ab. Die traditionellen „klassischen" Branchen nutzen die neuen Technologien und bei den erfolgreichen Hightechunternehmen kehren Bodenständigkeit und kaufmännische Vernunft ein.

O

Onlinebanking: vgl. Internetbanking
Open Market: vgl. Freiverkehr

Order: Damit sind die Transaktionen im Wertpapierhandel gemeint. Der Kaufpreis nach oben und der Verkaufspreis nach unten lassen sich durch Eingabe eines Limits begrenzen. Je enger limitiert wird, umso größer ist das Risiko, dass der Auftrag unausgeführt bleibt. Die Bandbreite beim Limit hängt davon ab, wie sich der Markt entwickelt, wie hoch der Einsatz und wie liquide der Titel ist. Bei marktengen Werten mit geringen Umsätzen sollte das Limit großzügiger gesetzt und zeitlich auf den laufenden Monat (Ultimo) oder das nächste Monatsende ausgedehnt werden.

P

Penny Stock: So heißen Aktien mit extrem niedrigem Kurswert. Der 98-prozentige Absturz des früheren Nemax 50 hat viele Aktien unter die 1-Euro-Marke getrieben, insbesondere die sogenannten „Garagenfirmen". Penny Stocks sind zur Spielwiese für Zocker verkommen. Damit sich die Ordergebühren rechnen, wird meist eine größere Anzahl solcher Papiere geordert. Also sind auch hier hohe Verluste wie Gewinne möglich. Gelingen Turnaround und Break-even, ist eine Kursexplosion keine Utopie. Wird ein Insolvenzantrag gestellt, droht ein Totalverlust. Dennoch besteht Hoffnung, dass es dem Insolvenzverwalter gelingt, die AG zu retten. Wer Freude am Spekulieren hat, sollte für Penny Stocks nur niedrige Beträge einsetzen und diversifizieren. Einige unseriöse Börsengurus kaufen solche „gefallenen Engel" billig ein, treiben mit Schaumschlägerei und einer ambitionierten Turnaround-Story den Kurs nach oben, um die Aktien auf dem Hochpunkt zu veräußern. Danach bricht der Kurs gewöhnlich ein – zum Leidwesen der noch investierten Privatanleger.

Performance: Die Performance misst die Wertentwicklung eines Investments oder eines Portfolios. Meist wird zum Vergleich eine Benchmark als Referenz genommen, um die Performance im Vergleich zum Gesamtmarkt oder zur Branche darzustellen.

Photovoltaik – Solarstrom: Photovoltaik bezeichnet die Umwandlung von Sonnenenergie in elektrische Energie. Der Boom in der Photovoltaikindustrie – Deutschland hat Japan die Marktführerschaft abgejagt – ist vor allem durch wachsende Auslandsaufträge aus Spanien, Italien, Frankreich, Ostasien und Nordamerika sowie die im EEG geregelten Einspeisevergütungen zurückzuführen. Die Solarstromindustrie entwickelt sich zum Antriebsmotor mit Umsatz- und Gewinnwachstum sowie stetigen Neueinstellungen für die gesamte Wirtschaft und den Arbeitsmarkt. Mittlerweile machen erneuerbare Energien in Deutschland zehn Prozent des gesamten Stromverbrauchs aus. Momentan deckt der Mensch seinen Energiebedarf aber erst zu einem Prozent aus Sonnenenergie.

PPVX-Solarstromaktienindex: Der Photon Photovoltaik Aktienindex PPVX, geleitet von dem renommierten Photovoltaikexperten Max Deml, setzt sich aktuell aus 30 Solarstromtiteln zusammen, überwiegend aus Deutschland und Nordamerika.

Prime Standard: Die im DAX gelistete Deutsche Börse AG nahm 2003 eine Neusegmentierung der Indizes vor. Seitdem gibt es den Prime Standard mit strengen Zulassungsauflagen und den General Standard mit milderen Anforderungen und geringeren Kosten. Jede Gesellschaft, die im DAX, MDAX, TecDAX, SDAX oder GEX gelistet sein will, muss dem Prime Standard angehören. Die Deutsche Börse AG mit Geschäftssitz in Frankfurt verlangt Quartalsberichte, eine Bilanzierung nach IFRS oder US-GAAP, mindestens eine Analystenkonferenz pro Jahr und Ad-hoc-Meldungen über kursrelevante Ereignisse in deutscher und englischer Sprache.

R

Rallye: Der Treibsatz für eine Rallye, also steigende Kurse, sind gute konjunkturelle Daten, sinkende Ölpreise, steigende Umsätze und Gewinne, positive Unternehmensprognosen, ein nicht zu schwacher Dollar, hohes Verbrauchervertrauen, eine mäßige Inflationsrate, ein ausgewogner Immobilienmarkt, maßvolle Zinssätze, ordentliche Arbeitsmarktdaten und politische Stabilität.

Rating und Ranking: Der an Aktienfonds, Zertifikaten und Wandelanleihen interessierte Anleger orientiert sich vernünftigerweise an den Skalen der führenden Rating-Agenturen wie Standard & Poor's, Moody's, Feri Trust und Fitch. Die Einstufungen reichen von AAA bis D. Je höher das Ranking (quantitative Bewertung: Rendite) und das Rating (qualitative Prüfung: Management) bei einem Unternehmen ist, desto besser wird die Bonität eingeschätzt und umso niedriger ist der Schuldzinssatz bei Fremdfinanzierung z. B. in Verbindung mit einer Übernahme. Unternehmen mit A-Bewertung sind nicht von Insolvenz bedroht. Drei-Sterne-Fonds müssen über einen Zeitraum von mindestens drei Jahre überzeugen.

Realtimekurse: Sowohl auf einigen Fernsehlaufbändern als auch im Internet werden Börsenkurse sowohl um 15 bis 20 Minuten zeitverzögert als auch sekunden- bis minutengenau präsentiert. Die Banken und Discountbroker bieten ihren Kunden die aktuellen Notierungen, Realtimekurse genannt, kostenlos an, teilweise auch als Service in Verbindung mit einer Telefonorder. Für die Liebhaber des schnellen Ein- und Ausstiegs sind Realtimkurse absolut unentbehrlich.

Regenerative Energie: vgl. erneuerbare Energie

Regionalbörsen: Neben der Frankfurter Leitbörse gibt es in Deutschland die auf Privatanleger fokussierten sechs Regionalbörsen Berlin-Bremen, Düsseldorf, Hamburg, Hannover, München und Stuttgart. Die beiden süddeutschen Börsen sind am besten positioniert, wobei Stuttgart bei Anlage- und Hebelzertifikaten sowie Optionsscheinen vor Frankfurt marktführend ist. Die Börse München liefert mit ihrem modernen Handelssegment MAX-ONE verbindliche Kauf- und Verkaufskurse mit garantierten Stückzahlen und zum besten Preis aus Anlegersicht, vermeidet Teilausführungen und ist mit über 6.000 Wertpapieren aus 58 Ländern auf Auslandsaktien und Renten spezialisiert. Das neue Marktsegment M:access bietet Mittelständlern eine preisgünstige, transparente Börsenplattform. Für einige kleinere Regionalbörsen hat der Überlebenskampf schon begonnen. Generell werben die Regionalbörsen mit einem anlegerfreundlichen Service. Sie sichern teilweise günstigere Handelspreise als XETRA zu, garantieren den Verzicht auf kostspielige Teilausführungen, setzen Schwerpunkte auf bestimmte Anlageformen, berechnen bei Fonds keinen Ausgabeaufschlag oder dehnen den abendlichen Handel bis 23:00 Uhr aus. Die Regionalbörsen werben mit einem attraktiven Veranstaltungskalender (Börsentage, Tag der offenen Tür, Fortbildungsveranstaltungen). Die Webseiten bringen fortlaufend wissenswerte Informationen.

Relative-Stärke-Strategie: Hier setzt der Anleger auf die Vorjahressieger und stützt sich auf Untersuchungen von Experten, die bekräftigen, dass eine weitere Aufwärtsentwicklung der bisherigen Spitzenreiter wahrscheinlicher ist und auch von der Charttechnik unterstützt wird als eine Trendumkehr. Über einen längeren Zeitraum betrachtet erbrachte die Relative-Stärke- bzw. Siegerstrategie eine überdurchschnittliche Performance. Dies gilt auch für den Nebenwertesektor.

Rendite: Damit ist der Wertpapierertrag im Verhältnis zum Kapitaleinsatz gemeint. Wer niedrig einsteigt, erzielt eine höhere Rendite. Bei Renditeeinschätzungen ist stets das Verhältnis von Aktien und Anleihen zu hinterfragen. Kommt es zur Hochzinspolitik, für die es gegenwärtig keine Anzeichen gibt, verlieren Aktien gegenüber Rentenpapieren an Attraktivität.

Reverse Split: Nach Ankündigung eines negativen Umkehrsplits legt das Unternehmen mehrere Aktien zusammen, z. B. im Verhältnis von 5 : 1, 10 : 1, 20 : 1 usw. Dies geschieht, um bei schwieriger Finanzlage einen Kapitalschnitt vorzunehmen bzw. dem Penny-Stock-Dasein zu entrinnen.

Risikoneigung: Jeder Anleger sollte sein Risikobewusstsein objektiv einschätzen, sich ebenso über seine Anlageziele, den Anlagehorizont und seine Vermögensverhältnisse im Klaren sein, um eine geeignete Anlagestrategie entwickeln und diese diszipliniert einhalten zu können. Auch Lebensalter und familiäre Verpflichtungen sind mit einzubeziehen. Ein risikobewusster Anleger handelt spekulativer, ein konservativer Typ setzt auf Sicherheit. Die Übergewichtung von Nebenwerten aus MDAX, TecDAX, SDAX, Entry Standard usw. verträgt sich nicht mit hohem Sicherheitsstreben, wohl aber mit Chancenorientierung und einer gewissen Risikofreude.

Risikostreuung: Selbst ein Nebenwerte-Fan darf nicht alles auf eine Karte setzen und nur in Small und Mid Caps investieren. Diversifikation verträgt sich ebenso wenig mit einem reinen DAX-Depot, wie immer noch von vielen Privatanlegern bevorzugt. Ein diversifiziertes Depot berücksichtigt unterschiedliche Indizes und Branchen.

Rohstoffmarkt – Rohstoff-Nebenwerteaktien: Niemand kann verlässlich sagen, ob der Höhepunkt des Rohstoffzyklus bereits überschritten ist. Ob Erdöl oder Naturgas, Edel- oder Industriemetalle, Weichwaren bzw. Agrarprodukte: Unterbrochen von zeitweilig heftigen Korrekturphasen stiegen die Preise in den letzten Jahren kontinuierlich, wenngleich auf unterschiedlichem Niveau. Wie kann der Anleger darauf reagieren? Gold und Diamanten können physisch ins Depot wandern. Ansonsten lassen sich Rohstoffmärkte über Indexzertifikate, spezielle Anlage- und Hebelzertifikate, Rohstofffonds und Einzelaktien von Gold-, Silber- und Uranminen, Bergwerken, Energie- und Rohstoffkonzernen abdecken.

Rote Zahlen – negatives KGV: Bis zum Platzen der Spekulationsblase ab März 2000 hat es die meisten Anleger kaum gestört, wenn ein börsennotiertes Unternehmen im operativen Geschäft rote Zahlen schrieb, solange die Wachstumsstory stimmte. Heute erwarten die Aktionäre im klassischen Industriebereich ein überzeugendes Umsatz- und nachhaltiges Gewinnwachstum und in der Biotech- und

Nanotechnologiebranche zumindest ein baldiges Erreichen der Gewinnschwelle. Bei durchwachsenen Zukunftsaussichten wird die Aktie abgestraft, ebenso bei jeder unerwarteten Gewinnwarnung.

S

SDAX: Bei der Neusegmentierung im März 2003 durch die Deutsche Börse AG wurde auch der eine Notierung im Prime Standard voraussetzende SDAX umstrukturiert. Er umfasst nach dem MDAX die 50 größten in- und ausländischen Unternehmen klassischer Ausrichtung mit vierteljährigem Auf- und Abstieg. Der SDAX entwickelte sich unter den deutschen Indizes seit dem Crash am besten. Er legte 2003 um 51 Prozent, 2004 um 23 Prozent, 2005 um 33 Prozen und bis Ende November 2006 um 23 Prozent zu. Wegen der stürmischen Aufwärtsentwicklung zeigt der SDAX zwar keinen Bewertungsabschlag mehr gegenüber dem DAX, profitiert aber stark von der vierteljährigen Auf- und Abstiegsregelung und der ständigen Blutauffrischung durch erfolgreiche Neuemissionen.

Sell on good news: Der Ratschlag, nach einer positiven Unternehmensnachricht am besten seinen Gewinn zu realisieren, gründet auf der Erfahrung, dass die von Analysten erwarteten guten Zahlen bereits im Kurs eingepreist sind. Wehe jedoch, wenn die bisherigen Einschätzungen nach unten korrigiert werden und der Geschäftsausblick enttäuscht! Im Extremfall droht bei kleineren Nebenwerten ein Blutbad von bis zu 50 Prozent an einem Tag. Umgekehrt schwingt sich der Kurs insbesondere bei Small und Mid Caps in luftige Höhen empor, sofern die Zahlen und der Ausblick die Erwartungen der Analysten übertreffen.

Sell-out: Der panikartige Ausverkauf von Aktien zu Niedrigstpreisen ist eine typische Begleiterscheinung während der Bodenbildung im Crash, kommt aber auch bei einzelnen Titeln vor, wenn Geschäftszahlen und Ausblick enttäuschen, Gewinne mitgenommen bzw. Verluste begrenzt werden. Die zahlreichen Stop-Loss-Orders verschärfen ein solches Absturzszenario und lösen eine Kettenreaktion aus. Letztlich hat derjenige Börsianer die größten Chancen, der während der Kapitulationsphase seine Nerven behält, antizyklisch handelt und zu Schnäppchenpreisen selektiv zukauft, anstatt sich verlustreich von seinen letzten Aktien zu trennen.

Shareholder Value: Diese sich an den Interessen der Aktienhalter orientierende Unternehmenspolitik wird von zahlreichen nachhaltig wirtschaftenden Firmen klassischer Industriebranchen vertreten. Etliche Gesellschaften aus dem MDAX, SDAX und dem eigentümerorientierten GEX sind auf Shareholder Value ausgerichtet, insbesondere erkennbar an kontinuierlich steigenden Dividenden.

Siegeraktien – Momentumstrategie: Es gibt verlässliche wissenschaftliche Studien darüber, dass die Gewinner des letzten Halbjahres und generell die Siegeraktien der letzten Jahre auch künftig überproportional gut abschneiden. Eine Trendumkehr ist zwar nicht auszuschließen, aber eher unwahrscheinlich. Insbesondere bei Aktien mittelgroßer substanz- und margenstarker Unternehmen, die in noch nicht gesättigten Märkten agieren, hält ein solcher Aufwärtstrend oft einige Jahre an, ohne dass es zu nennenswerten Kurseinbrüchen kommt. Bei einem Buchwert von 100 Prozent plus erscheint nach Überschreiten der noch bis 2009 geltenden Spekulationsfrist ein Teilverkauf vernünftig. Der Anleger erhält Cash für neue Käufe, kann mit seinem bisherigen Investment nicht mehr ins Minus geraten, bleibt aber noch im Boot. Bei Kursaufschwung hält sich der Ärger in Grenzen. Bei Kurseinbruch bleibt der Trost, einen Teil des üppigen Gewinns realisiert zu haben – und dies steuerfrei.

Spekulationsblasen – Crashgefahr: Es stellt sich nicht die Frage, ob sich Spekulationsblasen als Vorboten eines Crashszenarios bilden, sondern nur, wann dies geschieht und in welchem Ausmaß sich Blasen aufblähen können, bis sie platzen. Weltweit neigen die Börsen zu Übertreibungen nach oben wie nach unten. Verdichten sich die Anzeichen, dass die von Überbewertung und Euphorie genährte Börsenblase zu platzen droht, ist es vernünftiger, zu früh als zu spät auszusteigen – am besten stufenweise. Es gilt, Cash aufzubauen, um in der Bodenbildungsphase wieder zukaufen zu können. Den idealen Zeitpunkt für Einstieg und Ausstieg finden aber selbst Experten höchst selten. Oft bedarf es nur eines einzigen schwerwiegenden Störfaktors, dass die Spekulationsblase platzt. Angst und Panik bewerkstelligen einen Dominoeffekt. Der Absturz erscheint nicht minder extrem als zuvor der Aufschwung.

Spekulationsgewinne, Spekulationssteuer: Hier geht es um die Veräußerungsgewinne aus Aktienverkäufen bis zur Neuregelung des Aktiensteuerrechts ab dem 1. Januar 2009. Nach dem Halbeinkünfteverfahren bleiben Kursgewinne steuerfrei, sofern der Investor die Aktien über zwölf Monate hält; für Altbestände gilt dies auch über das Jahr 2009 hinaus. Bei einem Verkauf vor Ablauf der einjährigen Spekulationsfrist ist bis zum 1. Januar 2009 die Hälfte des Aktiengewinns nach dem persönlichen Steuersatz zu versteuern. Ab 2009 tritt die 25-prozentige Abgeltungssteuer in Kraft. Solange die Freigrenze von 512 Euro nicht erreicht oder überschritten wird, bleiben vorerst Veräußerungsgewinne innerhalb der Spekulationsfrist steuerfrei. Verluste sind jetzt und auch künftig mit Gewinnen verrechenbar. Generell gilt für die Besteuerung der Aktiengewinne nicht mehr der Durchschnittswert, sondern das FIFO-System. Bei mehreren Tranchen im Depot gelten die zuerst gekauften Aktien auch als erste verkauft („first in – first out“).

Squeeze-out: Das neue Übernahmegesetz erleichtert dem Aufkäufer bei einer feindlichen Übernahme sein Vorhaben. Minderheitsaktionäre, die sich nach altem Recht allen Abfindungsangeboten hartnäckig zu widersetzen vermochten, dürfen jetzt herausgedrängt werden. Voraussetzung ist eine angemessene, dem tatsächlichen Wert entsprechende Zwangsabfindung. Außerdem muss das Bieterunternehmen mindestens 95 Prozent der Anteile kontrollieren. Die Wartezeit wird oft, aber nicht immer mit einem Kursaufschlag belohnt. Generell droht bei einer Squeeze-out-Spekulation die Gefahr, dass der Titel von der Börse genommen wird.

Stammaktien: Im Gegensatz zur Vorzugsaktie gewähren Stammaktien auf der Hauptversammlung volles Stimmrecht. Verschiedentlich wandeln die Unternehmen ihre Vorzugsaktien in Stämme um, ist doch die etwas höhere Gewinnausschüttung nur ein kleines Trostpflaster. In familiengeführten, eigentümerdominierten Unternehmen bleiben die Stammaktien häufig im Familienbesitz, während den übrigen Aktionären Vorzüge mit beschnittenem Stimmrecht angeboten werden. Dies geschieht auch deshalb, um nicht Opfer einer feindlichen Übernahme zu werden oder einen unerwünschten Großaktionär ins Boot nehmen zu müssen.

Stop-buy: Hier setzt der Anleger sein Kauflimit oberhalb des aktuellen Kurses und steckt den Zeitrahmen vielleicht bis zum Monatsende (Ultimo) ab. Ein Stop-buy-Limit erscheint in bestimmten Situationen durchaus sinnvoll. Die gilt vor allem aus charttechnischem Blickwinkel. Der Anleger will eine bestimmte Aktie nur ordern, wenn eine Unterstützungslinie hält oder eine Widerstandslinie nach mehrmaligem Abprallen endlich durchstoßen und der Weg nach oben frei wird. Ebenso ist ein Stop-buy gerechtfertigt, um erst am Ende der Bodenbildungsphase zuzugreifen. Der Anleger kauft, wenn es allem Anschein nach nicht weiter abwärts geht. Mit dieser Strategie lässt sich insbesondere bei übertrieben abgestraften Nebenwerteaktien der richtige Einstiegs- bzw. Zukaufzeitpunkt finden.

Stoppkurse, Stop-Loss-Order: Um bei einem Kursabsturz einigermaßen glimpflich davonzukommen, geben viele Aktionäre zur Gewinnabsicherung und Verlustbegrenzung eine Stop-Loss-Order ein und passen diese bei Bedarf nach oben oder unten an. Im Bärenmarkt und wenn das Depot aus Zeitmangel oder wegen längerer Abwesenheit vernachlässigt wird, ist dies ratsam. Bei einem plötzlichen Crash aber wird das Depot vielleicht sogar im Tiefpunktbereich leergefegt. Dies geschieht vor allem dann, wenn das Nachziehen vergessen wurde. Zudem garantiert eine Stop-Loss-Order keinen Ausführungskurs an dieser Marke. Es gilt der Preis bei der nächsten Kursstellung. Im Nebenwertesektor sind Stop-Loss-Orders im Bullenmarkt nicht unbedingt das Gelbe vom Ei, denn steigende Kurse kennzeichnen eine Hausse. Das Setzen von Stop-Loss-Orders verlangt viel Fingerspitzengefühl. Werden Stoppkurse zu eng gesetzt, droht insbesondere bei volatilen, marktengen Aktien häufiges Ausstoppen. Bei einer großzügigen Spanne von etwa 20 Prozent droht dieses Ungemach seltener. Dafür aber ist der Verlust nicht mehr als gering zu bezeichnen, zumal der Ausführungspreis noch darunter liegen kann. Generell gilt: Bei Blue Chips den Stoppkurs enger und bei marktengen Nebenwerten weiter setzen. In bestimmten Branchen wie Solarstrom ist wegen der hohen Volatilität sogar ein Abstand von 25 Prozent gegenüber dem aktuellen Kurs zu überlegen.

Strategie: Der Aktionär muss sich über Risikoneigung, Anlageziel, Anlagezeitraum, Vermögensdecke und andere Einflussfaktoren im Klaren sein, um die für ihn passende Strategie überzeugt aufbauen, weiterentwickeln und auch bei vorübergehenden Fehlschlägen diszipliniert einhalten zu können. Sonst stochert er ziellos im Nebel. Fehler zu erkennen und daraus zu lernen stellt keinen Widerspruch dar, solange die generelle Marschroute stimmt.

Streubesitz, Free Float: Bei einem hohen Streubesitz ist viel eher eine feindliche Übernahme möglich, als wenn verlässliche Großaktionäre zur Seite stehen oder sich bei einem eigentümerdominierten Unternehmen die Aktienmehrheit im Familienbesitz befindet. Mit Free Float ist der prozentuale, nicht in festen Händen liegende Anteil der ausgegebenen Aktien gemeint. Für die Index-Gewichtung ist neben dem Börsenwert der Anteil der frei handelbaren Aktien ausschlaggebend. Ist der Streubesitz hoch, so ist eher damit zu rechnen, dass eine Kauf- oder Verkaufsorder schnell und nahe am aktuellen Kurs ausgeführt wird.

T

TecDAX: Der skandalumwitterte Neue Markt wurde im Frühjahr 2003 im Rahmen der von der Deutschen Börse AG durchgeführten Neusegmentierung vom TecDAX abgelöst. Nach dem DAX sind im TecDAX die 30 größten in- und ausländischen Unternehmen aus den Technologiebranchen gelistet. Dazu zählen Biotech- und Internetwerte sowie die den TecDAX mittlerweile dominierenden Solarstromaktien. Der Auf- und Abstieg erfolgt halbjährlich. So wie der Dow Jones die Vorgaben für den DAX liefert, orientiert sich der aus dem Nemax 50 hervorgegangene TecDAX an der US-Technologiebörse Nasdaq und vermag sich kaum abzukoppeln. Der mit 300 Punkten gestartete TecDAX kommt in der Kursentwicklung nicht so recht voran – sicherlich Nachwehen der leidvollen Vorgeschichte. Hier die Stationen seiner Kursentwicklung: 2003: 568 Punkte, 2004: 520 Punkte, 2005: 596 Punkte, 2006: 702 Punkte (Stand: 24. November 2006), Jahreshoch 2006: 769 Punkte.

Technische Wertpapieranalyse – Charttechnik: Hier geht es nicht um fundamentale Daten, sondern um die anschaulich und übersichtlich dargestellten Kurs- und Umsatzverläufe von Wertpapieren in unterschiedlich langen Zeiträumen je nach Anspruch über einen Tag oder auch viele Jahrzehnte. Grafisch bieten sich mehrere Darstellungsformen an. Üblich sind Linien, Balken, Kurven und Kerzen. Besonderes Augenmerk wird auf die 50-, 80- und 200-Tage-Linie gerichtet. Sehr aufschlussreich sind übereinandergelegte Vergleichscharts. So ist es interessant, die Performance einer Aktie im Vergleich zur Branche bzw. Benchmark aufzuzeigen oder den Kursverlauf von Entry Standard, SDAX, MDAX, TecDAX und DAX charttechnisch gegenüberzustellen, den DAX mit dem DivDAX, DAXplus Export Strategy und GEX zu vergleichen. Es stellt sich die Frage, inwiefern die Technische Analyse auf die Zukunft ausgerichtet ist und Prognosen für künftige Entwicklungen zulässt, nachdem sie stets die vergangenen Geschehnisse abbildet. Grundlage bildet die Tatsache, dass der Mensch zu wiederkehrenden Verhaltensmustern neigt – auch an der Börse. So verkaufen die Anleger vornehmlich dann, wenn eine Unterstützungslinie nicht hält oder eine Widerstandslinie eine kaum überwindbare Hürde darstellt. Umgekehrt greifen die Investoren vermehrt zu, wenn sich eine Unterstützungslinie als stabil erweist oder mit dem Durchstoßen einer Widerstandslinie der Weg nach oben frei wird. Nachdem es wahrscheinlicher ist, dass sich der eingeschlagene Trend fortsetzt, als dass eine Trendumkehr erfolgt, erweist sich die Orientierung am Trendkanal als hilfreich. Der Anleger bekommt einen Überblick über den Kursverlauf und erkennt sofort, welche Aktien zu den Siegern oder den Verlierern zählen, ob sich charttechnisch ein Turnaround abzeichnet oder es wohl weiter in den Keller geht. Jede einseitige Ausrichtung ist zu vermeiden. Fundamentalanalyse und Charttechnik gehören zusammen, sie sind untrennbar miteinander verbunden. Die Fundamentalanalyse liefert die Daten, die Technische Analyse setzt sie auf bemerkenswert anschauliche und übersichtliche Weise um. Auf der einen Seite die aufmerksame Verarbeitung von Nachrichten – auf der anderen Seite der schnelle Überblick in bildhafter Form. Nicht eindeutig beantworten lässt sich die Frage, ob die Technische Analyse nur deshalb so häufig stimmt, weil sich viele Anleger daran orientieren und sich damit die Selbstprophezeiung erfüllt.

Telefonbanking: Nachdem heute bereits zwei Drittel aller Bundesbürger über einen Internetanschluss verfügen, handeln die meisten kompetenten Privatanleger eigenständig und geben ihre Kauf- und Verkaufsorders online ein. Alternativ und als zusätzliche Möglichkeit bietet sich das Telefonbanking an. Beide Möglichkeiten sind unabhängig von den Banköffnungszeiten, bequem, zeitsparend und preiswert. Das Telefonbanking ist vor allem dann eine praktische, begrüßenswerte Alternative, wenn der Internetzugriff nicht funktioniert, der Anwender dienstlich unterwegs ist, Urlaub macht oder aus anderen Gründen nicht online ordern kann.

Trend, Trendkanal: Dies bezeichnet eine über längere Zeit andauernde Kursbewegung in eine gleichbleibende Richtung und erfährt Unterstützung durch die alte Börsenweisheit „The trend is your friend." Der Blick auf Trend und Trendkanal sollte den Anleger auch daran erinnern, dass er selbst den Markt weder steuern, kontrollieren noch aushebeln kann. Es ist unklug, wie ein trotziges Kind entgegen einem stabilen Trend zu agieren. Das prozyklische Handeln besagt, Richtung und Zeitdauer von Börsentrends auf die eigene Strategie abzustimmen. Das mutige antizyklische Handeln bedeutet, frühzeitig, im Vorfeld einer sich abzeichnenden Trendwende zu reagieren, also in der Endphase einer von Gier und Euphorie getriebenen Hausse teuer verkaufen und billig zukaufen, wenn Angst, Panik und Herdentrieb dominieren und die Bodenbildung dicht bevorsteht. Es ist jedoch ein seltener Glücksfall, den idealen Zeitpunkt zu finden.

Turnaround: Management bzw. Analysten gehen davon aus, dass nach schwierigen Zeiten die Bodenbildung erfolgt, die Weichen auf Grün gestellt sind und das Unternehmen künftig schwarze statt roter Zahlen schreibt. Ist eine solche Ankündigung glaubwürdig und bilanztechnisch unterlegt, ist im Nebenwertesektor eine Kursexplosion im zwei- bis dreistelligen Prozentbereich zu erwarten. Ist die Erholung des „gefallenen Engels" nicht nachhaltig, ist es später schwierig, das verlorene Vertrauen erneut aufzubauen. Turnaround-Stories sind nur für risikobereite Anleger interessant. Es gibt bereits Börsenbriefe, die sich auf Unternehmen mit Turnaround- und Break-even-Chancen spezialisieren und bei konjunkturellem Aufschwung besonders erfolgreich arbeiten. Die Performance spiegelt das Verhältnis von Chancen und Risiken anschaulich wider: einerseits überdurchschnittlich hohe Kursgewinne – andererseits Kurseinbrüche nahe dem Totalverlust.

U

Übernahme: Das Übernahmekarussell dreht sich in rasantem Tempo und erfasst auch den Nebenwertesektor. Von einer feindlichen Übernahme sind vor allem niedrig bewertete Zielunternehmen bedroht, deren Aktien sich nicht mehrheitlich im Familienbesitz befinden, die keinen Großaktionär haben und einen hohen Streubesitz (Free Float) aufweisen. Das Bieterunternehmen versucht, die freien Aktionäre mit einem zweistelligen Kursaufschlag zum Verkauf ihrer Papiere zu ködern. Zu einer „freundlichen" Übernahme kommt es meistens, wenn die Zielgesellschaft gut zur Bieterfirma passt, sich die bisherigen Konkurrenten vom Zusammenschluss Kostenersparnis- und Wachstumspotenziale versprechen und die Unternehmenskulturen miteinander harmonieren. Der Kurs des Zielunternehmens steigt vornehmlich dann gewaltig an, wenn sich eine Bieterschlacht entwickelt, also ein zweiter Aufkäufer auftritt. Die Bieterfirma muss sich auf einen Kursabschlag einstellen. Im Nebenwertesektor sind Fusionen und Akquisitionen besonders häufig. Dies heizt die Kursfantasie zusätzlich an.

Überzeichnung: Ist eine Neuemission überzeichnet, so übertrifft die Nachfrage das Angebot und der Ausgabepreis wird eher am oberen Rand der Bookbuildingspanne liegen. Bei mehrfacher Überzeichnung sind am Eröffnungstag Kursgewinne wahrscheinlich. Es lohnt sich, einen Blick auf die Kursentwicklung im vorbörslichen Handel zu werfen. Selbst wer am außerbörslichen Handel nicht interessiert ist, bekommt im Vorfeld hilfreiche Hinweise auf die Erfolgsaussichten.

Umkehrstrategie: Im Fokus stehen jene Aktien, die noch im Dornröschenschlaf verweilen, obwohl die fundamentalen Daten überzeugen. Dies sind ein niedriges Kurs-Gewinn-Verhältnis im Branchenvergleich, ein hoher Buchwert im Verhältnis zum aktuellen Kurs als weiteres Mosaiksteinchen für eine niedrige Bewertung, eine attraktive Dividendenrendite, ausreichend Cashflow und ein ansteigendes Ergebnis pro Aktie. Der Anleger vertraut darauf, dass die vernachlässigten kleinen Werte wiederentdeckt werden und bei bestätigten guten Zahlen und positiver Prognose eine Aufholjagd hinlegen. Oberstes Gebot bei einer solchen Spekulation bleibt die Qualität des Titels. Manche, aber nicht alle „gefallenen Engel" verfügen über Erholungspotenzial.

Unterstützungslinie: Zu den am bestverständlichen und von Einsteigern leicht nachvollziehbaren charttechnischen Instrumenten zählen neben dem Trendkanal die den Kurs nach unten absichernde

Unterstützungslinie und die einen Kursaufschwung häufig abbremsende obere Widerstandslinie. Eine Orientierung an solchen wichtigen charttechnischen Signalen erleichtert und unterstützt Kauf- und Verkaufsentscheidungen. Fällt der Kurs einer Aktie oder eines Index einige Male auf ein bestimmtes Niveau, um sich danach wieder zu erholen, so bildet sich eine Unterstützungslinie heraus. An dieser charttechnisch interessanten Marke setzen jeweils größere Käufe ein bzw. es unterbleiben weitere Verkäufe. Wird die Unterstützungslinie nach unten durchbrochen, gilt dies als Verkaufssignal. Hält die Unterstützungslinie, finden vermehrt Käufe statt.

V

Value-Aktien: Als die Aktienkurse ab Frühjahr 2000 mit kleinen Unterbrechungen in den Keller stürzten, schlug mit dem Comeback der legendären Ikone dieser Ausrichtung, Warren Buffett, die große Stunde der Value-Werte. Der weltweit wohl erfolgreichste Investor, der Hightech-, Biotech-, Internetaktien und alles, was er nicht kennt, versteht und als überbewertet erachtet, strikt ablehnt, erntete neuen Ruhm. Value-Aktien sind weniger konjunkturabhängige, substanzstarke Titel bevorzugt aus klassischen Industriebranchen mit hoher Dividende. Hierzu zählen Versorger-, Konsum-und Pharmawerte sowie Versicherungen. Im Nebenwertesektor ist der Tisch mit solchen Titeln reichlich gedeckt, zwar nicht im TecDAX, dafür umso mehr im MDAX und SDAX. Auch im Entry Standard lässt sich so manche noch verborgene Value-Perle fischen. Für den Langzeitinvestor empfiehlt sich keine einseitige Strategie, sondern eher das „Style Invest“, ein Mix aus Value und Growth.

Verluste begrenzen – Gewinne laufen lassen: Das A und O einer erfolgreichen Anlagestrategie besteht darin, Gewinne laufen zu lassen und Verluste zu begrenzen. Eine Aktie im Aufwärtstrend steigt eher weiter, als dass sie fällt. Kursgewinne in einem Jahr um mehr als 100 Prozent sind gar nicht so selten. Welch ein Fehler, generell zu verkaufen, sobald der Kurs einer Aktie um etwa zehn Prozent gestiegen ist! Aber es gibt auch Verliereraktien, bei denen es nur hilft, die Reißleine zu ziehen, um keinen Totalverlust zu erleiden. So wurden im Entry Standard und außerhalb der großen Indizes bei einigen Titeln binnen elf Monaten zwei Drittel bis drei Viertel des Anlagekapitals vernichtet. Im Bärenmarkt und bei unzulänglicher Depotüberwachung empfehlen sich zur Verlustbegrenzung Stop-Loss-Orders, die – abhängig von der Liquidität und Volatilität – 10 bis 25 Prozent unterhalb des aktuellen Kurses zu setzen und nachzuziehen sind. Bei einem Flächenbrand, dem Crashszenario, bietet sich für Langzeitanleger zumindest bei Qualitätstiteln alternativ das Aussitzen an. Das Geheimnis des Börsenerfolgs liegt darin, dass eine Siegeraktie auch um einige Hundert Prozent steigen kann, sich der Verlust aber auf den Einsatz beschränkt. Überragende Börsenerfolge lassen sich nur erzielen, wenn man die Gewinne laufen lässt.

Verrechnung von Veräußerungsverlusten: Wer seine Aktienverluste noch vor Ablauf der zwölfmonatigen Spekulationsfrist realisiert, kann diese bis Ende 2008 mit Veräußerungsgewinnen ebenfalls innerhalb der Spekulationsfrist verrechnen. Allerdings funktioniert dies nur, solange steuerpflichtige Gewinne vorhanden sind. Der Anleger erhält vom Finanzamt kein Geld zurück. Ab dem 1. Januar 2009 entfällt die Spekulationsfrist. Verluste dürfen aber auch künftig mit Gewinnen gegengerechnet werden.

Volatilität: Damit sind Kursschwankungen gemeint. Hightech-, Internet-, Biotech-, Solarstrom-, Biokraftstoff- und Nanotechnologie-Aktien sowie marktenge Werte außerhalb der Prime-Standard-Indizes sind besonders volatil. Bei solchen Transaktionen ist ein

Limit ein unbedingtes Muss, schwanken doch die Kurse binnen eines Tages oft zweistellig.

Vorzugsaktien: Die allmählich im Aussterben begriffenen Vorzugsaktien sind wegen des damit verbundenen Stimmrechtsverzichts auf der Hauptversammlung bei zahlreichen Aktionären unbeliebt. Da tröstet die etwas höhere Gewinnausschüttung kaum. Einige Unternehmen wandeln ihre Vorzüge in Stämme um, zählt doch für die Indexgewichtung nur eine Aktiengattung. Eigentümerdominierte Unternehmen, die selbst Stammaktien im Familienbesitz haben, schrecken vor einer solchen Lösung eher zurück. Sie wollen bei Abstimmungen weder ihre Mehrheit gefährden, noch einen ungebetenen Großaktionär aufnehmen, der Einfluss auf ihr operatives Geschäft nimmt.

W

Wachstumswerte (Growth-Aktien): Hierzu zählen die Aktien aus dem TecDAX oder der Technologiebörse Nasdaq, also Hightech-, Biotech-, Internet-, Nanotechnologie-, Medien-, Solarstrom-, Biokraftstoffaktien usw. Gerade solche konjunkturabhängigen zyklischen Growth-Titel erlitten vom Frühjahr 2000 bis März 2003 heftige Kurseinbrüche. Bei Wachstumswerten erwarten die Aktionäre nicht unbedingt eine Dividende. Attraktiv erscheinen die Aktien aber nur dann, wenn das Unternehmen möglichst schon jetzt, zumindest aber in Kürze profitabel wirtschaftet.

Wertpapierkennnummer (WKN): vgl. ISIN

Widerstandslinie: Die Technische Analyse stellt die Ampeln bei einer Aktie oder einem Index erst dann auf Grün bzw. „Kaufen“, sobald die obere Widerstandszone durchstoßen und der Weg nach oben frei wird. Erweist sich die Widerstandslinie als eine kaum zu nehmende Barriere, indem der Kurs an dieser Marke mehrfach abprallt, verkaufen viele charttechnisch orientierte Investoren.

X

XETRA: Das vollelektronische Handelssystem der Deutschen Börse in Frankfurt löst zunehmend den traditionellen Parketthandel ab. Das sekundenschnell arbeitende Computersystem XETRA ist auf die Bedürfnisse institutioneller Investoren zugeschnitten. Kauf- und Verkaufsaufträge über Computer werden blitzschnell zusammengeführt, was bei Umsatz die sofortige Orderausführung beweist.

Z

Zeichnung: So wird das schriftliche Kaufangebot für neu emittierte Aktien zum Ausgabepreis genannt. Mit einem hohen Kursgewinn am ersten Börsentag ist nur bei überzeichneten, attraktiven Titeln zu rechnen. Die Bookbuildingspanne informiert über den Mindest- und Höchstpreis. Bei großer Nachfrage liegt der Emissionspreis am oberen Ende des Spektrums, sodass Anleger mit einem zu niedrigen Gebot ausscheiden. Bei geringer Nachfrage bewegt sich der Ausgabepreis für alle Zeichner am unteren Ende der Preisspanne. Bei dürftigem Anlegerinteresse wird die Zeichnungsfrist verlängert, der Ausgabepreis reduziert, der Börsengang sogar zurückgestellt. Ein Blick auf die Kursentwicklung im vorbörslichen Handel gilt als Barometer für die Erfolgsaussichten beim Börsenstart. Wer beim Zeichnen außen vor bleibt, sollte die Kursentwicklung beobachten und geduldig warten. Oft geht der Kurs in den nächsten Tagen und Wochen zurück, vor allem dann, wenn die den Börsengang begleitenden Konsortialbanken keine „Kurspflege" mehr betreiben.

Zinspolitik, Zinssatz: Im Juni 2004 läutete die US-Notenbank Fed nach vierjähriger Pause eine Trendwende in der Zinspolitik ein und hob die US-Leitzinsen in mehreren Schritten von 1,0 Prozent bis auf 5,25 Prozent im August 2006 an. Nachdem die Konjunktur in den USA nicht mehr boomt, sondern zu schwächeln beginnt, stehen in Amerika künftig eher sinkende Leitzinssätze an. Moderate Zinserhöhungen bei robuster Konjunktur lösen nicht zwangsläufig eine negative Reaktion am Aktienmarkt aus. Gefährlich wird es für die Börse nur dann, wenn die Niedrigzinsphase in eine Hochzinsphase umschwenkt. In einem solchen Fall gewinnen Rentenpapiere gegenüber Aktien an Attraktivität. Die Europäische Zentralbank (EZB) erhöhte ihren Leitzinssatz zuletzt im August 2006 auf 3,0 Prozent. Stehen steigende Zinssätze in Euroland fallenden Leitzinsen in den USA gegenüber, dürfte dies dem schwächelnden Dollar nicht gerade guttun. Dies belastet die Exportwirtschaft, wirkt sich aber auf die Nebenwerte weniger stark als auf DAX-Titel aus. Die MDAX-, SDAX- und TecDAX-Unternehmen führen ihre Güter insbesondere innerhalb Europas und nach Ostasien aus.

Zyklische Aktien: Davon ist die Rede, wenn Wachstum, Umsatz- und Gewinnentwicklung stark vom Wirtschaftswachstum und der vom Konjunkturverlauf gestützten Investitionsbereitschaft abhängen. Dies gilt für Maschinen- und Autobauer, Chiphersteller, IT-Dienstleister, Bergbau-, Rohstoff- und Chemiekonzerne (Growth-Aktien). Boomt die Konjunktur werden solche Titel favorisiert. Ist der konjunkturelle Höhepunkt überschritten, leicht erkennbar an stagnierenden oder wieder ansteigenden Arbeitslosenquoten, übergewichten vorsichtige Investoren nichtzyklische substanzstarke Titel wie Versorger, Konsum-, Pharma- und Energiewerte (Value-Aktien). Im Nebenwertebereich gibt es aussichtsreiche Titel aus beiden Sektoren. In ein gut gestreutes Depot von Langzeitanlegern gehören beide Aktiengruppen.

200-Tage-Linie: Der Technische Analyst bildet einen Chart der Kursverläufe bestimmter Aktien oder Indizes aus den jeweils letzten 200 Börsentagen, indem er täglich einen neuen Mittelwert errechnet. Die 200-Tage-Linie hat für die Anhänger der Charttechnik eine hohe prognostische Bedeutung. Durchbricht der aktuelle Kurs diese gedachte Linie von oben nach unten, so gilt dies als ein klares Verkaufssignal. Damit wird der bisherige Abwärtstrend bestätigt. Durchstößt dagegen der aktuelle Kurs diese Linie von unten nach oben, so ist dies ein eindeutiges Kaufsignal. Der Aufwärtstrend dürfte weiter anhalten. Eine Trendwende ist nicht in Sicht.

176 Seiten
gebunden mit SU
19,90 [D] / 20,50 [A]
ISBN: 978-3-86470-679-0

Benjamin Graham:
Wie man Unternehmenszahlen liest

In dem auf Basis der Erstausgabe von 1937 neu aufgelegten Kultklassiker vermittelt Graham das Rüstzeug für eine fundierte Unternehmensanalyse. Die richtigen Schlüsse aus Bilanzen, Gewinn- und Verlustrechnung, Finanz- und Ertragslage eines Unternehmens ziehen? Graham zeigt, wie es geht. Mit einfachen Tests lernen Sie, die finanzielle Situation eines Unternehmens zu beurteilen. Für den notwendigen Durchblick an der Börse sorgen das umfangreiche Glossar und anschauliche Rechenbeispiele.

Börsenbuchverlag

304 Seiten
broschiert
24,90 [D] / 25,60 [A]
ISBN: 978-3-86470-694-3

J. David Stein:
Gewinne für jedermann

Aktien, Anleihen, Gold, Immobilien ... wie lege ich mein Geld am besten an? US-Finanzprofi David Stein geleitet Sie durch den scheinbar undurchdringlichen Investment-Dschungel. Er hat einen systematischen Ansatz mit 10 Fragen entwickelt wie: Welcher Vorteil winkt? Welcher Verlust droht? Wie wirkt es sich auf Ihr Portfolio aus? Stein zeigt Ihnen, wie und wo Sie Antworten auf diese Fragen finden, Ihren Anlageerfolg selbst steuern und Gewinne erzielen können.

Börsenbuchverlag

288 Seiten
broschiert
19,99 [D] / 20,60 [A]
ISBN: 978-3-86470-573-1

Peter Thilo Hasler:
Reich werden an der Börse

In 100 voneinander unabhängigen Kapiteln werden alle Zusammenhänge vermittelt, die für einen Erfolg an der Börse wirklich wichtig sind und deren Missachtung ihm entgegenstehen.
Das Themenspektrum reicht von der Anzahl an Aktien, die ein Anleger besitzen sollte, über Börsen-Heuristiken wie „Buy on bad news" bis hin zu verhaltensökonomischen Konzepten. Und auch Börsen-Mythen, etwa dass höhere Risiken höhere Renditen garantieren, werden schonungslos entlarvt.

Börsenbuch verlag